【内蒙古歷史文獻叢書】之二十七　內蒙古高校人文社科中國北疆史重點研究基地　內蒙古圖書館　編

于永　忒莫勒　審定

蒙古問題（五種）

遠方出版社

圖書在版編目（C I P）數據

內蒙古歷史文獻叢書. 二十七 / 內蒙古高校人文社科中國北疆史重點研究基地, 內蒙古圖書館編. -- 呼和浩特 : 遠方出版社, 2024.6
ISBN 978-7-5555-1440-4

Ⅰ. ①內… Ⅱ. ①內… ②內… Ⅲ. ①內蒙古 - 地方史 - 史料 - 匯編 Ⅳ. ①K292.6

中國國家版本館 CIP 數據核字(2024)第 036843 號

【內蒙古歷史文獻叢書】之二十七　　蒙古問題（五種）

編　　者　內蒙古高校人文社科中國北疆史重點研究基地
　　　　　內蒙古圖書館
特邀編輯　劉成法　韓登庸
責任編輯　雲高娃
封面設計　喬蘇芝
出版發行　遠方出版社
社　　址　呼和浩特市烏蘭察布東路 666 號　　郵編 010010
電　　話　（0471）2236473 總編室　2236460 發行部
經　　銷　新華書店
印　　刷　內蒙古地礦印刷廠
開　　本　710mm × 1000mm　1/16
字　　數　550 千
印　　張　42.5
版　　次　2024 年 6 月第 1 版
印　　次　2024 年 6 月第 1 次印刷
標準書號　ISBN 978-7-5555-1440-4
定　　價　150.00 元

【内蒙古歷史文獻叢書編輯委員會】

主　編　于　永（内蒙古高校人文社科中國北疆史重點研究基地主任）

副主編　忒莫勒（内蒙古圖書館研究館員）

　　　　劉成法（内蒙古師範大學學校史志編研首席專家）

【前　言】

人類文化是在歷史長河中創造、傳承和發展的，除了民間存留的一些傳統觀念和風習外，在歷史嬗變中存留下來的各種文獻（記録有知識的一切載體，包括石刻、紙本、音像、口碑等）和遺跡遺物（遺址和各種實物等），是其賴以保存並傳承、發展的唯一途徑。可以毫不誇張地説，如果没有文獻和遺跡遺物，我們就喪失了記憶，就没有歷史，就没有文化，就無法積累知識，更無法把握現在，面對未來。

文獻和遺跡遺物各具獨到的價值，二者相輔相成，缺一不可。但總體而言，由於文獻藴含的信息和存世的數量遠遠多於遺跡遺物，故其作用較後者爲大。況且對遺跡遺物的調查和研究，其成果最終也以文獻的形式傳承於世。試想一下，倘若没有汗牛充棟的古代文獻存留，人類之積累知識、傳承文明，便無從談起。不僅我們中國五千年的悠久歷史和燦爛文明無從尋覓，就連那些幸存的歷史遺跡遺物也會成爲永遠無法破解的謎。如果没有各類現實文獻的存留，不僅現實生活難以正常運行，而且會形成文化斷代，使歷史傳承成爲空話。後世子孫無法瞭解過去的時代、以往的社會，又怎能從前人的經驗中汲取營養和教訓，促使社會進步呢？由此可見，文獻是文化傳承與發展的重要基礎，是構築文化豐碑不可缺少的基石。很難想象，缺乏自身文獻的民族會是有文化的民族，缺乏自身文獻的地方會是有文化的地方。

内蒙古地區歷史悠久，但因從前經濟、文化落後，戰亂頻仍，保存下來的古舊文獻相對較少，且多散見於國内各地甚至國外。區内各圖書館、檔案館保存的古舊民族文獻和地方文獻，也因種種原因，不便讀者查閱和利用。有些文獻存世極少，甚至是孤本，一旦有失，後果堪虞。這種先天不足的狀况，决定了我區搜集整理民族文獻和地方文獻的艱難，也充分體現了其迫切性。

民族文獻和地方文獻的大量缺藏，給我區各項建設尤其是學術、文化建設帶來巨大的負面影響，也造成了相當大的經濟損失和人才浪費。例如，我區最具特色的蒙古學研究雖然已有較長的歷史和相對較强的科研隊伍，但由於文獻缺乏，存在着不少研究盲點和薄弱領域；已有的許多成果亦因此而受到相當限制，經不起時間的考驗，面世不久就需要改寫或修正。與國外相比，整體上存在着明顯的差距。再如，我區的地方志編纂工作，儘管耗費巨資，付出了艱苦勞動，但由於文獻缺乏，許多重要史實缺失或訛誤，不少事業的發展脈絡不清或中斷，使志書質量頗受影響。

過去、現在與未來密不可分，傳承與發展必然相輔相成。由於民族文獻和地方文獻的缺乏，我們至今對自己家鄉的歷史文化還不大瞭解，已知的内容亦粗淺片面，不僅政治、社會歷史不能盡如人意，地方美術、音樂、戲劇、新聞、出版、醫藥、商業、宗教、民俗等專門史更是空白點甚多；就是對着力較多的北方游牧民族的歷史文化也是知而不多，研而不深。許多經過多年努力才具有頗深功力的學者，亦因文獻缺乏而無法盡展才華，難以獲得本該取得的學術成就，不僅自己抱恨終身，也制約了自治區的整體學術水平。

綜上所述，民族文獻和地方文獻的缺乏是導致我區文化落後的重要因素之一，各級黨政部門、文獻收藏單位（圖書館、檔案館、博物館等）、出版部門及全社會對此應有清醒的認識。回顧以往，民族文獻和地方文獻流離失散，因忽視而永遠消亡的教訓比比皆是，不勝枚舉，給子孫後代和人類文化帶來無法彌補的損失。我們當亡羊補牢，以免重蹈覆轍。

出版是保存文獻和方便社會利用的有效手段。爲了促進我區的文化發展，我們在自治區黨委宣傳部、自治區新聞出版局、遠方出版社、自治區各大圖書館及有關單位的大力支持和協助下，着手編輯並出版《内蒙古歷史文獻叢書》。歷史文獻既是以往時代的反映，就必然帶有該時代的烙印，在今天看來難免偏頗。整理出版文獻，我們本着尊重歷史、尊重原著的精神，最大限度地保留了文獻的原始風貌，以供學界研究所用。

鑒於人力、財力與學養水平的限制，我們的工作剛剛起步，迫切希望得到有識之士和社會力量的支持與幫助，共同完成此項振興文化的大業，開創我區文獻工作的新局面。

内蒙古自治區圖書館學會

二〇〇七年一月

目錄

【題 解】

《蒙古問題(五種)》即一九一六年至一九三七年間汪翔、華企雲、謝彬、王勤堉、張印堂五人的同名著作。除汪翔生平不詳外，其餘四人均為頗有建樹的學者或近代有名的邊疆研究專家。

汪翔，字鳳池，湖北夏口人。據《自序》中『關於蒙古、滿洲者……東籍尤詳博，更擇要而迻譯之』句，其人當懂日文，或即清末留學日本，曾任《新譯界》期刊(東京)編輯，發表過《論中國國民今日宜研究國際法》一文的汪翔。①民國四年(一九一五)，汪氏曾『奉檄赴洮南各屬考察司法』和『主辦南路清鄉』(《自序》)，似在奉天省任職。此前任奉天提學司科長(一九一一年在任)②、此後任寬甸縣知事(一九二四年在任)的同名者或亦係其人。

華企雲，生卒年不詳。中國近代邊疆研究者。私立群治大學文科畢業③，通英、日語。三十年代新亞細亞學會的領頭人之一，主要著作有《滿蒙問題》《滿洲問題》《蒙古問題》《西藏問題》《雲南問題》《滿洲與蒙古》和《中國邊疆》等。

謝彬(一八八七至一九四八年)，字蘭桂，號曉鐘，湖南衡陽人。日本早稻田大學畢業。據說早年追

① 張祥幹：《日本留學時期的範熙壬(一九〇三至一九〇九年)》，載《荊楚學刊》二〇一七年二期。
② 劉振宇：《淺談晚清奉天學子『留學』哈爾濱的歷史考察》，載《蘭臺世界》二〇一六年十二期。
③ 《申報》一九三四年二月一日十六版《中山文化教育館獎學金揭曉》。

隨孫中山，參加過辛亥革命和護國討袁，歷任廣州革命政府經濟顧問、國民革命軍第六軍秘書長、第八軍秘書長、湖南省政府秘書長、國民政府軍政部陸海空軍撫恤委員會委員、第八十五師師長等職，軍銜少將。曾先後在上海大夏大學、湖南省立第三師範、湖南大學、衡陽船山中學等學校執教並從事著述。一生著述約二十種，近三百萬言，内中關於邊疆者有《西藏問題》《西藏交涉略史》《蒙古問題》《新疆事情》《中英藏案交涉史》等。

王勤堉（一九〇二至一九五一年），字鞠侯，浙江慈溪人。近代著名地理學家。早年於東南大學師從竺可楨學習地理學。歷任東南大學、南開大學、中央大學講師，還曾任暨南大學教授、教務長，浙江大學分校教授及浙江省立圖書館編目組主任等職。著述頗豐，其中關於中國邊疆問題者有《西藏問題》《蒙古問題》《滿洲問題》等。

張印堂（一九〇三至一九八八年），字蔭棠，山東泰安人。中國近代地理學家、人口學家。燕京大學畢業，英國利物浦大學地理學碩士。歷任清華大學地學系教授、中國地學會會員、國立西南聯合大學教授等。主要著述有《西北經濟地理》《蒙古問題》《滇西經濟地理》等。

近代以來，因沙俄及其後之蘇聯涉足其中，再加上日本對中國的覬覦及對蒙古地區的滲透，整個蒙古地區政局不穩，變故頻生，成為中國北部邊疆危機的焦點。故國人對蒙古問題的關注日益高漲，報章雜誌上時有關於蒙事的報導和述評。正如張印堂《序》中所言，『感覺目前蒙古問題確屬嚴重，中外人士無不正在注視其演變中，已成遠東國際問題之重心，於我國家前途影響至鉅，探討蒙古問題實為我輩識者對於國家應盡的一份責任……』在此背景下，短短二十餘年間，就有相當一批關涉蒙古的各類著述面世，其中即有此《蒙古問題（五種）》，而且至少有兩種曾再版。

此五籍多通過檢視清朝及民國政府對蒙古的政策、蒙古『獨立』之經過，以及中俄關於蒙古的交涉、蒙古的現狀等，指陳得失並建言獻策，以惕勵政府並『供關心邊疆與從政蒙古之漢蒙領袖之參考，俾使各種問題因之將來得以逐漸改善以至圓滿解決，不再成為問題』。① 其愛國立場和應對見解，在一定程度上反映了當時中國知識界的普遍心態和一般國人的期待，對我們今天瞭解並研究近代中國邊疆問題和近代中國政治思想史頗有參考價值。故本輯一並掃描印出，以饗閱者。

（忒莫勒 撰）

① 張印堂《蒙古問題・序》（《萬有文庫第二集七百種》），上海：商務印書館，民國二十六年（一九三七）三月。

蒙古問題

夏口汪翔著

蒙古問題序

汪君鳳池著蒙古問題都爲十章其言曰十年前之滿洲問題卽近日之蒙古問題也傷哉言乎頃聞奉吉匪亂情狀報章日有所告輒閱之不懌竊念自淸季經營滿洲卽已形格勢禁岌岌乎無所措手以視今日之蒙古問題又當何如吾獨怪民國以來旣號稱五族共和何至荏苒五年竟置此問題於不顧夫旣言語之不通文字之不達宗教政治之不相統一則所恃以爲團結力者安在卽無外人爲之誘惑亦終於形勢渙散精神不屬甚或乘間抵隙致發爲內訌昔日羈縻之術旣誤於前矣安得不謀所以

善其後也我國人覩斯册其知所警乎

愚弟夏壽康

蒙古問題序

內外蒙古爲我北部之屏藩者三百年矣前淸以愚民政策覊縻之故其風俗樸野智識胷憶自生自息蠕伏於專制政體之下其物產魁殊金沙丹礫磅礴鬱積於地中者不知紀極自西力東漸俄瞰於北日伺於南搏搏大地足以爲我國富强之源者綦思攫而有之蒙古一隅遂爲世人之所重視東西人士組織探險隊實地調查編爲雜誌以供各國之參攷日俄兩國復朝夕經營陰謀勾結肆其籠絡之術以蠱惑蒙民我國上下欲思固我疆圉保我富源其非可徒恃交涉以爭勝於樽俎也可知矣必有以悉

後懲前爲事實之經營俾蒙古人民一變其卷婁濡需偷惰窳弛之習改良政治發展實業自治制度日臻完善則既不違背中俄協約之所規定而漢蒙一家如臂指之相維繫彼強協約之野心庶其少戢乎汪君鳳池固有心人也從公餘暇於挽救蒙古之策實地調查多方攷証著蒙古問題一書以餉當世供政府之採擇於蒙古盛衰之原及後此所以補救之道言之綦詳爲我國籌蒙事者所未及以視仁和龔自珍氏僅著氏族表及水地台卡像教等志者其用心迥不侔矣余慫其用力勤而所見者大故特表而出之以告世之讀是書者漢陽田文烈

蒙古問題序

僕讀蒙古問題竟不禁廢書而嘆曰是皆然矣嘗竊憾朱明季世邊事孔棘吾鄂熊公芝岡所以策邊者至周悉疏牘無慮百數其言曰今日之禍皆前日明白所已言後來之禍自今日理勢所必然奈何廷充耳明社卒因以屋夫斷臂如可全身今之蒙事僕亦不欲復言然明棄遼竟棄其國蒙事則何以異吾友汪子鳳池痛蒙禍之愈深也蒙情之易離也困蒙之終吝也慫蒙之不切也故鑒往察來而有蒙古問題之作問題者今世政學新名言立此題以爲問須就此題而作答所以發吾

全國同胞之深省也傳曰生聚教訓易曰聚人曰財漢蒙隔閡一家胡越循環報復有戾人道甚矣是以於一篇中三致意焉又見疇昔築蒙之專尚軍政與夫驟改縣制之徒耗國帑無裨民生也凡所敷陳均從踏實二字做去而於修變齊易之中隱寓張弛綱維之妙總之不離乎儒治者近是今者政爭亟矣吾國士夫其肯少平意氣從汪子以研究蒙事乎歲不我與請披附錄諸協約

大治葉開寅

自序

乙卯需次濟垣越春徂夏昏昏眠食百無聊奈因思古人立身養性之道不外讀書乃檢笥中陳籍披閱誦諷如逢故友其所未得時赴圖書館求之黃安黃德承先生素習佛老之恬朝夕過從談空說元心領神會久益覺名教中自有樂地彼傾險之人情艱苦之宦味溫涼之世態煩惱之愛情真如雲煙過眼無所忻慼於其中也先是春初奉檄赴洮南各屬考查司法蠻荒初闢戶零丁稀審檢監獄雖形未具原無一顧之價值乃以餘力考詢蒙地人情風俗與漢滿兩族之異同及昔耆鐵

木眞時代所以強盛與近代所以貧弱之故又民國以來蒙族勢漸離畔我國家應及時籌畫補捄之策著爲日記事竣旋省復博採中東載籍中凡關於蒙古滿洲者悉取而覽之東籍尤詳博更擇要而迻譯之仲冬省大吏創設政治研究所置蒙務一課余時主辦南路清鄉車塵甫息輒取籌所爲日記及迻譯者編列目次刪煩綴漏閱五日之力而成茲篇約二萬一千言命名曰蒙古問題光陰荏苒轉盼秋風蒙匪巴布扎布糾寇西邊歸化綏遠均爲震蕩多防軍竭全力始予擊散而虜情反覆向不得志於西今又求逞於南窺項城纂逝政

局搖動之時於海拉爾方面蠢募匪徒所謂宗社黨首領榮動等利用之助給資金由哈爾濱分兩路南下一由索倫犯南荒原一由烏珠穆沁旗經圖什業圖旗以侵突泉縣遂佔領之將有窺洮南之勢討伐軍洮昌鎮守使吳興權氏失愼負傷全局震動未幾官軍克復突泉匪敗竄疾奔而南中途無阻遂至梨樹縣屬之郭家店與金壽山遺孽自號宗社黨金鼎臣之徒結合藉租界爲護符仰外人之鼻息官軍大集包圍方予懲創遽議停戰卒許放歸原旗匪黨隨之復刼燒朝陽坡數十戶沿途騷動數月以來內搖閫本外惹邦交傷軍帥死

士卒燬民房損稼穡商賈窮困鄉農流離耗餉糈數百萬竭軍力三四省不過爲一無智無能無氣無力之巴匪所致耳可勝歎哉國家之事敗壞至此强鄰安得不生心者由今思之曩所著蒙古問題一册竟不幸而言中又京外籌蒙之策多與鄙說吻合或尙不及其簡要著明友人等慫恿付梓因亦不避固陋藉貢獻於時深冀當世士君子采蒭非而辱教之勿閑却此焦眉之蒙古問題可也

丙辰秋八月汪翙鳳池甫識於梨城

蒙古問題目次

奉天裕遼館排印

一　宜改良宗教以破頑迷

二　宜提倡社會教育以新知識

三　改訂札薩克制度以合自治機關

四　減設軍政各機關以紓財力而安民心

五　規訂特別訴訟法以期支配蒙民

六　勸令蒙古王公及有力者組織游歷團以擴聞見而融感情

七　各行省宜選派蒙古視察團以調查事實

八　編練蒙古馬隊以固邊圉

九　移秦晉魯道及東三省之軍隊以實蒙荒而行屯田

一 中日新條約
二 日俄協約
三 俄蒙協約
四 俄蒙議定書
五 中俄關於蒙古初次協約
六 中俄關於蒙古再次簽定之協約

例言

一 是篇成於去冬擱置近一年始議發印故此期間經過之事實或與書中所敘不無出入

一 篇中所述蒙古近狀暨蒙漢兩民族間之種種惡感多得諸同里劉琲生先生因先生懷瑋異之才抱卓特之志出入蒙境者二十年現居洮南曾發起組織邊民聯合會慨乎言之篇中所陳多出自先生緒餘故特表而明之

一 蒙地沙漠曠渺戶散丁稀其交通上物質上之關係實不易多數人集合近年巴匪迭次作亂動輒

聚衆千數百人事前毫無知覺不得謂非防範之稍疏弛也籌蒙者宜察焉

一 近日國中上下言籌蒙者多謂宜改蒙古爲行省或設特別行政區觀今日中國之物力人才各方面恐不能辦到即令竭蹶以赴實際上亦決難望有絲毫之裨益徒敷衍虛名銷耗國帑而已作者不能贊同之

一 近邊各蒙旗向來稍見開闢編吏即報明政府爲設官分治表面雖似謀進行實則不啻阻窒作者深信軍政各機關不利於籌蒙政策故於篇中詰

之緊切（政治上經營蒙古策第四項）曾文正公
有云方今民窮財困吾輩勢不能別有噢咻生息
之術計惟力去害民之人以蘇吾民之自孳自活
而已卽是意也

一 中國向來流行之一種懷柔政策實誤盡國家大
事若國勢强盛彼族畏威乃可以言懷柔今不求
諸本徒知封活佛册親王優賞賚厚𩟔糜今日派
宣撫明日議招徠徒自示弱點使彼心生離異而
已望當道熟察之

一 今日挽捄蒙古之策莫要於倡興教育爲彼族謀

知識之發展急修鐵道爲內地圖拓殖之便利生聚教訓雙方併進而後由京津等處選派文明警察分地巡駐平時資之求行政上之敏活有事則改軍以充武備篇中於此三致意焉閱者識之篇末附錄中日俄蒙各項條約藉覘蒙古近日之情狀與外交之關係深冀閱者反覆研究討論專尋實際勿涉虛文外審國情內屏客氣庶乎籌蒙政策不流於燃膏自蕪是作者所厚禱也夫

蒙古問題

夏口汪翔著

第一章 緒論

大興安嶺之旁阿爾泰山迤南廣大之高原面積達一百三十六萬八千方哩人口約三百萬曾產不世之怪傑成吉思汗舊百萬之鐵騎席捲歐亞震駭一世者非昔時之蒙古乎星移物易曾幾何時宛蟄龍之瀕死延殘喘於平沙風雲迷漫難覩曙光與西藏同稱為世界之黑暗面未浴近紀之文化者非今日之蒙古乎在昔閉關時代抱陳守秘自生自息倘屬一局部之廢興今則非其時矣近東問題既成導火之線極東問題難禁越俎之謀蒙古一隅

北有暴俄南有狡日十年前之滿洲問題即近日之蒙古問題也滿洲已橫截爲南北蒙古復隱括爲內外近頃中俄中日交涉每滿蒙併稱蒙之爲蒙已非復吾囊中物也不亟圖拯援匪惟蒙將不存而國亦不國矣今國中上下亦多見及此顧侈譚邊略者或謂宜改蒙古爲行省以策進行其果於蒙有益與否急宜研究蓋此中得失若不熟察其致病之處又烏明夫救濟之方茲試覼陳於左藉備萬一之採擇焉

第二章　蒙古衰敗之原因

蒙古自元代以降英主迭出本其雄圖壯略領有曠世之

大版土儼如旭日升空然其統御之方純恃武功非有政治上之能力其領土內諸國凡制度宗教風俗習慣各自有其歷史故統一頗難一旦制壓力稍緩即果土崩瓦解之勢此衰敗之主因也其次則喇嘛教之侵入民族均被淘化朝夕誦讀經典不識不知受治於無氣無力之王公漸成政教一致或教權反凌政權焉其次則王位繼承不採父子相續法而用古列魯台之決議於宗族中推戴一最有力者任統治之大權致釀同族內之紛擾他若財政困難亦其衰敗之原因頻年興師耗巨額之軍費又歷代王公迷信喇嘛供養之資動輒千百近日蒙人淵敝情形

莫可言喻實皆坐此病耳

第三章　前清對蒙古之愚民政策

當滿清勃興之初大有賴於蒙古種族之力得藉以覆明宗而掌握四百餘州之山河迨入關以後一面賞其功績渥予待遇然鑑於中國歷朝之史事恐留此北方之强將來或以禍中國歷朝者禍清代不得不努力於抑制之策凡可以防遏蒙族人口之增殖智力之發展者手段不一盡巧極妙故其待蒙古也表面雖倚於滿族而實則利用其弱昧三百年間虛崇紅教使蒙族沉溺迷稛生齒日減愚民之策莫此爲甚每一王公承襲理藩院上下其手運

動之費動耗巨萬每一年班所得賞賚不及百金而往返耗費千百倍之每倘一主歷從極衆需用極繁縟李未能債台已築又或因其好訟往往派員請贊或專使齎辦關從所蓄十宅九空顛倒黑白迄無完結清廷雖知之而漠之憔蒙人處積弱之下亦莫敢誰何究其內附之心已漸薄弱故民國初建外蒙立畔內蒙亦幾不保雖由外人之煽惑抑履霜堅冰所由來也

第四章　蒙古開拓之由來

蒙古之地沙漠曠渺山脈衡接五十年以前世人多以是爲磽确不毛之土全不適於耕耘豈知不毛者乃一部分

之少數餘皆沃野平原與哈爾濱同一良好之農作地域也第蒙古人向事遊牧不解耕種之術習於媮惰或以農作爲下賤之業以故膴膴周原百年閒曠迨人智進步人口蕃殖奉直秦魯各省充溢之滿漢人以平和的侵略逐漸移墾或其世爵迫於債累招民耕種以圖租人請托因勢利導藉以籌餉兼以安插人民而分以荒値內蒙四盟陸續出荒招民如卓索圖哲里木盟昭烏達盟各旗均一變其封鎖之舊清季滿親王巡視蒙古復與熱河都統奏請開放巴林阿魯科爾沁及札嚕特三部五旗之地於是蒙古農業勃興開拓之勢著著進步現下由滿漢移民

之手既開墾之熟地僅卓索圖盟各部約達二百萬方畝其收穫每年不下壹千五百萬石若將來全部墾種其發展之狀態實不難逆覩也

第五章　蒙漢兩族舊存之惡感

上述蒙古開拓之舉或不無受淸廷之壓制或出於該王公之主持而非旗衆所甘心者故每一放荒其旗衆莫不忍氣吞聲盡移墾之漢人既衆則本旗之蒙丁漸被驅逐其語言習慣兩不相適於是更逐水草舍而之他流離轉徙因之失所者頗夥平情而論本非漢族有意相排亦非淸廷存心偏袒而蒙人溯其所由則曰漢族之奪其生計

此惡感之所由來也
漢民既得可耕之地即聚族呼朋寖見富庶蒙民既不諳耕耘加以日用之資信教之費所出浮於所入漸致債台高築或以其留界（凡放荒之區域有蒙人住在者向皆留為牧場謂之留界）招民佃種食其租入究之坐食無為久遂不能據其地終屬歸佃有事後溯其所由亦曰漢族之奪其生計也
漢族農民以外尚有營業於蒙境者大抵五方雜處皆新集之客民其市儈一流對於蒙人或以利誘或以術取蒙人賦性愚直多有受其詐欺致傾家喪產者又或聯親結義外示密近內蓄鬼胎污衊其妻女騙取其牛羊蒙人受

侮既久蓄怨漸深一旦梃而走險遂出於劫殺之途財產生命同歸烏有蒙漢遂兩敗而俱傷

世界人類之心理莫不有自尊自大之習蒙古以成吉思汗之胤全球駭目號稱強宗滿清之際雖被屈服而表面則優崇於漢民重之以婚姻繫之以好爵故其夜郎自大引滿族爲弟昆直視漢族爲奴隸或曾被征服於其先民之仇敵爲當蒙荒未開放以前漢民之承佃墾種者介居於衆蒙之間蒙人每恃衆相凌齒爲賤種或有爭訟其扎薩克必曲爲袒護漢人常處於抑屈之地稍事強項驅逐隨之又蒙民之游惰兒孩者覩漢民之農殖致富或萃聚

不還爲患於四鄰漢民之生命財產爲所破壞者往往而是及搜捕旣至其扎薩克必多方阻撓故雖鄰里而視同寇讎是又蒙漢兩族相惡之原因也

第六章　內外蒙古之離畔

上述蒙漢兩族間奮積種種之惡感以致不能相容又其王公貝勒竊知淸代抑制之手段與虐待之歷史久已心離甘服外人復煽惑於其旁曰爾政府之愚弄爾也爾漢民之欺侮爾也爾國家將被瓜分不足以庇護爾爾其附我我能貸爾以金錢假爾以軍械爾政府無能爲也蒙人仔細思之其言皆信其利甚甘遂不覺入彼彀中恰値淸

政不綱辛亥革命事起不數月而南北一統五族共和庫倫活佛遂乘機蹶起宣告獨立結援於俄脫離民國之羈絆時政府方謀建設內治調協黨爭議剿議撫莫決端倪內蒙如扎薩克圖郡王鄂公亦相繼犯順雖經討平更予廢立究其心存離異實不自今日始亦不止扎薩克圖一旗也

內蒙爲秦一役實漢蒙兩族惡感積發之特徵此一役也既結一惡果又種無限之惡因蒙人以獷悍之衆得睥亂之機舉平夙積鬱之氣睥睨之恨皆將於此洩之以快其志故其劫掠燒殺慘毒無人理三族之親五等之戚均不

獲倖免焉洎漢兵既至遂倉猝瓦解奔竄無餘而附亂者之族黨與無辜之蒙民乃丁其厄而叢其怨讎時所以施之漢民者不轉瞬而返諸蒙族矣蹊田奪牛或且加甚焉聞軍營中人有勾結土豪朋比局詐覬蒙人之與漢族雜處而有資產者則誣以從逆虛詞恐嚇必盡其膏髓而後止乙卯初春翔奉長官檄赴洮遼各屬考查司法若鎮東安廣洮安等縣皆變亂之燒點目擊地方凋敝情形感作古風一章名曰傷亂行不避譾陋錄附於此藉窺當時景况焉

曉發鎮東城暮宿托圖寺道塗罕人行膏疇蕪不治

相彼墟落間十九盡荒棄問彼胡爲爾未言先垂淚
共和昔告成蒙寇倏然至劫殺鮮人理婦稚無可避
坦腹王家郎投鼠器不忌康公我自出刺刃如未識
遺者聞風逃生全偶然逢再來室已毀謨虎心猶悸
我聞老蒙古樸直寡奸僞游惰習性成久益迫生計
漢民欺其愚狡爲逞機智惡感積已深一發遂橫肆
豈無惻隱心聊以快其志豈不憚顯戮鋌急走且試
雄兵一朝臨肝腦竄荒地回憶嚮所爲潢池弄兒戲
亂後搜捕嚴奔向外蒙寄良懦苦無策身家乃大累
蹊田奪之牛武夫尤暴戾奸民伺其旁告訐窮羅織

財產侵沒盡罄生亦顚頓五族大共和蒙漢豈有畀鬩牆張角弓操戈尋同類眈視有強鄰坐擁漁人利及今不爲謀將有噬臍悔我來洮河濱行役日攪轡黎蒞喪亂情觸感悲憫意秉燭發長言且當東蒙記

第七章　蒙古畔亂與外交之關係

在昔六十年之際俄羅斯帝國大學設蒙古研究之分科當時人咸度外視之以爲特學者好奇之資料而不知今日俄國對蒙巧妙之政策與優越之地位實基於此當我國辛亥革命之秋俄外相與議會之演說縷縷數萬言闡發蒙古之眞相一一均中肯綮駐在北京之俄國公使科

司托氏老練有爲夙以支那通見稱於外交團者也當民國初定中華多事之際忽去京而上歸國之途大引起列國之注意紛紛揣測咸推定爲私事婦人之關係奚知歸國未久彼更以俄國全權大使之名威儀堂堂受蒙古官民歡迎之下而與庫倫政府商訂俄蒙協約者卽此人也民國元年十一月三日俄蒙協約成翌日附帶之俄蒙商約成兩全權間調印了結於是極東問題遂爲世界列强所注目矣

俄蒙協約共四條其第一條卽禁制中國軍隊及移民入於蒙古至密約之俄蒙議定書十七條則直蔑視中國之

宗主權對於蒙古恰如其保護國之態度束縛其對內對外之自由又壟斷其土地通商興業交通財政等利權名爲援助蒙古之獨立實則不認其自治且宛若其領土爲處列國環視之下俄國對外政策似此旁若無人橫暴至極甯不令人駭嘆乎蓋俄國內部之狀態雖迄未平靜其黨派及人種之暗鬭依然繼續然其對外政策則確乎一貫積極經營不撓不間更善捕捉種種之機會無令錯過惟俄人能乘中國革命之機誘煽外蒙獨立以取得種種之權利今値歐洲戰爭俄德奮鬭已越二年之久俄方力疲精憊如陷阱之虎而我中國不能乘其時機刷新內治

規復外蒙出以遠大之眼光運以靈妙之手腕則彼此智識能力相越豈不遠哉蠢者活佛取消獨立表面雖似內向而志實二三非心悅誠服力不贍也蒙匪巴布扎布聚盜萑苻集黨行劫本無厚重之勢力政府派多防軍往剿前後數月僅予擊散而餉糈之費獎勵之資又不知耗去吾民幾許蒙之爲蒙不特不爲吾利且足爲吾害突部院雖號節制已成告朔之羊大員縱稱駐臨實類乘軒之鶴他日歐戰告終蒙古能否繼續內附不得謂非疑問也

俄人經營蒙古既得尺而進尋而日本密邇滿洲復得隴而望蜀十年以前日人偶有一二談蒙古者非不言之諄

諄而聽者殊藐藐蓋亦自揣其國力之不暇及此也自日俄協約成而動機已見外蒙獨立後則攘臂而起矣游歷東蒙者絡繹於途著書立說者闐溢於肆松本揭氏所著東蒙古之眞像一書尤詳賅警澈足以聳動其國人於是日政府派木村氏駐洮南派兵駐三江口鄭家屯並要求四洮開海各路興修權司馬之心路人皆見本年中日條約第四條日本臣民願在東部內蒙古合辦農業及工業時中國政府當允准之又第六條中國政府為外國人居住貿易起見從速自開東部內蒙古合宜地方為商埠日人經營內蒙之心深切著明著著進步表面雖似野心其

實不外自衛二字而已蓋世界大勢無論何國苟不外求發展而故步自封未見能保持其現狀者奧塞之爭不過巴爾幹區區之地而德意志與聯軍各國不惜耗擲巨額戰費犧牲精銳生命者亦曰自衛而已日俄戰爭以後仇怨日深世人咸以爲不久仍將決裂乃清末英美會社之代表美國人司托西篤氏以經營遠東之結果奔走中美兩政府間由美國借資敷設錦瑷鐵路(由錦州經洮南至瑷琿城)約四百英里與北淸南滿兩鐵道線成併行勢於是日俄兩國以利害關係之故同起反抗此問題遂中止企畫均歸泡影而日俄兩敵國反藉是爲握手之機不久

而日俄協約成均分滿蒙之利益明訂兩國勢力之範圍互相提撕以銷爭嫉而對抗第三國庫倫獨立以後凡俄蒙協約俄蒙議定書皆實行日俄協約之事也日人乃急起直追經營東蒙不遺餘力一恐俄人勢力瀰漫於外蒙必將伸張於東蒙四盟其利害密接於南滿不能任日人高枕而臥其次則日本區區之地現有六千萬之民庶已與人滿之患加以每年人口之增殖平均約千分之十三遞推至大正百年將及二億五千萬衆大和民族何處可爲容足之場乎天幸中國地廣而荒國貧而弱舉數十萬方里之土地豐沃無盡藏之寶窟置諸國家統治權以外

聽其自生自息慢藏誨盜空谷來風溯天演之公例知幾存之良難書曰兼弱攻昧孰能任吾之優游閒曠乎世人徒恨日俄之侵我領土橫暴無理豈通論哉

第八章　中國今日挽救蒙古要策

滿清之待蒙古也既如前所云云外示優崇內實抑忌與夫官民間種種隔閡惡感致蒙族依附之力漸極薄弱乘機畔亂辛亥而後改設蒙藏院廢理藩之名胡越一家對蒙政策似稍勝於清代矣然前清三百年來相沿之積習猝難改觀徒知以虛榮散秩從事羈縻外人所謂支那一流之懷柔政策用諸今日毫無效果雖喇嘛皆封活佛台

吉盡拜親王究何裨於事實哉
夫蒙古民族之頑昧也如彼其生計之貧困也又如此我政府覩之固儼同雞肋食棄兩難矣然吾觀英之經營印度法之經營越南日之經營北海道台灣也最初五年須國家之補助爲再五年足以自給矣又五年稍稍有餘裕矣又五年收入於國家者至鉅矣今吾國奉直近邊各蒙旗經公家開荒設治者亦非少數究其發展之力過緩天然之富未興初意本利其荒値藉以濟一時之用並無長治久安之策迨農民稍稍招集開墾者衆國課漸有收入則急設縣命官與其他種種名目不惟無益於民且滋擾

爲甚或官吏員役兵警之數較縣民且加夥此項官吏祗管理邑內墾荒之移民其舊有之蒙民仍屬諸扎薩克統治之下故官吏無所事事日惟飲酒高臥博奕游豫所辦者皆對付上官之事罕治理下民之舉而國家乃曰吾招農設治所以經營蒙古者亦已至矣豈知其事實乃僅如此蒙民之頑昧如故未聞謀所以啓之其貧困也如故未聞謀所以恤之問之政府則曰財用不足無如何也問之縣吏則曰事權不屬無如何也問之蒙古王公則曰力薄勢弱政府不予提携終無如何也設此地竟歸日俄或他國所有吾料三數年後必燦然可觀豈眞無可如何耶不

求其實而虛文是圖雖日言經營亦奚益哉茲就俚見所及以爲今日中國欲挽救蒙古有政治上之經營爲有經濟上之經營爲試分述於下方

（甲）政治上經營蒙古策

（一）宜改良宗教以破頑迷

喇嘛教之在蒙古其勢力絕大蒙古人對於喇嘛教之信念亦最稱強固凡冠婚喪祭吉凶禍福無不有喇嘛之關係其景仰高等僧侶儼如聖神不知有帝王之權力祇覺有活佛之尊嚴寺觀遍地靡不莊嚴宏麗自用雖窮而奉佛則奢眾蒙族全體之精神冥冥中盡受教

旨之支配致千百年來震駭世界强悍勇暴之蒙古民族遂漸化爲溫順柔懦之氣質至於割之不痛抓之不癢不剔可憫乎今宜急求開發之道以恢復彼等固有之精神開發之道不必革去喇嘛教祇宜改正喇嘛教之經典教旨獎勵勇敢進取之風喚起活動靈敏之氣一轉移間而蒙族垂盡之靈魂不難生機復現教旨之關大矣哉

（二）宜提倡社會教育以新知識

蒙古之地向無所謂教育人民解誦經典則能事已盡識漢字者絕少其腦髓中之單簡直不認新教育爲何

事及有如何之效力近來王公子弟間有延聘外國教師於府中或派遣游學於海外而呼吸新教育之曙光者究不過一二少數其他直可謂之無教育今欲進蒙古於開明之域非先從事於社會教育不可其要件有四

（子）組織游行講演團選蒙語通暢之人仿西人傳教之法赴沿邊各縣及各旗集衆演說開陳人民與國家之關係及現在內政外交之大概以增其愛國之忱併疏通兩族從前之惡感使渙然冰釋復勸令兒童就學併須注重講習漢文以便同化又誘導以農工商之利益與其方法仍携帶音樂戲片影像等

類先以動其觀聽作其趣味而後進其所欲言庶聽者易入也

（丑）提倡多設小學務令蒙族子弟入學肄習或知會其王公扎薩克曉以求學爲現世之必要且爲其種族存亡之關係施以强迫教育風氣初開誠不免多少困難如各部落彼此隔離過遠通學難行勢非設有寄宿舍制度之學校不能達教育之目的以蒙古今日上下之貧困實非咄嗟可辦計惟有聯合二三旗共同設法建立同時鼓勵社會有力者使之資助再由政府量予補給蒙人崇信宗教雖蹇窒不齊

奉佛之費果能使其中心誠信移所以事佛者就學亦奚難哉

（寅）籌設出版社從事刷印廣儲啓發民智之書籍文報暨佈告書演講書等類

（卯）創設各種文藝自治會以期合羣共進（一）農畜會研究關於種植殺蟲防水保安之事（一）宗教會研究佛教之眞旨而祛一切不正當之迷信（一）展覽會廣集各旗各校教育成績與美術出品以資觀摩（一）蒙人技術會如乘馬競爭角力競爭（似日本之柔術蒙人好之凡鄂博祭日最盛）均足以鼓舞尙武精神（一）音

樂會汰褻時戀愛猥鄙之謠曲易以文明高摯之唱歌務令雅俗共賞以感發其性情古云快馬健兒不如老婢吹篪又唐詩云遼東少婦年十五慣彈琵琶普歌舞昨唱羌笛出塞聲使我三軍淚如雨觀此足知北方民族好音樂與夫音樂感人之深且易苟因勢利導亦開發社會之美具也

（三）改訂扎薩克制度以合自治機關

扎薩克者各蒙旗旗長之職名一般爲世襲制所謂旗者一團體之總稱極言之不過稍大之一氏族耳其首長之扎薩克即執共同生活之牛耳維持此族之族長

而已然蒙古人自視其旗宛如一王國故其扎薩克棲息之部落概稱爲王府究其實際管轄之事甚爲簡單其生計狀況不及文明各國中流社會之個人且僻處荒徼無政治之知識位由世襲無政治之經驗其旗衆服從依賴近於無限君權彼日常墨守舊習退嬰是尙安望其旗衆有進步發展之期今宜斟酌情勢徐令依照自治規則改爲地力自治機關與官治相輔則庶有豸乎

（四）減設軍政各機關以紓財力而安民心

查近邊各旗邇年漢滿移民稍稍生聚地方大吏即設

縣知事治理復派軍隊若干人駐紮其間本係保護之美意然余曾履鎮東突泉安廣及近設治之瞻榆等縣見其戶口不過千百訴訟月只二三有一誠正明曉之巡官足以管理有餘再於道署添設一警政科監督指揮之則事無不舉奚取乎縣令之虛名致歲糜無限之金錢且一設縣則雀兒雖小臟腑俱全如警隊防軍公役人等均足以蠹擾細民而阻其自由發展之機是亦不可以已乎

（五）規訂特別訴訟法以期支配蒙民

查近邊各縣蒙漢雜處自不免鼠牙雀角之爭每以管

轄不定之故彼此任意逮捕橫加酷虐致惹起地方官與旗官相衝突之事且一地而有兩種以上之統治權實背政治學之原理勢非漸改由地方官或司法官管理無以收統一整齊之效但蒙民頭腦單簡僅三章之約法或易遵守若如毛之規條實碍施行故爲支配蒙民計非特別製訂一簡明之法令不可

（六）勸令蒙古王公及有力者組織游歷團以廣聞見而融感情

蒙古王公向皆抱陳守秘與內省不相往來滿淸時代僅年班朝貢一至京師今爲疏通彼此感情起見宜勸

令組織游歷團赴北京天津上海漢口南京廣州各開發之地俾窺內省人文之一班及教育農工商之狀態併使知蒙漢誼同弟昆較諸外人實大有可恃以堅其內附之心而戢其離異之念

（七）各行省宜選派蒙古視察團以調查事實

蒙古之風土人情天產地利匪特內省人民未嘗聞知即近邊久與隣處之人亦多語焉不詳而外人之調查報告反纖悉靡遺如何營謀吞噬我亦毫無覺察今宜由各省陸續派遣有政治眼光之人或各專門名家各實業社會組織蒙古開發團分別前往考查經營不特

可戢外人侵噬之端亦足補救內地土滿人滿之患也

（八）編練蒙古馬隊以固邊圉

蒙古現在之兵僅喀喇沁王旗及博王旗各有新式軍百人傭聘外人訓練並由日俄購入兵器其他仍百十年前陳腐之形式教育訓練不完全殆無軍隊之價值然彼等體格頑健性好競技實饒有先天的尚武氣質且具善良之服從心若施以適切之訓練覲俄之哥薩克兵英之印度兵將有過之無不及焉況乎蒙古人之騎術尤冠絕世界成吉思汗蹂躪歐亞之大半皆恃此健兒鐵騎之力也蓋蒙古人之乘馬也上體垂直膝以

下稍曲於後方雖如何動作僅上體運用其下體之位置全然不移似與馬腹粘固者偶上體稍傾於前則馬驚然疾驅騎者仍直立於鞍上略無顛播之狀常見蒙古人日常徒步每遲鈍無活氣如失水之魚能力全喪若一度乘馬則輕捷矯健生氣潑潑數十里行程俄頃即至終日鞍不離腰亦無倦容又蒙古馬之特長有三即耐寒熱耐勞苦耐饑餓是也若因而利用之編練馬隊若干施以完善之教育眞可橫行無敵吾國東北之圉廡可稍固乎

（九）移秦晉魯直及東三省之軍隊以實蒙荒而行屯

田之制

屯田之利自古稱之且耕且戰實邊防長久之策查俄屬額爾齊斯河沿岸屯兵每兵給地百畝除耕器由官家發給外餘均自備月餉亦無幾惟俱免地稅防邊之兵此爲最善矣辛亥以後我國之兵儼若天帝之驕子恐不樂從事田畝躬任耕耘若得精幹有爲之將帥督之以眞誠持之以堅忍濟之以恩威運之以精思亦未必絕對不能辦到也左文襄督辦新疆軍務創議劃兵農爲二簡精壯以實營伍散恇弱以事墾植亦言屯田所宜取法也再中國舊有軍流名目即投畀有北之義

誠能仿其意將各省軍犯自徒流以上情節雖原者悉
赦其罪得携家徙邊或屯田或商務仍編其壯者入伍
以時訓練有事則給餉用之上收邊防之利下被免罪
之仁亦一可行之善政也

（乙）經濟上之蒙古經營策

（一）興修鐵道以闢利源

鐵道之需用恰如人身之血脈必得運輸交通之便方
可促進開發之機蒙古之地有無量之富源實天然之
實窟祇以交通未興經營者鮮致棄貨於地良可惜也
查北滿哈爾濱一帶在俄國東清鐵道未經營以前不

過茫漠之草原一旦鐵道開通即農業一項遽呈長足之進步今逐年收穫者約小麥四百萬石大豆七百萬石其他雜穀約二千數百萬石遠輸出於歐洲若蒙古之平原足開拓耕地者豈啻什百倍於哈爾濱乎近年我國企圖興修之路有三

一張家口經庫倫至恰克圖線

一新民屯經法庫鄭家屯洮南至齊齊哈爾線

一古北口經熱河赤峯至哈爾濱線

祇以財政上關係與外交之紛糾迄未有一實現去歲中日條約之結果我政府聲明嗣後在南滿東蒙需造

鐵路由中國自行籌欵建築如須外資可先向日本貸本家商借云云又前清季年議修錦瑷鐵路日本以南滿鐵道並行線爲名出頭抗議遂至中止觀此則凡奉天與蒙古間之路線均有外交關係存在國力不振當道審愼運迴必難望圓滿之解決雖然由前之問題則中國欲在滿蒙修造鐵道須先向日本借欵並非不能自由建築我國已有各路如京漢京奉津浦及現修造中粤漢川漢何一非依藉外資外力但能計期歸還何慮權利外溢果使管理得當設必成效不彰況借資興修鐵路乃有價事業列强多行之者又奚害焉由後之

問題則凡與南滿路線有並行之嫌者均為日本所必爭究竟並行之說苟欲避之豈遂無術由新民至赤峯由赤峯至洮南由洮南至長春非與南滿並行也何嘗不可修果政府實能見到經營蒙古之必要及經營蒙古非先修鐵路不可行之以毅力持之以堅忍須見得百政可廢此路不可不舉豈必無法以處之哉若再徘徊恐日人將要求與修四洮支線（由四平街至洮南）先代我而為之矣（按四平街至鄭家屯一段已勘定路線不日動工經費係由日本借入總工程師以下均日人是四洮線之一段落已）

（二）著手

改良農作以增收穫

蒙古之地曠野無垠農作之粗雜實可驚駭其耕種之方法極簡極速百畝之廣僅苦力四人馬騾三四頭一日而耕種俱了其農產物不過高粱大豆粟黍玉蜀黍小豆小麥等類就中以高粱大豆最多小麥僅少至蔬菜之類尤所罕見苟稍事研求施以適宜之種子與夫進步之耕作法其收益之增加將不知幾許區區水旱偏災如新民遼中等縣尚慮乏食乎

（三）開採鑛產以探美富

蒙古夙富於鑛產祇以交通不便尚潛藏於地底多數未經發現僅卓索圖盟及庫倫恰克圖之一部由外人

奉天裕[illegible][illegible]排印

探險發見者有三數區爲然鑛山隨處伏在若大興安嶺之東南側支脈尤堪注目就中以炭鑛爲最多將來交通機關完備從事踏查開掘其富源奪有涯乎茲僅就東蒙古之鑛產物中前經着手採掘者分列於左

（子）東轉子山金礦　在赤峯州之東方熱河都統管轄之下用土法採掘一日產額約二兩乃至四兩

（丑）紅花溝金鑛　在赤峯州之西方西翁牛特旗內今中止經營

（寅）金廠溝金鑛　在承德灤平縣之北方豐甯縣屬由當地土人以土法採掘一日之產量僅二兩內外

（卯）承平銀鑛　在承德縣之東北方喀喇沁右翼旗內土人採掘在五六十年以前光緒中年設承中銀鑛總局以候補道張彥英為總辦聘用美國技師二名不久卽解雇

（辰）四道溝銅鑛　在喀喇沁左翼旗內李文忠督直隸時聘用外國技師數名試辦大規模之採掘後二三年卽中止

（巳）五家炭鑛　在喀喇沁右翼旗內黑水驛之西南採掘在百餘年前屬平泉縣同興義公司之經營每年產出額約三百七十五萬斤炭質有煙火力稍

蒻彙雜渴炭

（午）石塔墳炭鑛　在五家炭鑛之東北約十數里十年前之所開掘由本國紳商組織合股公司經營之每年之產出額約四百萬斤內外炭質較前略佳

（未）新邱炭礦　在新民屯西方土默特左旗內山英國技師管理採掘已經十年彙時計畫擬由京奉鐵路線之厲家窩棚至礦山間敷設輸炭鐵道約四十五英里未見實行現僅一部分之工事使用新式機品炭質頗良好與日本經營之撫順炭相伯仲云

其他三義店炭礦（在朝陽府東北）元寶山炭鑛（在赤峯之東

黑城子炭礦（朝陽府東北）均係用土法之小規模採掘產炭額無多其他未採掘者亦不少

（四）採製食鹽並推廣銷運

食鹽爲蒙古之特產物到處湖沼湧現隨採隨出恰似無盡藏之鹽庫且其採掘法極易銷費少而利潤大除充東蒙古一帶之需用外輸出於黑龍江及直隸省北部又外蒙古車臣汗部今舉其著名產鹽之處如下

（子）搭穆寺鹵鹹水湖　在西烏珠穆沁王府之西北東浩濟特王府之北方周圍約三十里之小湖其湖邊常時有純白之食鹽凝出隨取隨現宛無盡藏

其採取量每日不下三四百石全係蒙古土人之綿
營載諸車輛以輸送於各處
（丑）蘇尼產鹽池　在蘇尼特左翼旗王府之西南
九十餘里周圍約五六里又其西方約四十餘里許
周圍約十餘里又其西方五十餘里有同樣者二處
湖邊隨時皆現出蒼白色之食鹽與搭穆寺魯鹹水
湖無異惟僻處偏隅輸送梭關未備不過供本旗內
人民之需要量而已
其他海拉爾附近亦有產鹽池又呼倫貝爾一帶隨
在皆有鹹水之湖沼其產出之食鹽青黑色而不純

白僅供附近居民之用

蒙古產鹽之區既如是之多又其鹽質之美與夫採取之易苟聽其棄之於地或土人粗笨之取携不但利源坐失使他方淡食之民難享天賦之利益恐外人將代我經營轉以重利售諸吾民不能予取予求爾時雖悔其可追乎

（五）推廣牧畜併改良種殖

溫帶地方之牲畜甚屬馴易其畜類之體格形貌亦極高大可愛然其勞力與需費則較夥且使用之於寒帶地方其抵抗力尤極薄弱若寒帶地方之蒙古爲其耐

粗糲耐苦勞之性質實優於溫帶所產之馬茫漠千里之平原千百成羣不必有藩籬之防衛放眼觀臨但見彼族悠悠嘻嘻逍遥自在無日無夜無冬無春朔風劈肌寒月照野跋涉冰天雪窖之中悄然闊步又產鹽湖畔常見萬數之白羊千百之黑牛游行於湖邊之沃野獸獸飽食余養在洮南感懷詩末句云高原幾處牛羊陣遠自荒山落日來可以想見其天然殖產之狀態矣今若稍加推廣設法提倡其蕃孳之利甯有涯乎惟蒙古畜類缺乏之點多在軀幹之短小頗不壯觀若能加以學理於其種子交尾之時期研求改良配合之方法

則效果不難立睹矣

（六）創辦製羊製革公司暨講究輸出之方法

蒙古出產之工業原料品以羊毛獸皮爲最夥亦最有用近年俄德英各國均於是著目於庫倫洮南張家口多倫諾爾歸化城等處設洋行經理投巨萬之金資使用漢人以廉價收買羊毛獸皮每年輸出於歐洲者其量額極夥其利潤最大蓋世界日臻殷繁其洋服靴履之用廣深賴此爲製呢製革之供此外由漢人之手以不完全之製法逐年輸出於中國內地各省者其數亦極鉅茲僅就內蒙古每年輸出之數約計之如下

羊皮　百萬乃至二百萬張

牛皮　七萬乃至十萬張

馬皮　五萬乃至七萬張

駱駝皮　三千乃至六千張

騾驢皮　二千乃至五千張

其他雜皮　二萬乃至三萬張

獸毛又駱駝毛　一千萬斤乃至二千萬斤

以上各種毛革除輸出之外由漢蒙人以不完不精之製法與不工不商之販賣自行銷費者仍不少如毛氈一項用處最多蒙古人家之床敷門簾座墊屋蓋包具

皆用之叉製造皮革之皮㗊每年銷費皮革最夥惟製法極粗其製造軍學各界所着之皮靴鞋等件仍用自外國輸入之柔皮一轉移間利盡歸人外人不過以我之物化粗爲精化生爲熟苟我能集中資本爲大規模之工塲改良製造其成本既輕則利益必厚不但可塞漏卮亦足救濟國民之生計而鼓舞社會之企業心也

第九章　結論

前述蒙古之地關於內政之重要如是關於外交之急迫如是人民之愚昧如是生計之貧困如是滿淸之遺誤如是民族之惡感如是及今不急起直追傾注全力蹉跎復

蹂躪恐蒙之爲蒙危亡即在目前矣皮之不存毛亦無附而漢又安能倖存乎或曰中國地大物博蒙古僻在邊徼貧瘠已極在前清久已視同甌脫今我國經濟枯竭人才缺乏內政外交已虞不暇安有餘力及此乎不知國於天地所與立者三事曰土地人民主權東西各邦其所以苦心孤詣伐交伐謀競競求侵略於外者豈好爲自擾哉亦生計問題迫之使然也今中國置數十萬方里之地數十萬丁口之蒙旗於國家統治權以外譬猶肩臂已失腹心僅存尚得謂此爲有生命之人乎且闢地實難今也日蹙國千萬里我四萬萬餘孳生無已之中華民族異時恐求

一託足之所亦復不可得矣吾人愛國心長救時才短聊
舉平昔之殷憂與夫管窺之政策陳述於上雖區區數章
而大端略具於是竊願我公忠愛國之諸君子及時策畫
慎勿閣𨊠此焦眉之蒙古問題也可

第十章　附錄

（一）中日新條約 民國四年六月八日在東京互換

關於南滿洲及東部內蒙古之條約

大中華民國

大總統閣下及

大日本國

大皇帝陛下爲發展在南滿洲及東部內蒙古兩國間之
經濟關係起見決定締結條約爲此
大中華民國
大總統閣下任命中卿一等嘉禾章外交總長陸徵祥
大日本國
大皇帝陛下任命特命全權公使從四位勳二等日置益
爲全權委員各全權委員互示其全權委任狀認爲
良好妥當議定條項如左
第一條　兩締約國約定將旅順大連租借期限並南
滿洲及安奉兩鐵路之期限均展至九十九年爲期

第二條　日本國臣民在南滿洲爲蓋造商工業應用之房廠或爲經營農業得商租其需用地畝

第三條　日本國臣民得在南滿洲任便居住往來並經營商工業等一切生意

第四條　如有日本國臣民及中國人民願在東部內蒙古合辦農業及附隨工業時中國政府可允准之

第五條　前三條所載之日本國臣民除須將照例所領之護照向地方官註册外應服從中國警察法令及課稅

民刑訴訟日本國臣民爲被告時歸日本國領事官又中國人民爲被告時歸中國官吏審判彼此均得派員到堂旁聽但關於土地之日本國臣民與中國人民之民事訴訟按照中國法律及地方習慣由兩國派員共同審判

將來該地方之司法制度完全改良時所有關於日本國臣民之民刑一切訴訟卽完全由中國法廷審判

第六條　中國政府允諾爲外國人居住貿易起見從速自開東部內蒙古合宜地方爲商埠

第七條　中國政府允諾以向來中國與各外國資本家所訂之鐵路借款合同規定事項爲標準速行從根本上改訂吉長鐵路借款合同將來中國政府關於鐵路借款事項將較現在各鐵路借款合同爲有利之條件給與外國資本家時依日本國之希望再行改訂前項合同

第八條　關於東三省中日現行各條約除本條約另有規定外一概仍照舊實行

第九條　本條約由蓋印之日起即生效力

（一）關於旅大租借地南滿安奉兩鐵路期限之換文

（照會）

爲照會事本日畫押之關於南滿洲及東部內蒙古條約內第一條所規定旅順大連租借期限展至民國八十六年即西歷一千九百九十七年爲滿期南滿鐵路交還期限展至民國九十一年即西歷二千零二年爲滿期其原合同第十二條所載自開車之日起三十六年後中國政府可給價收回一節毋庸置議又安奉鐵路期限展至民國九十六年即西歷二千零七年爲滿期相應照會即希查照須至照會者

（二）關於東部內蒙古開埠事項之換文（照會）

爲照會事本日畫押之關於南滿洲及東部內蒙古條約內第六條所規定中國應行自開商埠之地點及章程由中國政府自行擬定與日本國公使協商後決定之相應照會即希

查照須至照會者

（三）關於南滿洲開礦事項之換文（照會）

爲照會事日本國臣民在南滿洲左開各礦除業已探勘或開採各礦區外速行調查選定中國政府即准其探勘或開採但在鑛業條例確定以前應仿照現行辦法辦理相應照會即希

查照須至照會者

一奉天省

所在地	縣名	礦種
牛心台	本溪	煤
田什付溝	本溪	煤
杉松崗	海龍	煤
鐵廠	通化	煤
暖池塘	錦西	煤
鞍山站一帶	由遼陽縣起至本溪縣止	鐵

二吉林省南部

所在地	縣名	礦種
杉松崗	和龍	煤鐵
缸窰	吉林	煤
夾皮溝	樺甸	金

（四）關於南滿洲東部內蒙古鐵路課稅事項之換文（照會）

為照會事本總長以中國政府名義對貴國政府聲明嗣後在南滿洲及東部內蒙古需造鐵路由中國自行籌款建造如須外資可先向日本國資本家商借又中國政府嗣後以前開地方之各種稅課（除中國中央政府業經為借款作押之鹽稅關稅等類外）

作抵由外國借款時可先向日本國資本家商借相
應照會即希查照須至照會者

（五）關於南滿洲聘用顧問事項之換文（照會）
爲照會事本總長以中國政府名義對貴國政府聲
明嗣後如在南滿洲聘用政治財政軍事警察外國
顧問教官時可儘先聘用日本人相應照會即希
查照須至照會者

（六）關於南滿洲商租解釋之換文（照會）
爲照會事本日畫押之關於南滿洲及東部內蒙古
條約內第二條所載商租二字須了解含有不過三

十年之長期限及無條件而得續租之意相應照會
即希
查照須至照會者
（七）關於南滿洲東部內蒙古接洽警察法令課稅之換
文（照會）
爲照會事依本日畫押之關於南滿洲及東部內蒙
古條約內第五條之規定日本國臣民應服從中國
之警察法令及課稅由中國官吏與日本領事官接
洽後施行相應照會即希
查照須至照會者

（二）

日俄協約 民國五年七月發表

日本東京電日俄協約案於六月二十九日樞密院會議全案將表決其要領如左

（一）中國及西北利亞地方如有第三國行動妨害日俄兩國特殊利益之時兩國宜共同防止

（二）西北利亞及滿洲蒙古之日俄兩國之勢力圈內兩國臣民互有自由居住營業之權利

（三）俄國臣民所有松花江航行獨占權日本臣民得以參加

附決定條件

（一）接濟軍器
（二）東清鐵道之寬城子與第二松花江間路線讓與日本

又日本東京電日俄兩國之協約於七月三十日在俄京簽印茲經日本外務省發表其要項於左

（一）日俄兩協約國中之一國不能單獨與日俄兩國政治對抗者相聯合或再結條約

（二）日俄兩協約國之一國承認他國之領土權或特殊權利被侵害時日俄兩國宜協議互相措置擁護防衛利權之辦法

（三）

俄蒙協約

第一條　俄國政府爲維持蒙古之自治極力贊助併參預蒙古常備軍之編成而禁制中華軍隊與其移民入於蒙古

第二條　蒙古政府爲酬謝前條俄國之助力關於俄國人之通商當另議密約予以特權

又蒙古政府關於俄國人所享有權利以上之優越權絕對不得給與他國人

第三條　蒙古政府對於中華民國或他國不得再締結與本協約及密約之條項相抵觸之條約

又蒙古政府不得俄國政府之承認則不得變更本協約

第四條　俄國與蒙古間之友誼以本協約簽印有絕對的效力

（四）

俄蒙議定書（即俄蒙商約）

俄蒙全權委員基於俄蒙協約第二條關於在蒙古之俄國臣民及在俄國之蒙古人民間之權利及特權協定左列之條項

第一條　俄國臣民無論蒙古內之某某地方均有自由旅行居住以及營商業設工場又與人或公私會社得與住居於蒙古內之中華人及他國人定契約之權利

第二條　俄國臣民有自由貿易之權利凡俄蒙華以及他國之商品出產輸出輸入均無稅

第三條　俄國銀行得設支店於蒙古各地無論個人或會社均有經營銀行事業之權利

第四條　俄國臣民得以貨物及現金或紙票爲貿易

第五條　蒙古官吏得許蒙古人或中華人與俄國人共同經營商業暨從事於俄國人經營之商工業但不許彼等有商工業之獨占權

第六條　俄國臣民於蒙古各都市之土地買賣得有所有權使用權以及設工場置倉庫與農業畜牧有借

用土地之權利但教會用地不在此列
第七條　俄國臣民關於鑛業林業漁業及商工業得與蒙古政府自由訂結契約
第八條　俄國政府與蒙古政府協商於蒙古內認爲必要地方得有設置領事舘之權利蒙古政府亦得於俄國境內有駐在代表之權利
第九條　俄國爲經營實業設置領事舘其領事監督之商工業得協定貿易租界以爲其居住地
第十條　蒙古內地由俄國監督之下設郵政局以輸送郵便物其經費由俄國政府負擔

第十一條　俄國領事使用蒙古郵政局有不給費之權利至蒙古人每月應供給馬百匹駱駝三十頭以上不足仍應支付相當之使用料

第十二條　凡由蒙古通俄境之河川及支流俄國臣民得航行船舶俄國政府關於該河川之保護航路之修改設置浮標及燈台等援助蒙古政府爲之又俄國臣民基於第六條得於河岸設碇泊所及倉庫

第十三條　俄國臣民爲運搬人畜貨物使用蒙古之河川及道路得自架設橋梁置渡船凡利用此橋梁及渡船之人民得課收使用秕

第十四條　蒙古內之牧塲俄國臣民輸送畜類於途中有使用權在三個月以內得無償使用過此則支付相當之代金

第十五條　俄國臣民於國境附近關於漁業及乾草業已得之特權依然保留

第十六條　關於俄國人與蒙古人及在蒙古之中華人通商之規定

凡關於財產之讓與須將契約書提出於蒙古官吏及俄國領事求其認可又彼此有爭論之時付諸調和解決尚不能決定時則於俄國領事駐在地開永久會合

審判或由俄領事與蒙古王組織臨時的會合審判此時俄國領事代表俄國臣民之利害蒙古王代表蒙古人民或在蒙古之中華人民之利害

第十七條　本密約由簽印之日生效

（五）

中俄關於蒙古初次協約

（一）俄國承認蒙古爲中國領土完全之一部分並特担任此領土關係之繼續不謀間斷又此領土關係上生出之中國歷來所有之種種權利俄國並擔任尊崇

（二）中國担任不更動外蒙古歷來所有之地方自治制度並因外蒙古人在其境內有防禦及維持治安之責

故許其有組織軍備及警察之專有權幷許其有拒絕非蒙古籍人在此境內殖民之權
（三）俄國一方面担任除領署衛隊外不派兵至外蒙古並担任不將外蒙古之地舉辦殖民又除條約所許之領署外不在彼設置官員代表俄國
（四）中國願用和平辦法不施用軍權於外蒙古茲聲明轉由俄國調處照上列各條之本旨定立中國待外蒙古辦法之大綱並使該處長官自認爲中國屬部內所有之地方官吏性質
（五）中國政府因重視俄國政府之調處故允在外蒙古

（六）

地方將下開之商務利益給與俄民

（六）以後俄國與外蒙古官吏協定關於改動該處制度之國際條件必須經中俄兩國直接商議並經中國政府之許可方得有效

中俄關於蒙古再次簽定之協約

中俄協約於民國二年十一月初五日雙方畫押互換其文件如下

聲明文件

關於中俄兩國對待外蒙古之關係業經大俄帝國政府提出大綱以爲根據並經大中華民國政府認可茲

兩國政府商訂如下

（一）俄國承認中國在外蒙古之宗主權

（二）中國承認外蒙古之自治權

中國承認外蒙古人享有自行辦理自治外蒙古之內政幷整理本境一切工商事宜之專權中國允許不干涉以上各節是以不將兵隊派駐外蒙古及安置文武官員且不辦殖民之舉惟中國可任命大員偕同應用屬員暨護衞隊駐紮庫倫此外中國政府亦可酌派專員駐紮外蒙古地方保護中國人民利益但地點應按照本文件第五款商訂俄國一方面担任除各領事署

護衛隊外不於外蒙古添派兵隊不干涉此境之各項內政并不在該境有殖民之舉動

（三）中國聲明承受俄國調處按照以上各款大綱以及一九一二年十月二十一日俄蒙商務專條明定中國與外蒙古之關係

（四）凡關於俄國及中國在外蒙古之利益暨各該處因現勢發生之各問題均應另行商訂雙方奉有本國政府委任簽押蓋印以昭信守繕具二分立於北京

大中華民國二年十一月五日即西歷一千九百十三年十一月五日

聲明另件

大中華民國外交總長孫爲照會事照得本日簽定關於
蒙古問題之聲明文件本總長奉有本國委任以政府名
義向貴公使聲明各款於下
（一）俄國承認外蒙古土地爲中國領土之一部分
（二）凡關於外蒙古政治土地交涉事宜中國政府允與
俄國政府協商外蒙古亦得參與其事
（三）正文第五款所載隨後商訂事宜當由三方面酌定
地點派委代表接洽
（四）外蒙古自治區域應以前清駐紮庫倫辦事大臣烏
里雅蘇台將軍及科布多參贊大臣所管轄之境爲限

惟現在因無蒙古詳細地圖而該各處行政區域又未
劃清界限是以確定外蒙古疆域及科布多阿爾泰劃
界之處應按照聲明文件第五款所載日後商定以上
四款相應照請貴公使查照須至照會者

右　照　會

大俄帝國欽命駐華全權公使庫

大中華民國二年十一月五日

聲明另件

大俄帝國欽命駐華全權公使庫爲照會事照得本日
簽定關於外蒙古問題之聲明文件本公使奉有本國

委任以政府名義向貴總長聲明各款於下

（一）俄國承認外蒙土地爲中國領土之一部分

（二）凡關於外蒙古政治土地交涉事宜中國政府允與俄國政府協商外蒙古亦得叅與其事

（三）正文第五款所載隨後商訂事宜當由三方面酌定地點派委代表接洽

（四）外蒙古自治區域應以前清駐紮庫倫辦事大臣烏里雅蘇台將軍及科布多叅贊大臣所轄之境爲限惟現在因無蒙古詳細地圖而該各處行政區域又未劃清界限是以確定外蒙古疆域及科布多阿爾泰畫界

之處應按照聲明文件第五款所載日後商定以上四
款相應照請貴總長查照須至照會者

右　照　會

大中華民國外交總長孫

大俄國一千九百十三年十一月二十三日
　　　　　　　　　　　一　月　五　日

按中俄所簽之協約與初次所擬訂之正文逐條比較
如初擬條文之第一條俄國承認蒙古爲中國領土完
全之一部分簽定協約則僅曰俄國承認外蒙古爲中
國領土之一部分開宗明義已前後懸絕其餘則比較
的多變本加厲而是後之恰克圖會議實亦根據於協

約正文第五款與另作第三款由今追背良可浩歎

蒙古問題終

蒙古問題

蒙古問題目次

卷首語　邊防之重要

卷首語　邊防之重要

夫自古國家建立京邑，必嚴內外之防，廣藩衛之固，故漢都關中，則置朔方之郡，列障戍於河南，又開河西五郡，以絕羌與匈奴之路。唐之盛時，守在河北，築三受降城，置安西北庭都護，臣屬西域，故長安得以無患，及至德後，河隴沒於吐蕃，而謂北涇陽虜騎充斥，此皆已事之明驗者。

陳黃中蒙古邊防議

第一章 總論

蒙古在中華北部地方，是中國朔北的屏翰。其地一向爲異族所居。夏時的獯鬻，周時的獫狁，秦漢時代的匈奴，唐時的突厥，宋時的契丹，都更迭的將蒙古地方占據過，不過那時不有蒙古其名，最早見到的是在舊唐書室韋傳中稱室韋部落至衆，有蒙兀室韋者，國傍望建河上，（卽今黑龍江）其後遼史金史中所載的盟古，都是蒙古一音之轉。直到鐵木眞崛起漠北，創業和林（在大漠之北，杭愛山之南，鄂爾坤河之西北，卽今外蒙古三音諾顏部地方。）蒙古的名稱，方始傳遍遐邇了。

蒙古地方很大，牠的版圖計南自北緯三十七度三十分起，北至北緯五十三度四十五分止；西自東經八十五度二十分起，東至東經一百二十四度止。面積共計有三百三十三萬七千二百八十三平方粁。不過人口很少，僅在一千萬左右，照全國各地人口密度算來，要算最稀少的地方了。

蒙古地方中央有一塊很大的沙漠臥着。這沙漠蒙古稱做戈壁，漢人謂之瀚海。在漠南的，叫做內蒙古；在漠北的，叫做外蒙古。內蒙古今已編爲熱河，察哈爾，及綏遠三省，已躋於本部各省之林，惟外蒙古則仍分爲喀爾喀，科布多，和唐努烏梁海三區，既未改爲特區，亦未編爲行省，表面上依舊保留着一個外藩的模樣。

蒙古的氣候同其他各省迥異，夏季短而冬季長；冬時風沙眯目，雨雪綿旬。夏時亦日行天，平沙炎熱，即使一日之中，氣候變化亦多。往往朝暮子午，備四時之氣候。昔人謂：「漠北曠野千里，雖盛夏，朝暮猶寒，獨亭午炎風烈日人馬如行火光中，遙望雲陰覆地，就其下以憩息，則別有天地矣！」於此可見蒙古氣候的變化了！

關於蒙古產業方面，則畜牧實爲蒙古惟一之富源。據俄人統計，內外蒙古共有牲畜一千五百萬頭，其中羊約一百萬頭，牛馬約二百萬頭，駱駝三十六萬頭，牲畜既有這般之多，所以蒙古每年出產之牛乳、牛肉、羊乳、羊肉、羊毛、駱毛、獸皮、等倒亦很有可觀。

關於交通方面，則蒙古的水路交通，如克魯倫河、色楞格河、科布多河　札布干河等、主要河流，多是比較的短而淺，不宜航行。其湖泊頗多，山邊及平原間，無慮千百，不過都嫌狹小。給水且虞不足，航行是更不必談了。陸路交通在內蒙方面，則僅有，平綏鐵路（北平到綏遠）一條。及內外蒙的張庫綫（張家口至庫倫）張烏綫（張家口至烏里雅蘇台）庫科綫（庫倫至科布多）等汽車路綫。

論蒙古的貿易，則外蒙的貿易，比較興盛一些。外蒙輸出貿易，年約一千百萬銀元。輸入貿易年約一千八百萬乃至二千一百萬銀元。對外貿易最重要的，為俄國對華次之。不過外蒙官府，對於華商處處用高壓手段，而最近自青年黨執政後，壓迫華商，更是達於極點。馮玉祥在庫倫設有辦公處一所（處長王海平）其地位如領事館，屢向外蒙當局交涉，要求停止壓迫華商政策，但亦無甚效果。反正青年黨對於俄商則異常逢迎，保護獎勵，極為週到。常此以往華商在外蒙方面恐怕將要沒有立足地了。

末了，須得將蒙古的風俗來說一說。蒙古的風俗，除蓄髮辮，天足，等外，最信喇嘛教。喇嘛兩字，最初爲僧正之尊稱，謂至高無上之意。蒙古信奉喇嘛教，在明朝年間，清朝征服蒙古後，在蒙地大建廟宇，獎勵喇嘛教，不遺餘力。蒙人浸濡久之，遂失鐵木眞强武之風。實係「尊佞喇嘛，習梵唄，僻武事（註一）」之故。可是對於清朝講來，却極是有利的，所以魏源的聖武記說：「蒙古敬信黄教（註二），不獨明塞息五十年之烽燧，且開本朝二百年之太平」。清朝雖沾沾自喜，可是蒙古却就此一蹶不振了。

（註一）見魏源綏服外蒙古記

（註二）喇嘛教派别頗多蒙古盛行的是嘎嚕䫋派就是黄教

第二章　清朝與內外蒙古之關係

第一節　內外蒙古之征服經過

（甲）內蒙古征服經過　蒙古族自元時入主中華以後，僅有八十多年功夫，帝國就此土崩瓦解。到元順帝時，北歸和林，連易五主，始去國號，稱韃靼可汗。都在明朝洪武之世。永樂初，本雅失里可汗爲魯台所立，定德中脫脫不花可汗爲瓦剌脅長脫歡所立。景泰中，也先篡之。不久部下仍立脫脫不化子，號小王子，自後始以小王子爲稱號。正德中，小王子勢力強盛，併吞青海及烏斯藏，控弦十餘萬。嘉靖中，稍壓兵，徙幕遼東邊外，稱土蠻，而分部落留牧西北邊。當時邊防頗急，河套青海及俺答封西鄭奠，於是東部土蠻小王子裔屢次入寇。邊患又中於薊遼。所以明世邊患有河套，河西及河東三部。（西則指青海蒙古，東則指內蒙古，套則指阿拉山及鄂爾多斯蒙古。）不過北部喀爾喀蒙古（外蒙古）則隔於大漠之故，終明之世，不見於史。明季萬歷年間，滿州愛新覺羅崛起，明朝想利用東部插漢小王子（卽察哈爾）來敵清兵，可是終未成功。萬歷末年，林丹汗士馬強盛，橫行漠南。侵犯鄰近部落。諸部先後歸附滿清，請師援救。天聰八年，清太宗乃統率大軍，盡徵各部蒙古，兵征察哈爾。當時途河夏漲，晝夜冒潦，出其不意，逾內興安嶺千三百里，至其庭。林丹汗謀拒戰而所部解體。於是徙其人畜十餘萬衆，由歸化城渡河西奔，沿途離散十之七八，林丹汗走死於青海之大草灘，清兵至歸化城。收其部落數萬而還，翌年，林丹汗之子額哲率所部奉傳國璽降清，內蒙古於是底定。

（乙）外蒙古征服經過　清太宗克服漠南插漢部以後，即遣使定撻於喀爾喀。（外蒙古）喀爾喀於是向清廷報聘。清廷命賚貂服朝珠弓刀金幣。崇德二年，喀爾喀貢異獸名馬甲冑貂皮雕翎及鄂羅斯火槍回部弓箙鞍轡阿爾瑪斯斧元狐白鼠裘以謝。清廷下詔定制，歲獻白駝一頭，白馬八匹，——九白之貢。清順治三年，內蒙蘇尼特部騰機思——太宗之額駙。與睿親王不洽，率領所部北投喀爾喀。土謝圖汗，車臣汗合兵三萬迎之。并搶掠內蒙巴林部人畜。順治四年，札薩克圖汗上書代解，書不稱名，詞亦驕蹇。六年，騰機思復又歸附清廷。喀爾喀各汗亦奉表請罪。清廷乃下詔各遣子弟來朝，補九白之貢，并歸巴林部人畜。抗不奉詔。十二年喀爾喀三汗，始遣子弟向清廷乞盟。康熙二十三年，土謝圖汗攻札薩克圖汗而奪其妾三部內鬨。又與厄魯特噶爾丹有隙，故噶爾丹卽於二十七年夏逾杭愛山，突襲其庭。三部落之數十萬衆，盡行瓦解，分路東竄。九月投奔漠南，款關向清廷乞降。康熙帝撫輯其衆，車駕親征，殄噶爾丹而反喀爾喀。於是喀爾喀亦全爲清廷征服。雍正九年以圖倫額駙策凌奮擊準噶爾有功，又增三音諾顏部，所以現在喀爾喀連前三部，共有四部。此外從前附庸於喀爾喀的尙有北屬國二，其一叫做烏梁海，在年乾隆間歸化。其一爲科布多，擴於康熙年間。

第二節　內外蒙古之盟旗組織

蒙古舊日組織，以盟爲最高，旗次之，每盟轄數旗或十餘旗不等，一如內地之行省，旗則同內地之縣治相彷彿，今將內外蒙旗的組織，分述於后：

（甲）內蒙古在戈壁沙漠的東南，共分東西六盟，東四盟當遼甯，黑龍江，及直隸邊外。西二盟在山西，陝西及甘肅邊外。都凡二十四部，四十九旗。清朝勃興後，內蒙科爾沁首先歸附，繼平插漢，（即察哈爾）於是諸部先後服從清廷；向清廷朝貢。其朝覲分做三班，其會盟爲科爾沁，郭爾羅斯，杜爾伯特，和札賚特四部爲一盟，會盟地叫哲里穆。現在哲里穆盟已編入東三省內；次如札魯特，喀爾喀左翼，奈曼，敖漢，翁牛特，阿魯科爾沁，巴林，和克什克騰八部，亦爲一盟，會盟地叫昭烏達。現在昭烏達盟已編入熱河省。次如土默特，和喀喇沁二部，亦爲一盟，會盟地叫卓索圖。現在卓索圖盟亦已編入熱河省內。次如烏珠穆沁，浩齊特，阿巴哈納爾；阿巴噶和蘇尼特五部，亦爲一盟，會盟地叫錫林郭爾。現在錫林郭爾盟已編入察哈爾省。以上四盟，叫做東四盟。次如四子部落，喀爾喀右翼，茂明安，和烏剌特四部，亦爲一盟，會盟地叫烏蘭察布。次如鄂爾多斯一部七旗，亦爲一盟，會盟地叫伊克昭。以上二盟，叫做西二盟。現在都已編入綏遠省了。此外尚有內屬蒙古兩部，一爲察哈爾部，共八旗。現已編入察哈爾省。一爲歸化城土默特部，共二旗，現已編入綏遠省，

(乙)外蒙古在戈壁沙漠之北，東接黑龍江，和遼寧兩省，西通新疆，甘肅兩省。北接俄屬西伯利亞，共分喀爾喀，科布多，和唐努烏梁海三區。喀爾喀分西路，北路，中路，東路，四部凡四汗。共八十六旗。會盟方面，土謝圖汗部二十旗，爲中路，會盟地叫翠阿林。車臣汗部二十三旗，爲東路，會盟地叫巴爾和屯、札薩克圖汗部十七旗，爲西路，會盟地叫畢都里雅。賽音諾顏汗部二十旗，爲北路，會盟地叫齊爾里克。以上即喀爾喀四部，起先喀爾喀僅分土謝圖，車臣和札薩克圖三部落。一向不通清廷到清太宗崇德元年平漠南插漢部後，喀爾喀三部方始向清廷報聘。其後雍正九年時，因倫額駙策凌征準噶爾有功，於是三部以外，再添賽音諾顏一部。喀爾喀之西北爲唐努烏梁海，舊役於厄魯特，乾隆時蕩平，原分三部；一爲

阿爾泰烏梁海，現屬新疆；一爲阿爾泰卓爾烏梁海同治八年中俄劃界時，劃與俄國；三爲唐努烏梁海，內分六旗。其中二旗，歸附外蒙活佛，現存唐努，肯木次克，薩爾吉格和陶吾四旗。唐努烏梁海之南爲爲科布多。其地擴於康熙年間，原分杜爾伯特，輝特，新土爾扈，特新和碩特，札哈沁，明阿特，和額魯特七部，一盟，二十二旗。現新土爾扈特部二旗與新和碩特部一旗，劃入新疆，現存五部十九旗。

第三節　內外蒙古之政治區畫

蒙古地方的政治區畫，分自治與官治兩種，分述於后：

（甲）自治機關——蒙古以盟旗組織而成。所以每盟設置盟長一人，爲地方最高行政長官。盟之下爲旗，每旗設置札薩克一人，（冠內外字以分之，如內蒙古札薩克與外蒙古札薩克是）由王公世襲，以掌理全旗事務。札薩克之下有協理台吉，管理章京，梅楞章京，參領，佐領，驍騎校，等官屬。所有兩蒙官屬，都是受清朝設置的理藩院，及將軍，都統，大臣等監督的。

(乙)官治機關——官治機關卽是於兩蒙各地派駐官吏以監督或管轄蒙古的，清廷在內蒙古方面，則設有熱河都統，察哈爾都統，與綏遠城將軍。熱河都統之責，在監督熱河及卓索圖昭烏達二盟之軍民兩政；察哈爾都統除直轄察哈爾八旗外，兼監督錫林郭爾一盟；綏遠城將軍統轄歸化城土默特二旗外，兼監督烏蘭察布盟各部旗。外蒙方面則自黑龍江會以西約二千餘里，爲克魯倫河諸水上游。設有庫倫辦事大臣，其外以控制車臣汗土謝圖汗，其內以捍衛內蒙之東四盟。庫倫以西又約二千餘里，爲色楞格河諸水上游，設有烏里雅蘇台將軍。(卽定邊左副將軍)其外以控制唐努烏梁里及札薩克圖汗賽音諾顏諸部，其內以捍衛蒙古西二盟地。自烏里雅蘇台更西約千里，據額爾齊斯河上游，設有科布多參贊大臣，其外以控制杜爾伯特，新土爾扈特諸部，其內以捍衛新疆，烏魯木齊諸地。以上諸地皆與俄國接壤，所以各地皆有重兵駐紮，形勢亦極聯絡。不過清朝官吏的腐敗，敵不過俄吏的狡詐叵測所以外蒙到今，是在蘇俄覬覦之中。

第三章　中俄關於蒙古之交涉

第一節　中俄互市與恰克圖條約之締結

前清順治十二年，俄國遣使來京入貢，十七年又遣使至北京，兩次中皆附貿易商人。原來俄國通貢之始，即已兼攜方物貿易，所以遣來俄使一方則稱為陪臣，一方又叫做商人。不過那時尚沒有明定北京貿易的法令，直到康熙三十二年，方始規定：「俄羅斯國准其隔三年來京貿易一次，不得過二百人。在路自備馬駝盤費，一應貨物，不令納稅；犯禁之物，不准交易。到京時安置俄羅斯館，不支廩給。限八十日起程回國」。不過中俄邊境方面，人民亦互相貿易，由土謝圖汗自為經理。康熙五十九年，理藩院議准哲布尊丹巴呼圖克圖庫倫地方，俄國與喀爾喀，互相貿易，民人叢集，難以稽察。嗣後內地人民有往喀爾喀庫倫貿易者，須有理藩院執照云云，是爲庫倫准互市之始。迨雍正五年八月，遣郡王策凌，內大臣四格，侍郎圖理琛等，與俄使薩瓦議定邊界，安設卡倫，以庫倫在卡倫之內，恰克圖（註一）在卡倫之外，所以將庫倫之市移於恰克圖訂有條約十一條，這就叫恰克圖條約。約中大意如左：

（一）在恰克圖河溪之俄國卡倫房屋，與在鄂爾懷圖山頂之中國卡倫（註二），鄂博，適中平分。作爲兩國貿易疆界地方，自此迤東至額爾古納，河迤西至沙畢納依嶺（註三），（即沙賓達巴哈）其間如橫有山河，即橫斷山河平分爲界。其無山河空曠之地，則從中平分，設立鄂博爲界。陽面作爲俄國，陰面作爲中國。

（二）兩國通商人數，仍照原定，不得過二百人。每間三年進京一次。除兩國通商外，有因在兩國交界處，所零星貿易者，在恰克圖尼布楚擇好地建蓋房屋，情願前往貿易者，准其貿易。

（三）送文之人，俱令由恰克圖行走，如果有要緊事件，准其抄道行走，有意抄道者，兩國各治其罪。

（四）烏帶河（在外興安嶺北，東流入鄂霍次克海之烏帶灣）等處，作爲兩國中立地。

（五）兩國邊吏凡事秉公完結，倘有懷私諉卸貪婪者，各按國法治罪。

（六）所屬之人，有逃走者，於拿獲地正法。持械越境殺人行竊者，亦正法。軍人逃者或攜主人之物逃走者，華人斬，俄人絞。越境偸竊牲畜者，初犯罰所盜物十倍，再犯廿倍，三犯者斬。

自是中俄邊民，咸知約束，以聽規治。時俄國有辦事公廨名曰薩那特，俄國遇有事件卽由薩那特巾文直達理藩院，垂爲定例云。

（註三）此項界外蒙界約至今並未改變關於沙賓達巴哈以西循巴什山脊，轉向南，經賽留格木嶺，折西沿奎屯山，喀屯各山上南爲唐努山烏梁海，北爲俄屬葉尼塞斯克省，此一帶界約經同治三年（塔城界約）八年，（科布多界約）九年，（烏里雅蘇古界約）及光緒九年，（科布多界約）一再釐訂，而阿爾泰諾爾烏梁海二旗，遂割於俄國。

(註一)恰克圖在俄界，其北半部隸俄，而南半部屬我，所以有俄國恰克圖，與蒙古恰克圖之名，中有木柵，(卡倫以木柵爲之)柵外之恰克圖，爲俄地，柵內之恰克圖，爲我地，我地設有買賣城，是即貿易市場。

(註二)卡倫與鄂博爲邊界上之標記物，卡倫以木柵爲之，鄂博壘石爲之。

第二節　恰克圖互市問題

乾隆二年，監督俄羅斯館御史赫慶奏俄羅斯互市，止宜在於邊境，其住居京城者，請禁貿易。自是俄羅斯停止在京貿易，互市之事，統歸於恰克圖，於是商賈皆萃於恰克圖，而恰克圖遂爲漠北繁富之區。二十七年，始設庫倫辦事大臣，以司俄羅斯邊務。辦事大臣定二人；一由在京滿洲蒙古大臣內簡放，一由喀爾喀札薩克內特派。所屬庫倫本院司官二人，筆帖式二人，恰克圖本院司官一人。轄卡倫會哨之各札薩克以理邊務。凡行文俄國薩那特衙門，皆用庫倫辦事大臣印文。這是庫倫辦事大臣職掌的大略。二十九年，因俄國漸渝禁約，私收貨稅，又附近卡倫之喀爾喀俄羅斯互有遺失馬匹事，俄國動輒以少報多，遂停止恰克圖互市。三十三年八月，庫倫辦事大臣慶桂，以俄國恭順情形入奏，遂復准予市易。四十四年時，俄國有應會審罪犯，而俄吏瑪玉爾並不即時會辦，再停恰克圖互市。後以尚書博清額查得俄國確切悔罪，於四十五年又准予仍前交易。四十九年時有商民斬明者至烏梁海游牧貿易，被俄屬布哩雅特之烏哷勒咱等數人刧去貨物，又停止恰克圖互市。至五十七年時松筠等以俄國誠心恭順入奏，高宗乃命松筠等與俄官色勒裘特立約五條，這就是恰克圖市約其文如左：

（一）恰克圖互市，於中國初無利益。大皇帝普愛衆生，不忍爾國小民困窘，又因爾薩那特衙門籲請，是以允行。若復失和，罔再希冀開市。

（二）中國與爾國貨物，原係兩邊商人自相定價：爾國商人，應由爾國嚴加管束。彼此貨物交易後，各令不爽約期，即時歸結；弗令負欠，致起爭端。

(三)今爾國守邊官皆恭順知禮，我游牧官羣相稱好；爾從前守邊官皆能視此，又何致兩次妄行失和，以致絕市乎？嗣後爾守邊官當慎選賢能，與我游牧官遞順相接。

(四)恰克圖以西十數卡倫爾之布里雅特，哈里雅特不法，故致有烏哷勒咱之事，今爾國宜嚴加禁束，杜其盜竊。

(五)此次通市，一切仍照舊章，已頒行爾薩那特衙門矣。兩邊民人交涉事件，如盜賊人命各就近查驗。緝獲犯會同邊界官員審訊明確後，本處屬下人，由本處治罪。爾處屬下人，由爾處治罪。各行文知照示衆。其盜竊之物或一倍，或幾倍罰，皆照舊例辦理。

此約語氣固然十足，不過吃虧亦匪淺鮮。原來恰克圖條約第四條規定屬地主義的裁判權，到此第五條中變為屬人主義的裁判權，實為今日萬惡的領事裁判權的先導。

第三節　天津和約

因鴉片戰爭，而引起英法聯軍入北京，因英法聯軍而又引起俄國的染指。於是俄使布恰廷卽循英法等國之例在咸豐八年五月三日，與桂良和花沙納訂了一件天津條約，今將有關蒙古的抄錄於左：

(一)嗣後兩國不必由薩那特衙門及理藩院行文，由俄國總理各國事務大臣逕行文大清之軍機大臣，或特派大學士。往來照會，俱按平等。

(二)爲整理中俄往來行文，京城恰克圖二處，遇有來往公文，均由台站迅速行走。以半月爲限。信函一併附寄。再運送物件，每三月一次。照指明地方投遞。所有驛站費用，中俄各出一半。

第四節　北京條約

天津和約後，中俄又於咸豐八年五月初三日訂了一件北京條約，與蒙古頗有關係，今摘錄其內容如次：

（一）俄國商人除在恰克圖貿易外，其由恰克圖到京經過之庫倫張家口地方，如有零星貨物，亦准行銷庫倫。准設領事官一員，自行蓋房一所。其地基及房間並餧養牲畜之地，應由庫倫辦事大臣辦理。華商願往俄國內地行商者亦可，俄國商人不拘年限，往中國通商之區一處，往來人數，不得過二百人。但須本國邊界官員給與路引：內寫明商人頭目。名字，帶領人數多少，前往某處貿易，並買賣所需，及食物牲口等。

（二）俄國除伊犁。和塔爾巴哈台已設領事官外，得在喀什噶爾和庫倫設立領事官。

（三）向來僅止庫倫辦事大臣與恰克圖固爾畢那托爾（俄國守邊大頭目）往來行文；辦理邊界之事。此後恰克圖之事，由恰克圖邊界廓米薩爾與恰克圖部員往來行文。遇有邊界緊要之事，由東悉畢爾總督行文軍機處，或理藩院辦理。

(四)由恰克圖至北京因公事送書信，或物件，往返時間，開列於後：書信每月一次物件箱子自恰克圖至北京，每兩月一次。自北京往恰克圖，三月一次。

第五節　中俄陸路通商問題

北京和約中對於中俄通商事宜，並未核定。所以同治元年二月初四日，訂了一件中俄陸路通商章程和稅務條款。現在將有關各條，撮錄於後。

(一)兩國邊界貿易在百里內，均不納稅。

(二)俄商小本營生，准許前往中國所屬設官之蒙古各處，及該官所屬之各盟貿易；亦不納稅。其不設官之蒙古地方，該商如有本國邊界官執照，亦可前往貿易。

玩索右約第一條和第二條的語氣，實有矛盾之處。譬如第一條既限邊境百里以內為無稅貿易區，則第二條不應再規定蒙古亦為無稅貿易區。原來蒙古雖小然若與

「百里內」一語底長挈大，則實不可以同年而語了。清廷當時含糊訂了此約，並不在意。直到宣統元年俄國廢除遠東無稅制度，我國亦欲在百里以外自由課稅以相抵制，俄國便反過臉來以右約第二條來抗議清廷弄得無辭以對，到宣統三年俄國更進一步命北京公使可斯德羅威克突然向外務部提出要求六款；其第一欵「國境五十俄里（一百華里）外俄國政府制定國境之稅率，不受制限。國境彼我五十俄里線內兩締盟國領土內之產物及工業品，皆無稅貿易」云云。則竟然包括中國內地之產物及工業品都要無稅貿易了，清廷無力拒絕，於當年二月二十七日滿口應允，方始了結。

註一　同治八年的改訂中俄陸路通商章程與光緒七年的中俄續改陸路通商章程者兩條都規定邊境百里無稅區及蒙古無稅區條文與本文兩條所載相同

第六節　伊犂問題與改訂條約

同治三年間陝甘之回教徒作亂，截至同治九年，佔領新彊天山南北兩路。俄國以維持邊境治安爲名，令土爾其斯坦將軍率領兵士六百名，由博羅胡吉爾進兵伊犂，回會阿布特拉欵關乞降，俄兵遂將伊犂盡行佔據我國當於光緒四年派侍郎崇厚往俄國交涉還付伊犂事宜。崇厚不顧國權，和俄訂立喪權辱國的條約，清廷聞之大震，黜崇厚而改派曾紀澤赴俄交涉。曾紀澤與俄談判數次，才於光緒七年正月二十六日改訂了一件還付伊犂條約。現在將有關蒙古的各條，擇要錄出如左：

（一）俄國照舊約在伊犂、塔爾巴哈台、喀什噶爾、和庫倫設立領事官外、如科布多，烏里雅蘇台、哈密、烏魯木齊、古城、五處、俟商務興旺、再行添設。

（二）俄國人民准在中國蒙古地方貿易、照舊不納稅、其蒙古各處及各盟設官與未設官之處、均准貿易、亦照舊不納稅。

宣統三年正月十八日之俄國要求第六款：爲「俄國於伊犂、塔爾巴哈台、庫倫、烏里雅蘇台、喀什噶爾、烏魯木齊、科布多、哈密、古城張家口、等處有設領事館之權。俄國人民對於是等地方有購置土地，建築房屋之權。」第二款爲：「蒙古及天山南北諸地方，俄國臣民得自由移轉居住，不受何等獨占及禁止之妨害，且一切商品皆為無稅貿易」云云。則更是有約的擴張條約了。

第四章　外蒙第一次獨立

第一節　獨立之原因

自道光以來，用人失宜。歷任大吏，貪婪庸懦，撫馭無術。以致蒙情日渙，而俄人則聯絡活佛王公無所不用其極，主客之勢既殊，蒙古離貳之念遂起，現在且將外蒙獨立之原因，分述於后：

（甲）俄國之煽惑——俄國誘惑外蒙的手段有下列三種：

A利用宗教　俄屬布里雅特人與吾外蒙各部語言並無隔閡，得以互通情感。且係信仰喇嘛教徒，無論男女，往往越境而來，至活佛前求福。俄人遂即利用布里雅特人多方進行與蒙人交好，而籠絡活佛。凡商人來貨，無不首獻活佛，以順其欲，卑辭厚幣，恬不爲怪。

B利用王公　俄人又爲外蒙王公等，建造俄式房屋。舉凡室內設備，皆帶俄風，王公等耳濡目染，久而遂盡染俄化。

C利用財力　光緒廿六年，俄人葛羅脫自清廷獲得土謝圖汗境內之金鑛開採權，外蒙各部王公大肆反對。駐紮庫倫之俄領昔昔馬勒夫乃操蒙語巧言謂衆曰：「蒙古受俄保護，較屬於中國爲利」云云同時又發十萬盧布散給王公。王公到手，就此順從。俄國一方面竭力聯絡外蒙之活佛王公及人民，而清廷末年，對蒙政策，則全行違拂活佛，王公，及人民之意。其中最拂蒙情者，有下列三端：

A革去西藏喇嘛名號　光緒三十三年，西太后因西藏達賴喇嘛，陰附英人，謀爲不軌，降旨革去名號。并命駐藏大臣嚴行查拿。當開抄到庫倫，時活佛哲布尊丹巴以降，戰慄自懼。一時大有兔死狐悲之態，於是活佛乃竭力陰謀反抗之策。

B移民實邊　淸之季世，變法圖強，於蒙古竭力提倡移民實邊。不過移民實邊往往有侵蝕牧地之嫌。蒙古王公，大起恐慌。以爲此後牧地日狹，數千年世襲之故土，難免不盡行淪於漢人手中，乃大肆反對。因之常有嘯聚民衆暗殺墾務局官吏之事。

C創辦新政　宣統二年，庫倫大臣三多接篆未幾而中央各機關督促舉辦新政的文電，急於星火。於是兵備處，巡防營，木捐局，衛生局，車駝捐局，等機關，設立有二十餘處之多。所有各機關之開辦經常及雜費等項悉數責令蒙民供給。以致民怨沸騰，達於極點。

中俄對蒙政策其優劣相差如此，宣言獨立，自是意中事了。

第二節　獨立之經過

宣統三年六月十五日，外蒙王公等密議獨立事宜，當經全體贊成。親王杭達多爾濟即以外部大臣名義，赴俄密謀，幷請以實力援助。到了八月中旬，果有俄兵八百餘名及輜重車輛等，絡繹來到庫倫。三多聞訊大驚。當即向蒙古詰問，并商撤退俄兵問題。豈知毫無端倪，十月初十日，辦事大臣衙門忽接到四盟王公喇嘛署名公呈一件，聲稱：「現聞內地各省相繼獨立，革命黨人，已帶兵取道張家口來庫，希圖擾亂蒙疆。我喀爾喀四部蒙衆，受大清恩惠二百餘年，不忍坐視。我佛哲布尊丹巴呼圖克圖，已傳檄徵調四盟騎兵，進京保護大清皇帝，請即日按照人數，發給糧餉槍械，以便啓行。是否照准，限本日三小時內明白批示。」云云。三多倉猝之間未及答覆，當晚七鐘，忽又接到哲布尊丹巴呼圖克圖札飭一件，內開：「照得我蒙古自康熙年間隸入版圖，所受歷朝恩遇，不爲不厚。乃近年以來，滿洲官員，對於我蒙古欺凌虐待，言之痛心。今內地各省，既皆相繼獨立，脫離滿洲。我蒙古爲保護土地宗教起見，亦應宣布獨立，以期美全。現已由四盟王公，推本哲布尊丹巴呼圖克圖爲大蒙古獨立國大皇帝，不日即當御極庫倫地方已無需用中國官員之處，自應即時全數驅逐以杜後患」云云。不啻爲一獨立宣言。果然到了十月十九日哲布尊，便行登極禮宣布獨立，稱大蒙古國，以共戴為年號，喀爾喀便與清廷脫離關係了。俄兵既援助外蒙獨立，便更進一步乘機將唐努烏梁海佔據。唐努烏梁海既經到手，乃進一步招集蒙兵，於民國元年六月會攻科布多科地雖有參贊大臣溥潤率師守防然而寡不敵衆，所以延至八月而科布多終於被俄蒙重兵攻破。於是外蒙喀爾喀唐努烏梁海，與科布多三區，入獨立狀態了。

第三節　中俄對外蒙獨立之態度

宣統三年七月，俄國因外蒙喀爾喀請求贊助獨立而派兵入據庫倫後，到了十一月間，進一步照會外務部，要求五欵如左：

(一)中政府須認俄人自庫倫至俄邊境，有建築鐵道權。

(二)中政府須與蒙古訂約，聲明左開三項：

甲、不得在外駐兵。

乙、不得在外蒙殖民。

丙、蒙人自治，受辦事大臣管轄。

(三)中國治蒙主權，改隸辦事大臣，中俄交涉，仍由兩政府協商。

(四)俄飭俄領官協助担保蒙人對於中國應盡之義務。

(五)中國在蒙古改革事，須先與俄國商酌。

看了上文所載，則俄國非特贊助外蒙獨立，抑且要將蒙古改爲中俄共同監督下之保護國了。當時清廷以其出言不遜，不予答覆。未幾，而革命事起，清廷退位，民國告成。蒙古是清朝的藩屬，民國繼清朝而來，蒙古當然仍是民國的外藩。所以民國元年二月，袁世凱就以大總統之資格，致庫倫哲布尊丹巴書曰：

「外蒙同爲中華民族，數百年來儼如一家。現在時局阽危，邊事日棘，萬無可分之理……各蒙與漢境脣齒相依，猶堂奧之於戶庭。合則兩利，離則兩傷。……貴喇嘛識見通達，必能審擇禍福，切弗惑於邪說，貽外蒙無窮之禍」云云。

哲布尊丹巴旋卽覆電謂：「外蒙僻處絕域，逼近強鄰中國遠隔海關，鞭長莫及。苟不獨立，何以自存？」末了更說：「業經布告中外，起滅何能自由？必欲如此，請卽商之鄰邦。」則顯見有俄人在後爲之牽線了。袁世凱接此電後，又電哲布尊婉商：「刻日取銷獨立，仍與內地聯爲一國。」豈知哲布尊膽小如鼠畏俄滋甚，覆電謂：「祇以時勢所迫，不得不如此耳。否則鹿死誰手，尙難逆料。」云云。到此可知外蒙問題决非口舌之間所能解决的了。

第四節　俄蒙迭次密之內容

俄國見外蒙獨立定妥，便直接與外蒙訂立種種密約。最著者爲俄蒙協約和所附商務專條，今特先行擇要摘錄於后：

（甲）俄蒙協約（民國元年十一月二日）

（一）俄國政府扶助蒙古保守現已成立之自治秩序，及蒙古編練國民軍。不准中國軍隊入境，及以華人移殖蒙地之各權利。

（二）蒙古主及蒙政府准俄國人民及俄國商務照舊在蒙古領土內享用此約所附專條內各權利，及特種權利。其他外國人，自不得在蒙古享加多於俄國人在彼得享之權利。

（三）如蒙古政府以爲須與中國或別外國立約時，無論如何，其所訂之約，不經俄國政府允許不能違背。或變更此協約及專條內各條件。

（四）此友誼條約自簽押之日實行

（乙）商務專條

（一）俄國人民得在所有蒙古各地，自由居住移動。

（二）俄國人民得將俄國蒙古中國暨其他各國出產製作各貨運出運入，免納出入口各稅。幷自由貿易，無論何項稅捐，概免交納。

（三）俄國銀行，有權在蒙古開設分行。

(四)俄國人民可用銀錢買賣貨物，或互換貨物，並可商明賒欠。

(五)蒙古官吏不得阻止蒙人華人向俄人往來約定辦理各種商業，幷不得阻止其爲俄人或俄人所開設商務製作各處服役。又蒙古域內，無論何種公私會社或各處所個人，皆不得有商務製作專賣權。

(六)俄國人民得在蒙古所有地內各城鎭，各蒙旗，約定期限租賃地段，或購買地段，建造商務製作局廠，或修築房屋舖戶貨棧；幷租用閒地開墾耕種。

(七)俄國人民可與蒙古政府協商關於享用礦產，森林，漁業，及其他各事項。

(八)俄國政府有權與蒙古政府向須設領事之處，設派領事。

(九)凡有俄國領事之處，及有關俄國商務之地，均可由俄國領事與蒙古政府協商設立貿易圈。專歸領事管轄。無領事之處，則專歸俄國各商務公司會社之領袖管轄。

(十)俄國人民得在蒙古各地設立郵政。

(十一)俄國駐蒙領事，如須轉遞公件之類，可用蒙古台站。惟一月所用馬匹不過百隻，駱駝不過三十隻，可勿給費。俄領事及辦公人員，亦可由蒙古台站行走，償給費用。辦理私事之俄人與蒙古政府商定應償費用後，亦有享用台站之權。

(十二)凡自蒙古流至俄國境內各河及此諸河所受之河流，均准俄人乘用自有商船航行，與沿岸居民貿易。

(十三)俄國人民於運送貨物驅送牲隻，有權由水陸各路行走。

(十四)俄國牲隻可得停息餧養。地方官須撥給足用地段，以作牧場。

(十五)俄國人民可在蒙古割草漁獵。

(十六)俄國人民及其所關處所，與蒙人華人往來約定辦理之事，可用口定或立字據其立約之人，可將所立契約送至地方官呈驗。如地方官見呈驗契約有窒礙之處當從速通知俄國領事，與領事會商，將所出誤會公同判决。今應特行定明：凡關於不動產事件，務當成立約據送往蒙古該管官吏及俄國領事處呈驗批准；如享用天然財富契約，必須經蒙古政府批准方可。如遇有爭議之時，無論因口定之事，或須有字據之件，可由兩造推舉中人，和平解決；如遇不能和解時，再由會審委員判決。會審委分常設臨時兩項：常設委員會於俄國領事駐在地設置之，以領事或領事代表及蒙古官吏之代表相當階級者組織之；臨時會審委員會於未設領事之處，酌量所出事件之緊要，始暫開之，以俄國領事代表及被告居留或所屬之旗之蒙王代表組織之，會審委員會可招致蒙人，華人，俄人為會審委員會之鑒定人。會審委員會之判決後，其關於俄人者，即由俄領事從速執行；其關於華人蒙人者則由被告所屬或所居留之蒙旗王執行：

（十七）此專條自簽押之日實行

除最重要之俄蒙協約外俄蒙雙方絡續尚私訂有練兵。開礦，借款，電線，鐵路，銀行，等條約。今一併擇要摘於次以供參攷。

（甲）練兵條約

蒙古兵士既素乏訓練，槍械又不善使用，所以獨立後，即與俄國訂一俄蒙練兵條約如左：

（一）庫倫政府聘俄國武官廓洛維慈爲蒙古陸軍指揮官，月俸五百元。

（二）庫倫政府待遇廓氏應有禮儀，下級從政官以上賓禮待之。

（三）以一年爲契約期間，不得變更。

（四）如一年軍隊教育尚未完成，應再續約。

（五）廓氏一人如因事過劇時，得更招聘副指揮官數人，但以俄人爲限。

（六）廓氏解約之日，庫倫政府給以報酬金六萬元。

（七）若期限內有戰事，廓氏有臨陣指揮各盟部軍隊之權。

（乙）開鑛條約（民國元年十二月）

（一）蒙古政府根據俄蒙專條，對於境內鑛產，允許俄人自由開採。

（二）鑛務公司設在三奇諾顏部，分公司不限地點。

（三）公司資本由俄國官商籌集，但蒙古亦得加入五分之二。

(四)他國不得加入資本。

(丙)鐵路條約（民國三年九月）

(一)庫倫政府承認俄國在其領土內，永遠有鐵道建築權。

(二)俄政府與庫倫政府協議蒙古鐵道線路，及將來鐵道計畫。

(三)庫倫政府若欲自築鐵路，應先得俄國之許可。

(丁)電線條約（民國三年九月）

蒙古政府因謀俄國國境與烏里雅蘇台間及烏里雅蘇台與庫倫間通信便利之故，照左記條件，將從俄國伊爾庫次克省之孟達至烏里雅蘇台之電線，架設權讓與俄國交通部。

(一)俄國交通部負担前項電線，架設之經費及工程。

(二)全線之電報局及其他建築物所需之土地均由蒙古政府指定，讓於俄國。

(三)蒙古政府不得架設前項競爭線。

（四）蒙古欲於別方面架設電線、先以其權給於俄國交通部。

（戊）借欵條約（民國三年十一月）

外蒙向俄國借款三百萬盧布，以張庫鐵路北段之地區爲擔保。

（一）俄國無利息貸給俄幣三百萬盧布於蒙政府。

（二）蒙政府以租款充財政之整理，畜產之振興，礦山之違掘，軍隊教官之備金等事。

（三）蒙政府於右借欵之用途，須先通知俄代表。

（己）銀行條約（民國四年一月）

蒙古庫倫政府與俄人訂立俄蒙銀行條約，其合同如左：

（一）該銀行資本定五百萬盧布。

（二）本行設於俄京，分行設於庫倫。

（三）該銀行有貨幣發行權，准在俄國鑄造蒙古貨幣，並有發行紙幣之權。

（四）該銀行更得下列特權：

甲、如土地銀行，對於不動產抵押，可爲借款。

乙、可營倉庫業，得發行倉庫證劵。

丙、可營交易介紹業及一般商店的買賣。

外蒙經此一再訂約，而練兵權交通事業等，都被俄國侵蝕殆盡了。

第五節　中俄談判外蒙問題之經過

自我國聞得元年十一月二日俄國得外蒙私訂條約後，卽於七日以公文致俄使庫朋斯齊，提出抗議云：「蒙古爲中國領土，現雖地方不靖，萬無與各國訂條約之資格。無論貴國與蒙古訂立何種條款，中國政府，概不承認」云云。翌日，俄使訪我外交總長梁如浩，出示私約全文，聲言：「俄蒙訂結條約，實出於事情之不得已，惟措詞甚愼，始終未提及蒙古脫離中國之語云云。梁如浩當卽駁斥謂：「外蒙古仍為中國之一部分，當然不能擅與外國訂約」。而俄使則聲言：「如能承認俄蒙協約，則更可訂結中俄條約，否則惟有履行俄蒙協約」云云。當時我國以內政未定，不能再與外人發生糾葛，乃不得已從俄之請，即由後任外交總長陸徵祥於十一月三十日與俄使初次會議，首先主張取銷俄蒙協約，俄使拒不承認，此後迭次協商，互提條款，歷時半年之久，會議了三十餘次，方才議定條文六款，又於民國二年七月十一日為參議院所否決，陸徵祥乃憤而辭職，孫寶琦繼任外長，復與俄人再三磋商，直到當年十一月五日，始訂一中俄聲明文件如左：

(一)俄國承認中國在外蒙之宗主權。

(二)中國承認外蒙古之自治權。

(三)中國承認外蒙古人享有自行辦理自治外蒙古之內政，并整理本境一切工商事宜之專權。中國允許不干涉以上各節，是以不將軍隊派駐外蒙古及安置文武官員，且不辦殖民之舉。惟中國可任命大員，偕同應用屬員，暨護衛隊，駐紮庫倫，此外中國政府可酌派專員，駐紮外蒙古地方，保護中國人民利益。但地點仍按照本文件第五款商訂。俄國一方面担任除各領事署護衛隊外，不得於外蒙古駐紮兵隊，不干涉此境之各項內政，并不得在該境有殖民之舉動。

(四)中國聲明承受俄國調處，按照以上各款大綱，以及一九一二年十月二十一日俄蒙商務專條明定中國與外蒙古之關係。

(五)凡關於俄國及中國在外蒙古之利益，暨各該處因現勢發生之各問題，均應另行商訂。

此外孫寶琦又給一照會與俄使，作爲聲明另件，其聲明各款如左：

(一)俄國承認外蒙古土地爲中國領土之一部分。

(二)外蒙古政治土地交涉事宜，中國政府允與俄國協商，外蒙古亦得參與其事。

自此外蒙古便正式自治，表面上爲中國領土之一部。然最重要之派官，殖民，駐兵，三事。則一件都不能實行，反正俄蒙商務專條則輕描淡寫的承認其成立了。

第六節　中俄蒙三方談判外蒙問題之經過

中俄聲明文件中有：「關於中俄在外蒙之利益，應另行商訂」一語。而另件中又有「外蒙亦得參與其事」的規定。所以民國三年八月，中俄蒙三方代表，便在恰克圖會議。當時對於鐵路，郵電問題，稅則問題，和內外蒙交界不殖民問題等，發生了不少的辯論，正式開會至四十八次，往來會晤談判亦不下四十多次，議了九個多月，直到民國四年六月五日始由畢桂芳，陳籙。與俄國駐蒙大臣亞歷山大密勒爾及外蒙特派司法副長額爾德尼卓囊貝子等，三方訂立中俄蒙協約如左：

(一)外蒙古承認民國二年十一月五日中聲明文文件及聲明另件。

(二)外蒙古承認中國宗主權，中國俄國承認外蒙古自治，爲中國領土之一部分

(三)自治外蒙無權與各外國訂立政治及土地關係之國際條約，凡關於外蒙政治及土地問題，中國政府擔任按照民國二年十一月五日中俄聲明另件第二條辦理。

(四)外蒙古博克多哲布尊丹巴呼圖克圖汗名號，受大中華民國大總統冊封外蒙古公事文件，用民國年歷，幷得兼用蒙古干支紀年。

(五)中國俄國承認外蒙自治政府有辦理一切內政，幷與各外國訂立關於自治外蒙工商事宜國際條約，及協約之專權。

(六)中國俄國担任不干涉外蒙現有自治內政之制度。

(七)中國駐庫倫大員之衛員，其數目不得過二百名，該大員之佐理專員，分駐烏里雅蘇台，科布多，及蒙古恰克圖各處，每處衛隊不得過五十名，如與外蒙自治官府同意，在外蒙他處添設佐理專員，每處衛隊不過五十名。

（八）俄國領事之衛隊，不得過一百五十名，其設立或添設之俄國領事署或副領事署，每處衛隊不得過五十名。

（九）凡遇有典禮及其他聚會，中國駐庫倫大員應列最高地位，如遇必要時，有獨見外蒙古博克圖哲布尊丹巴呼圖克圖之權，俄國代表，亦享此獨見之權。

（十）中國駐庫倫大員，與佐理專員得總監視外蒙自治官府，及其屬吏之行為，使其不犯中國宗主權，及中國與其人民在自治外蒙之利益。

（十一）自治外蒙古區域，以前庫倫辦事大臣，烏里雅蘇台將軍及科布多參贊大臣所轄之境為界，其與中國界線，以喀爾喀四盟，及科布多所屬東與呼倫貝爾，西南與新疆省，西與阿爾泰接界之各旗為界。

（十二）中國商民運貨入自治外蒙古，概不納稅，但須交納各項內地貨捐，自治外蒙商民運貨入中國，亦照此為例，但洋貨運入中國內地者，須照光緒七年陸路通商章程所定之關稅交納。

（十三）在自治外蒙之中國屬民，民刑訴訟均由中國駐庫大員及佐理專員審判，

（十四）自治外蒙人民與中國屬民民刑訴訟，均由中國駐庫大員或所派代表或駐各地之佐理專員，會同自治外蒙官吏審判，若華人爲被告，則在中國官員之處會同審判，若蒙人爲被告，則在蒙古衙門會同審判，犯罪者各按自己法律治罪。

（十五）自治外蒙人民，與在該處俄國屬民之民刑訴訟，均按照一九一二年十月二十一日俄蒙商務專條第十六條辦理。

（十六）在自治外蒙華俄人民之民刑訴訟，若俄人爲原告，華人爲被告，俄國領事或其所派代表得叁加會審，中國官員有執行判決之義務，若俄人爲被告，華人爲原告，中國駐庫大員，或代表，或佐理員，得至俄國領事館觀審，俄國官吏亦有執行判斷之義務。

(十七)恰克圖庫倫張家口間之電線，以在自治外蒙境內，議定爲自治外蒙之完全產業。

(十八)中國在庫倫恰克圖之郵政機關，照舊保存。

(十九)外蒙自治官府，給與中國駐庫大員及駐烏里雅蘇台，科布多，蒙古恰克圖佐理專員及其屬下人等必要之駐所，完全作爲中國產業。

(二十)中國駐庫大員及佐理員等使用蒙古台站時，可適用一九一二年十月二十一日俄蒙商務專條第十一條辦理。

(念一)民國二年十一月五日之中俄聲明文件聲明另件及一九一二年十月二十一日之俄蒙商務專條，均應繼續有效。

(念二)本約用中俄蒙法四文合繕，各三分，於簽字日發生效力，四文核對無訛，將來文字解釋，以法文爲準。

右卽中俄蒙協約正文：約中我國所得到的，不過是空空洞洞的宗主權，駐庫大員的衛隊比較俄領衛隊多五十名。有儀式時，駐庫大員表面上列最高地位三事，其他權利則完全與俄國均等，毫無軒輊！

第七節　外蒙撤消自治之經過

民國六年歐戰正在與高烈之際，俄國突然發生革命。過激黨漸次漫延及於西伯里亞外蒙官府乃迭次要求中國政府派兵前往防邊，以資鎮壓亂情，據民國七年三月十九日庫倫來電稱：「布里亞特人之首領，已派代表前赴庫倫，以貴重物品，贈與呼圖克圖，並有該首領所部軍士。赴庫倫祕密運動。蒙古政府急盼中國派遣足敷調度之軍隊，前赴蒙古，以為抵制」，又據五月十八日電稱：「布里雅特首領，擬於三四月內，遣富陞率兵三千人，自車臣汗侵入蒙古，又布里雅特人四千，則應自烏金斯克入蒙」，六月十五又來電，聲稱：「該布里雅特之首領，擬募兵駐庫，截斷恰克圖，庫倫間之交通，并宣布蒙古獨立，外蒙急待中國派兵前往，以救危局」又六月二十三日又來電稱：「外蒙政府惟有懇求中央遣軍赴援，庶可挽回布里雅特人之危機」，六月二十九日復據來電：「外蒙總理車林親王宣稱：中國軍隊，若不從速抵庫，則蒙局恐不救」云。中央政府所接類此之電，不一而足，無非要求中國政府迅即派兵，外蒙力弱，不能防護，加之東北兩方，外勢易入，不能孤立，中央政府為地勢之必要，於是決議先行增加內蒙守衛軍隊，然後再行派兵赴庫防守，以資聲援，民國八年六月十三日，又特派徐樹錚為西北籌邊使，來規畫西北邊務，同時俄國舊黨謝米諾夫又想要利用蒙古為根據地，來脅迫外蒙，蒙人到此知非倚託中央，實不足以圖自立，於是外蒙王公等，首先倡議撤消自治，歸政中央，其後更與活佛磋說外蒙現勢，及必須取銷自治情形，活佛立即允諾，其間雖有各大喇嘛不肯贊成，然以當日徐樹錚兵威甚盛，不敢反對，活佛乃於民國八年十一月十七日請求撤治，其呈文云：

「外蒙自前清康熙以來，即隸屬於中國清末行政官吏穢污，衆心怨怒；外人乘陂熌惑，遂肇獨立之舉。嗣經協定協約，外蒙自治告成，中國獲宗主權之空名，而外蒙官府喪失權利，迄今自治數載，未見完全效果，近來俄國內亂無秩，亂黨侵境，以故本官府召集王公喇嘛等，屢開會議，討論前途利害安危問題。均各情願取銷自治，前訂中蒙俄三方條約，及俄蒙商務專條并中俄聲明文件，原爲外蒙自治而設今既情願取銷自治，前訂條件當然概無效力，其俄人在蒙營商事宜，俟將來俄新政府成立後，應由中央負責另行商訂。以篤邦交，而挽利權」。

中央接得呈文後，即於當年十一月二十二頒布撤治命令。且將前訂中俄蒙條件，概行取消，舊俄駐京公使聞訊，即抗議謂：「各國彼此訂定國際條約，除發生戰事外，一方面不能單獨取銷」。我國外交部直截痛快的發他一句：

「所稱國際條約取銷之先例，比例不倫，本政府不能認爲同意」。俄使倒亦啞口無言了，而唐努烏梁海和科布多亦先後收復歸附，自此外蒙喀爾喀，唐努烏梁海和科布多三區，終算又全行歸服中央了。

第八節　外蒙古新政治區劃

外蒙歸附後，中央派西北籌邊使徐樹錚管理一切，後來徐樹錚於民國九年七月因直皖戰爭結果而失敗，乃於八月十五日改任陳毅爲西北籌邊使，至九月十日，又改任爲庫烏科唐鎮撫使，駐在庫倫其權限在於管理庫倫，烏里雅蘇台，科布多及唐努烏梁海各部軍民兩政，兼管庫倫所屬土謝圖汗及車臣汗兩盟事務，統轄蒙旗事務庫倫又設漢蒙參贊各一人，以資襄助，烏里雅蘇台唐努烏梁海各設參贊一人，隸於鎮撫使，掌理管轄區內各盟旗事務，又烏里雅蘇台，科布多，唐努烏梁海，各設副參贊一人，以資襄助，又於恰克圖設民政員一人，隸於鎮撫使，管理本境民政事務，及邊界通商事務，又設副參贊一人，以資襄助，所以外蒙因庫烏科唐鎮撫使的關係，分爲左列四部：

(一)庫倫所屬……土謝圖汗部，車臣汗部
(二)烏里雅蘇台所屬……三音諾顏部，札薩克圖汗部
（以上）舊喀爾喀四部
(三)科布多所屬
(四)唐努烏梁海所屬

第五章　外蒙第二次獨立

第一節　獨立之原因

外蒙取銷自治歸政中央而後，僅一年有餘，又陰謀獨立，考其原因，不外下列三種：

(一)徐樹錚失敗——徐樹錚自接任西北籌邊使後，對於蒙古活佛王公，遇事強迫儼然以外蒙統監自居，氣焰逼人，不可嚮邇。故自活佛王公以下，對於

徐氏無不疾首蹙額，又當日俄黨蒙匪等在在有內擾外蒙之勢，而徐氏邊防軍四混成旅，並不全行防邊，重兵概屯北京附近各省要區，與直係對抗，僅以褚其祥一旅，及高在田一團，留駐外蒙，迨民國九年七月徐氏失敗的消息傳到庫倫後，外蒙方面便狡焉思啓了。

(二)日本之蠱惑——民國七年五月十六日，日本以防備俄國過激黨為名，派齋藤李次郎與靳雲鵬訂中日軍事協定，其詳細協第一款規定：「中國軍隊應由庫倫進至貝加爾湖，日本軍亦可派遣兵力一部」，第四款又規定：「日本軍一部，可由庫倫進貝加爾湖方面」，無端允許日軍通過庫倫，外蒙便從此為日本所蠱惑了。所以民九秋間，中外報章迭載日本當局，擾亂外蒙之密電，其中有吉督鮑貴卿一個密電說：「日本閣議，特派大山中佐，偕同熟悉蒙情遊說員四十人，攜帶鉅款，分往內外蒙各地，遊說王公，并擔任軍費政費租款，接濟軍火助其恢復自治」云云。日人如此煽惑，那末外蒙又安得不生離貳之念呢！

(三)舊黨之作祟——舊俄領事借洛夫在國變後，想把外蒙古來做個根據地，而一方面謝米諾夫又想在外蒙方面找一個立足地，俄領借洛夫便乘此機會誘到王公，密謀二次獨立，向謝米諾夫處要求派遣馬隊，來庫倫協助，所以外蒙獨立之念更是躍躍欲試了。

第二節　獨立之經過

民國九年冬，俄國白黨謝米諾夫部將恩琴和巴龍受着了日本供給的軍械便率領所部與蒙匪結合來侵犯庫倫，西北籌邊使陳毅深知庫防吃緊，乃電令褚其祥一旅，與高在田一團，嚴密防禦，一方面則迭電中央，請求增派大軍援助，中央乃派察哈爾都統張景惠為援庫總司令，豈知張景惠消遙京津，按兵不動，截至民國十年二月一日，蒙匪乘華軍戒備疏忽之際，突然將活佛刼出庫倫，恩琴遂於翌日，率領俄蒙兵匪四五千人，夾攻褚旅高團，我方究竟兵力單薄，難以抵擋，庫倫終於失守，陳殺亦僅以身免，恩琴入庫以後外蒙活佛卽於三月二十一日宣布第二次獨立而謝米諾夫則利用美國威爾遜總統所提倡的「民族自決」主義爲名，招集俄屬布里雅特與蒙古代表，在俄境大烏里地方組織蒙古全體中央政府，暫設內務，財政，陸軍，和外交四部，而統之以國務總理，以便號召，後因不受其指揮之故，又自行摧殘之，外蒙有志青年乃與布里雅特同志在恰克圖組織國民黨，招集蒙古軍隊，建設蒙古國民臨時政府，與巴龍恩琴所立的專制政府相峙，旋卽知照遠東共和政府（赤俄）雙方合力會剿白黨，遠東共和政府亦以白黨近處肘腋，危及國本，乃於民國十年七月，由赤塔派遣赤軍，會同蒙軍進取庫倫，將巴龍恩琴的黨羽盡行剪除，外蒙便全入國民黨之手了。

第三節　獨立後之政情

蒙古國民黨，旣得外蒙全部，卽着手組織蒙古國民政府，表面上仍以哲布尊丹巴呼圖克圖爲其君主，以收拾蒙人之心，而實權則在蘇俄之手。國府之下設內務，陸軍，財政，司法，和外交五部；組成國務院，置國務總理，以統率之，各部設總長一人，主事員各一人，祕書各一人，書記員各若干人此外尙有直接屬於國務院的特別機關五所：一爲蒙古國民黨中央委員會，一爲蒙古青年黨中央委員會，一爲學術館，一爲審查司，一爲國民合作公司中央委員會，其他如教育司和警察司，則附屬於內務部，稅務司則附屬於財政部。至於統治全境軍事祕密之機關，則爲蒙古全軍參謀部，中設元帥一人，參謀長一人，其下又有內防處，是專來防備內亂的機關。

民國十三年十一月蒙古國民政府在庫倫召集正式國會，議員共九十餘名，加入區域爲喀衛喀四部，及科布多一區。會議結果，憲法於是產生，憲法分甲乙二部：甲部是關於勤勞國民權利的，乙部是關於軍事根本法則的。現將牠鈔錄於左，以供參考：

（甲）關於勤勞國民權利者

（一）蒙古爲完全獨立民主共和國，主權屬於勤勞之人民。

（二）蒙古共和國之目的，在根本剷除封建的神權制度，鞏固民主共和政體之基礎。

（三）蒙古共和國之土地，鑛產，山林，川湖及類似此等之一切天然財源，均爲公共所有，爲禁是等物之私有權。

（四）蒙古政府對於一九二一年革命以前與外國所締結之國際協約及義務協約，並被強制的外債關係，均認爲有礙主權，一律宣告廢棄。

（五）蒙古國民爲保持政權起見，新編蒙古革命軍，實行武裝國民政策，並對一般青年施以必要之軍事教育。

（六）宗教及寺院從此與國家脫離關係，但承認人民有信教自由權，並將此意宣告國民。

（七）蒙古共和國爲尊重人民言論自由權起見，組織出版事業，以開民智。

（八）蒙古共和國爲尊重人民集會自治權起見，提供適當場所，爲各種人民會議之會址。

（九）蒙古共和國承認人民有結社自由權，且與貧困之勤勞國民以積極之援助。

（十）蒙古共和國爲貧寒子弟及一般國民易于求得知識起見，實施無費教育。

（十一）蒙古共和國不問民族宗教及姓之區別，凡住於蒙古境内之居民，均承認其有平等之權利。

（十二）舊日之王公貴族等階級稱號，一律宣告取消；且將活佛及西比爾幹等之所有權同時廢除。

（十三）世界各國之勤勞民族，均向推翻資本主義實行共產主義方面前進。蒙古共和國鑒于此種趨勢，對外政策務與被壓迫之弱小民族，及全世界之革命的勤勞民族，取一致行動，俾達共同之目的。

（附則）蒙古共和國應時勢之要求，仍保留與慣行資本主義以外各國之締結親交關係之可能，但對侵及蒙古民主共和國之獨立與主權者，當以武力對抗。

(乙)關于軍事者

(一)認現在之陸軍編制爲適當，且定現行之陸軍組織法爲永久法則。

(二)政府對各軍之文化政治的教育，務須特別注意。

(三)撤廢軍隊衛護稅關之任務，另組管理征收事務巡役。該巡役之政治的戰術的教育，均由各軍事長官分任之。

(四)改良國家扶助國民革命軍官兵之家族法則。

(五)軍事會議議決陸軍指揮權爲單一制，卽依此制統　軍政。以上憲法及軍事暫行法，由中央及地方行政機關布告國民；並爲研究憲之基礎條規起見，令全國之學校軍隊中定爲專課，俾人民明瞭憲法之命意。

以上爲二次獨立後喀爾喀及科布多之政情。此外外蒙唐努烏梁海一區，亦于民國十一年組織國民政府。國府組織亦有中央執行委員；每遇一定期間，召集大會，次在大會開會期內，由內閣執行政務，內閣由閣員七人組成，不分性別凡年滿二十歲者，均有選舉權云。

第四節　俄蒙之勾結

蒙古國民政府既以蘇俄之力而獨立，對蘇俄自然感激不盡。所以民國十二年二月二十日外蒙政府代表便在莫斯科與蘇俄政府訂立了一件密約，其內容如左：

(一)外蒙當局須宣告一切森林鑛產及土地以後均歸國有，凡無人佔有之土地，均給蒙古貧民及俄國農民居住耕種。

(二)外蒙天然，財源禁止私有；一切鑛區，許俄國實業家雇用蒙人開採。

(三)全國鑛業，歸俄國工團及工會承辦。

(四)貴族享有之土地權，當即廢止；代以蘇維埃自由交易財產制度。

(五)聘請俄國實業家開發富源，振興工商。

（六）請蘇俄工會參與創設勞工制度事宜，以便得以完全保護工人。

（七）聘請俄國專門家入外蒙政府，以資指導。

（八）依蘇俄政府之通議，外蒙政府一切職權，均歸人民政府之行政部施行。先設立一革命委員會，及軍事委員會，再召集議會以便制憲。

（九）久許蘇俄軍隊駐紮外蒙，協助蒙人保全領土，以禦中國。

（十）活佛及蒙古王公之頭銜，一律廢除。以活佛爲革命委員長。

右約的語氣，與前次的俄蒙協約及商務專條比較起來，更是有過之無不及。而第九條的「蘇俄軍隊協助蒙人以禦中國」一節，尤爲蔑視我中國主權的表示。實爲以後中俄交涉中一大癥結。

第五節　中俄談判外蒙古問題

民國六年俄國起勞農革命，帝俄傾覆而吾國在民九停止舊俄使領待遇後，中俄邦交就此中斷。嗣後蘇俄迭遣優林，越飛先後來華謀復國交而未果；遷延至民國十二年三月念六日，外部乃命王正廷氏籌備中俄交涉事宜，而蘇俄亦于九月間派定駐華代表加拉罕來華談判。雙方蹉商至民國十三年三月十四日，始訂立中俄協定十五條其中第四五條是與外蒙有關的。第四條規定帝俄與第三者所締結之條約凡有妨礙中國主權者，一概無效。第五條規定蘇俄須得聲明駐外蒙軍隊之條件在另開會議後，商定撤退。當時外部以為廢棄舊約，不應僅聲明以帝俄所締結者。為限，（恐怕俄蒙密約發生效力）外蒙撤兵規定中，不宜用條件字樣。因此當時外交總長顧維鈞便自與加拉罕交涉文字上之修改，截至五月卅一日始立中俄協定十五條。其第五兩條如左：

（四）蘇聯聲明前俄帝國政府與第三者所訂立之一切協定條約等項，有妨中國主權及利益者，概為無效。

締約兩國，政府聲明嗣後無論何方政府，不行立有損害對方締約國主權及利益之條約及協定。

（五）蘇聯政府承認外蒙爲完全中華民國之一部分，及尊重在該領土內中國之主權。

蘇聯政府聲明一俟有關撤退蘇聯駐外蒙軍隊之問題，（即撤退兵期限及彼此邊界安甯辦法）在本協定簽字後一個月內所定會議中商定，卽將蘇聯一切軍隊，由外蒙盡數撤退。

玩索右文語氣，實與王加協定原文並無出入。至于協定簽字後一個月雙方正式會議一節，蘇俄遷之又久，終以延宕手段來對付，不肯舉行。所以外蒙撤兵問題，毫無端倪。截至民國十四年三月六日加拉罕方才照會我外部如左：

「蘇聯政府得蒙古當局之同意，開始其外蒙撤兵，業已撤盡。希望蒙境不致再有有赤軍必須入境情形，及對蒙古爲和平的了解」。

撤兵問題姑無論其是眞是假，終算告了個段落了。

第一節　內外蒙古之近況

內外蒙古遠隔塞外，其近况爲國人所不知，玆根據前中央委員白雲梯的報告，和雜誌報章上之紀載，將內外蒙的最近狀況，分述於後，裨關心蒙事者，可以參考。

(甲)內蒙近況

(一)黨務——蒙古因受前清愚民政策的遺毒，人民知識薄弱非常，不知黨爲何物；而民黨的組織，與王公的封建制度，更屬勢同冰炭，絕對不能相容。民國十三年，白雲梯氏奉　先總理之命，派赴內蒙工作，秘密宣傳至一年之久，因文字語言風俗習慣之不同，僅得黨員數百人。民國十四年十月，黨員在張家口召集第一次代表大會，成立了一個內蒙國民黨部。民國十五年冬季，因時局關係，分駐烏伊二盟各旗宣傳工作。將黨部搬到甘肅甯夏，在各盟各旗秘密涤設分支部，迄今盟黨部（與省黨部相同）已設十處，旗黨部（與縣黨部相同）已設四十多處，市黨部有五處，區黨部有一百零五處，黨員共一萬二千多名，內平民七千人武裝同志五千多人。

（二）政治——蒙古行政之中樞，前清時代在理藩院（光緒三十二年改爲理藩部）國體既變，則屬蒙藏院故蒙族無論任何階級，因歷史上之關係，對蒙藏院非常信仰，亦非常服從；不過歷年執政諸人，仍襲清代愚民政策，利用王公，使掌院政。十餘年來，于蒙民痛苦，非但不稍解，甚且勾結軍閥，變本加厲，壓迫愈甚。蒙民束縛，不減且增。所幸近來中央對於蒙藏院已根本改革，組成蒙藏委員會。而蒙藏委員會現亦正在想法改善蒙民生計，或者可以稍紓蒙民之苦困了。

（三）軍事——內蒙民軍由國民黨組織而成。其已經正式編制者，共有騎兵六千餘人，內有黨員五千餘人；民軍之外，尚有蒙旗保安隊，俱由各盟旗的武裝同志指揮，對于國民黨主義頗表同情，一經毫召，卽能響應，其人數雖未精確計算，要亦在三萬以上。

（四）社會——內蒙設縣區域，不過十分之三。其社會尚存舊制，査蒙旗社會舊日組織之法，係分若干箭（卽若干區）若干社會，其辦法尙屬完善，呼應亦甚靈通。不過因國民黨之宣傳工作，猶在秘密時期，所以蒙民之明瞭三民主義者，至今仍未普及。

（五）教育——（1）軍事政治學校　前淸時代禁止蒙民讀漢文，因此文化落後，幾無教育之可言。民國十五年，內蒙國民黨創辦內蒙軍事政治學校一所，設在熱河省經棚縣。現移至甘肅之甯夏。學員共二百餘人，畢業後有的分發各部隊服務，有的派赴各盟旗担任宣傳工作。（2）內蒙週刊　國民黨發行內蒙週刊一種，將三民主義，建國方略，建國大綱，中山叢書等，以及蒙民急切緊要的頗通常識，重要新聞，足以感發革命興味的資料，都寫成蒙文，按期刊發，以養成蒙民之相當知識。

（六）國際——近來日本滿蒙積極經營政策，高唱入雲，對于經營東內蒙方面，尤爲不遺餘力，而一方面蘇俄又復日本成立諒解，實行共同瓜分我蒙古自非蒙民深明箇中利害自爲抵制抗，則別無他法。所以國民黨方面，現已編印蒙文傳單，派員潛赴蒙境，分發宣傳，俾衆覺悟。

（七）實業——內蒙可興實業，在在都有。惜因無人提倡之故，所以直到今日，尚未見興辦。即以畜牧一項而論，本屬蒙民生計所賴之惟一事業，亦以大局多故，兵匪交擾的原因，今不如昔。蒙民生計，因此每況愈下；當此以往，更將危險，實屬是一件很可憂慮的事。

（乙）外蒙最近狀況

（一）黨務及政治——外蒙政治向分兩派：一以外蒙國民黨爲中心，一以外蒙青年革命黨爲中堅。國民黨由舊王公及喇嘛組成，青年革命黨由智識青年組成。兩黨主張不同：國民黨站在「外蒙是外蒙人的外蒙」旗幟之下，力主反俄親華。青年革命黨係共產黨團體，受第三國際之支配，其各部指導人物，均係俄人，力主親俄反華。兩派主張適相反對，故往往勢同冰炭，不能相容。去年我國革命告成，外蒙國民黨乘機活動，以圖消滅青年黨及俄人之勢力。屢次以武力相見，以圖解決。至去年十一月間，蒙人為解決兩派衝突起見，召集臨時國民大會；投票結果，國民黨大勝，青年黨乃與各軍中之俄顧問及軍官勾結，煽惑軍隊叛亂，國民黨領袖丹巴圖爾基迫于環境，宣告辭職。青年黨領袖鏗頓遂任中央執行委員長。政治上大權，乃漸歸于青年黨掌握。青年黨得寸進尺，竟設計暗殺丹巴圖爾基于買賣城地方。此案發生後，國民黨要人如白丹喬志等，都相繼去職，國民黨形勢日非，青年黨乘機竭力扶助自黨勢力，關於公安局。購賣組合，運輸公司，參謀部，及各軍隊學校等，一切機關，悉歸青年黨支配，絕對禁止非青年黨加入。青年黨威權既經膨脹，俄國人的潛勢力，遂亦着着深入，華人勢力則一落千丈。青年黨現更陰謀聯合內蒙以擴張勢力曾派宣傳員多人，分往內蒙各地，設立種種團體，集合青年男女，鼓吹赤化。長此以往，內蒙終難免於不赤化橫流派的了。

（二）軍事——外蒙現實行徵兵制度，人民在十七歲以上，四十五歲以下的，都須充軍役三年。查外蒙現在共有常備騎兵十三萬，直隸於庫倫蒙古國民政府軍事委員會之下。其退伍續備者，尚不在內。器械半係俄製，半屬德製，精美適用。更奇的是每一個兵士，除帶步槍外又佩長矛和馬刀兩種。戰鬥力非常勇猛，一人抵擋十人而有餘。

（三）社會——外蒙民衆及執政者多數心理，並非欲親俄赤化。徒因從前軍閥政治之惡劣，及傳襲的輕視藩屬觀念來對付外蒙及赤白帝國主義的蠱惑，以致外蒙成今日之現狀。所幸近來北伐已經告成，倘使中國能修明內治，再以至誠之心，來實行　先總理解放弱小民族的願望，先行提攜內蒙，使成強健民族，那末外蒙便自然聞風而來，自願聯合了。

（四）教育——從前中國對於蒙古設施的教育，在學校方面，則民國二年時設有蒙藏學校民國七年改爲蒙藏專門學校。中途停辦一次，民國十二年又行恢復，以迄於今。在報章雜誌方面；則有交通旬報，蒙文白話報，蒙文大同報。蒙文報等，收效頗宏。外蒙獨立後，教育司附設於內務部，教育亦不見若何發達。自民國十一年以來，對於教育竭力提倡，設立速成國民大學一所，中學校一所，小學校二十一所，陸軍士官學校一所。年來更厲行普及教育。如各種師範學校，實業學校等，亦均已設備。其治下學齡兒童之就學者，已佔十分之六。日刊週刊新聞等，亦日見發達。

（五）實業——外蒙近年提倡實業，不遺餘力舉凡航業。森林礦產。毛織。皮革。墾荒。諸端，俱已次第興辦。如蒙古中央消費組合經辦的；則有皮革工場。洗腸工場。石鹼工場。蠟燭工場。和製藥工場等。關於國家企業的：則庫倫有國立屠殺場。國立印刷所。與電燈公司等，其他俄國人辦的，以洗毛工業規模爲最大，華人經辦的：有羊毛皮製造廠。製靴廠。鍜冶廠。製鞍廠。和金銀器皿製工場等。

第二節　中俄問題發生後之外蒙狀況

自今年（民十八）七月十二日我國接管中東鐵路而發生中俄問題後，國人無不注意外蒙消息但俄人恐洩露其陰謀，對於往來客商汽車，皆行扣留。交通既已斷絕，消息自無從傳遞。截至八月中被扣之汽車發還三輛，返張家口，始得外蒙庫倫最近情形，及俄人虐待華商情形如左：

庫倫駐有赤俄軍約四五百人，名爲保護俄僑，實則是監督蒙民。蒙兵駐庫者約三萬，官長全爲俄人。烏燈及二連（地名）均有蒙兵駐守，檢查行旅。至滂江則爲國軍防地，駐有騎兵約一營之譜，沿途尙有保商團。往來保護，行旅均稱平安。庫倫市面，異常蕭條，華商營業，全行停頓。更加外蒙政府之虐待，所不用其極，貨物則苛捐重稅，行旅則關卡盤詰。稍一不慎，即招沒收扣留之禍；而華商之居留庫倫，更有苦不堪言者，則爲護照一事，每張護照，需費百餘元，限期既促，查驗復緊。其他如人頭捐，門戶捐，出境入境捐等，尤屬不勝枚舉。護照限屆滿後，若無款續照，即被驅逐出境。年來華商營業既不發達，閒居之人日多。去年冬季照期屆滿逐出境的華人，共有兩起：第一起約百二十人，第二起約三百多人。今年四月間，又有四百餘照期屆滿，均係貧困之人，逗留庫倫，遂被外蒙政府捕押多日。後因無甚辦法，始行釋放，現仍閒居庫地。近自中東路案發生，蒙人更嚴禁華人談論其事。而影響所及，庫倫各官廳之對於華商檢驗護照，取締更形嚴厲。並將由張家口赴庫之汽車，（張家口到庫倫現在通行長途汽車，全綫長六五〇哩。五日可達。若駱駝自張至庫須三十五天，牛馬行程須七十天）九十餘輛，馬車三百七十餘輛，盡數扣留。幾經交涉，始允先放馬車進口。不過輛須繳捐款百元照繳捐款，後又下令只准人與車走，而拉車之馬則一律留在庫倫。此令下後，各車無馬，何能行動。所以迄今仍被扣留。此舉明明騙取三萬七千餘元之捐款，然我華人亦無可奈何也。至於被扣汽車，則由汽車公會交涉之結果，已允放行。惟不能一次行走，每次只准走兩三輛，說不定十天八天准走一次。此次抵張家口之三輛，尙屬第一次放行。第二次放行，猶屬遙遙無期也。

從前華人在外蒙經商，在庫倫成立一所商會，名曰公議會。凡是華商對外交涉，都由該會出面辦理。會長原由華商自行選舉。蒙人以其不附土著之故，於去冬特由官廳勒令將該會解散。另組一大同公會，由官派正副會長二人：一爲山東人，一爲東三省人。兩人原係共黨爪牙，所以到會後把持會務，陷害商民，橫征暴斂，爲虎作倀。目前中東路問題發生，彼等奉蒙人之命，召集庫地所有華人開會。該二人輪流演講；略謂：「我等雖非蒙人，然數十年來，居於蒙，食於蒙，一旦蒙政府有事，我等皆當圖報。今日中俄因中東路而開戰，不久將牽連及於外蒙今奉外蒙政府之命，凡我華人應組成一軍，實施訓練，以備他日保證庫地安甯，在會者如贊成，卽可舉手」云云。語畢，竟無一人舉手，會遂無結果而散。翌日各華商私自集會，討論此事，決定誓不從軍。會議甫畢，人衆尙未散盡，已被官廳偵知，當場捕去多人。嗣因並無何種違法事實，實逐亦拘押數日了結。

最近外蒙政府發行一種公債，亦由該會承命勸派華商認購。按商業之大小分配。資本稍大者二三千元不等，小者亦數百元，他如工人。小販。車夫。脚夫。賣力。苦力。等等，亦由會派每人五元，十元，或數十百元。原來該會組織儼如官廳，商人稍有不合，拘押備至。以故華人痛恨該會，甚於外蒙官廳。

至如華商營業，則因種種濡滯，以致日就蕭條。出口貨物既受苛重之捐稅，而銷售所得之欵，更不得販買蒙產貨物。（皮毛。牲畜。藥材。之類）進口匯兌一項，向由遠東銀行把持。近來該行停止收受電匯。卽電匯亦不能定期交欵。故各商家都不敢冒然交匯，其營業不啻已經完全停止。

此外尚有一件最可痛恨的事卽禁止現金出境。華人進口除准帶川資五十元外，不指環手鐲之微亦以現金論。按市價折合，須納極重之捐欵。其估價往往比買價要貴上兩倍。總之，華商在蒙，已處絕境。歸則財產完全喪失，留則後患不堪設想。我國政府倘使不想個適當辦法，來拯救此進退維谷的華商，則華商雖要苟延殘喘，亦有所不能的了。

（完）

(英文)

西洋文學名著選

孫寒冰　伍蠡甫

實價一元二角

本書所選計歐美論文，小說，詩歌，童話，書札等名著三十餘篇；悉內容精湛，文字優美。每篇並首列小序，略述作者之生平，思想，作風，及重要著作；末附註解，凡難字，奧句，習語，廢辭，發音等，詳釋之外，間附例證。原書大半已用作復旦大學預科英文文學一課之教材；經兩年以上之試驗，實能促進學生了解英文之能力，閱讀英文之興趣，及其對於文學之愛好。茲特重加整理，以付剞劂　是非僅大學預科與高級中學極爲適用之課本補充讀物，亦自修英文者之良伴；而愛好文學之士，設手此一篇，而遠勝讀一般形骸僅存之中譯文學也。

行爲主義的幼稚教育

華震原著

章益
潘硌基 合譯

研究心理學的人，若不懂得行爲主義，便算不得心理學者，從事於教育的人，若不明白心理學，尤其是以科學爲根據的行爲主義心理學，便祇是暗中摸索，不得門徑。本書著者爲行爲主義的鼻祖，將他歷年在心理實驗室的研究所得，溶會貫通，應用到實際教育上來，誠爲一切教師，每個母親，所應當人手一篇的佳構。今得章潘二先生，用簡明而正確的文字，繙譯出來，尤合大學及高中師範科參考之用。

文化與文明

復旦大學叢書　葉法無著　實價四角五分

「文化與文明」一書爲葉法無先生最近著作係介紹及批評現代德國思想家的思想內容分爲三篇第一篇是敍述斯賓格拉的名著歐洲沉淪的歷史的文化觀第二篇是敍述曼恩的名著非政治意見的民族的文化觀第三篇是敍述克斯爾林的名著旅行日記及其對于東西文化之比較作者對於三氏思想俱有精確的批評而於中國文化之出路尤有明顯的指示凡研究歷史學哲學社會學及從事實政際治運動者不可不人手一篇

中華民國十九年三月初版

蒙古問題

實價大洋二角五分

著作者　華企雲

發行者　黎明書局

上海四馬路望平街時事新報館內

發行所　黎明書局

代售處

上海　北新書局　民智書局　三民書局
開明書局　啓新書局　環球公司
現代書局　光華書局　聯合書店
新月書局　華通書局　神州書局

南京　合作商店　神州國光社
北新書局　羣衆圖書公司

北平　總代理處　佩文齋書莊

總批發所上海南成都路大德里黎明書局

萬有文庫

第一集一千種

王雲五主編

蒙古問題

謝彬著

商務印書館發行

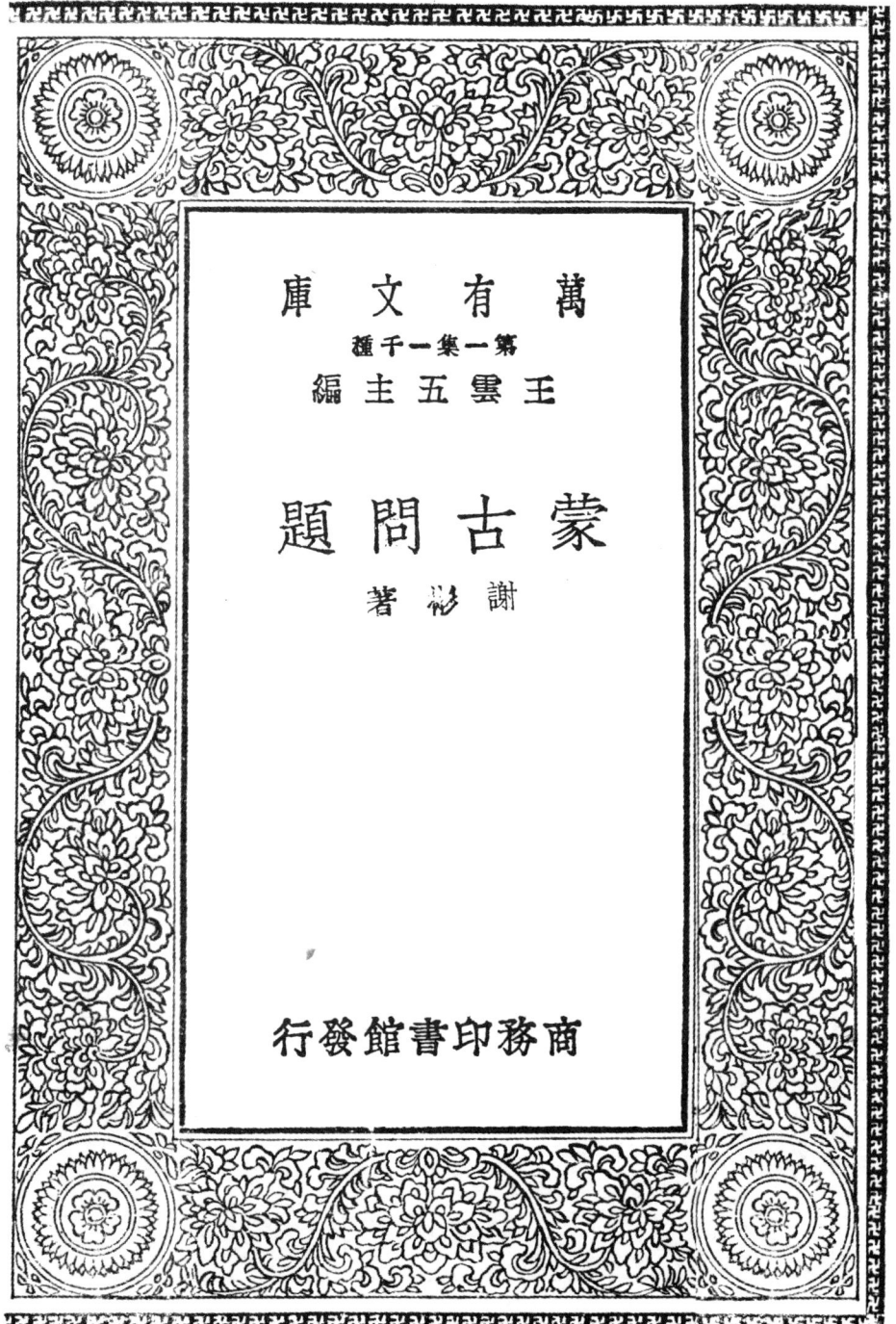

萬有文庫

第一集一千種

總編纂者
王雲五

商務印書館發行

蒙古問題

謝彬 著

百科小叢書

蒙古問題目錄

蒙古問題

第一章 蒙古之名稱及範圍

蒙古原爲種族之名稱，凡遊牧於外蒙古車臣汗部東北境之克魯倫河（額爾古納河上流）鄂嫩河（石勒喀河上流）及肯特山支脈，不兒罕山四近諸小部落，悉屬此一種族。自十二三世紀之交，該部偉人成吉思汗崛起，吞併鄰境諸部落，進而征服亞洲北部及西部。逮其子若孫時，更席捲亞洲大部分與歐洲東部，爲其統治疆域。自是而後，雖合原有牧地及其征服地方，概被以蒙古之名，然猶未以此爲國號也。洎元世祖忽必烈致書日本國王，曾自稱爲大蒙古國皇帝；十七世紀初，蒙古察哈爾部林丹汗致書滿洲太宗，又自稱爲蒙古國主。然由韃靼改建國號爲蒙古，其最初事實與時代，則終莫能詳也。要之，蒙古之爲國號，不過值對外時，間嘗用之。在實質上，不僅無此國號，並且無此地名。

蒙古既屬種族名稱，則此種族住地範圍，自當詳考。通常所謂內外蒙古之外，尚有遊牧於新疆之焉耆，伊犁，塔城，阿山四道區，及青海東北兩部分者。而黑龍江省之呼倫貝爾地方，尤爲蒙古聚族所在。呼倫貝爾，地與外蒙古車臣汗部接壤，與嫩江流域之齊齊哈爾，中隔內興安嶺，蓋黑龍江省西南之一特別區域。壤地頗廣，凡額爾古納河支流之根河，呼倫湖（達賚海，）貝爾湖（捕魚海，）克魯倫河，墨爾根河，海拉爾河，伊敏河，墨爾格勒河諸灌域，皆包有之。且有最著名之甘珠兒廟，扼由呼倫通外蒙之衝途，每年各地蒙人，均集其地爲廟會也。

蒙族居呼倫者，以額魯特，巴魯呼，新巴魯呼（俄人稱爲布里雅特）三部爲最著，而新巴魯呼人尤特多，共分八旗，遊牧其間。清於此等蒙族，曾設總管副總管以管理之；初受呼倫貝爾都統節制，今屬呼倫道尹管轄。於額魯特部，更另設一輔國公管理，附牧於呼倫貝爾區域滿洲駐防軍隊之地。其伊克明安公，以曾反對呼倫獨立，民國晉封爲貝子，其公府今已徙居齊齊哈爾東北，嫩江支流瑚裕爾河；以故其地，亦有一部蒙族遊牧。

以上所述各蒙族，類皆居於國境以內者也。至於俄領後貝加爾省與伊爾庫次克省，尙有布里雅特多數蒙族住牧其間。方今俄屬喇嘛教徒達五六十萬人，大抵均屬蒙古種族。復次，中亞細亞與東歐之間，亦有卡爾馬克蒙族散處各國之中，一切風俗服裝，語言文字，數百年來，未嘗稍變，且仍操其遊牧生涯，每年必赴庫倫，瞻拜活佛一度，不爲歐洲習俗所同化焉。足徵蒙古種族住地，非常廣遠，非僅對我獨立，自建國民政府之外蒙已也。然余本書所論述者，仍以長城以外，介於東三省與新疆間之蒙古，爲其研究中心，其他各地蒙族，則僅舉其相互關係，散見各章而已。

第二章　蒙古與清代歷史上之關係

第一節　內蒙古與清代之關係

清朝崛起滿洲之際，其時蒙古狀況，恰與十三世紀時，蒙古軍隊侵入邊境之俄國相同，俄之烏拉吉彌爾大公，亦猶察哈爾部之林丹汗耳。林丹汗因以元之嫡裔，自稱可汗，主張彼有統轄蒙古全部之權。然其實際勢力所及，不過察哈爾一部落，餘如歸化城土默特部與鄂爾多斯部等，仍各自有其汗也。林丹汗特以察哈爾部小汗，高建全蒙大可汗之名，以資號召而期發展。實則當時蒙古，仍爲多數獨立部落，不受察哈爾部支配耳。並且當時之部，與今日之部，微有不同。今日之部，純爲共戴同一首領，而表示其血族關係，於政治上殆無意味。蓋今之蒙古政治組織，實以旗爲單位，旗則具有重要意義，部非立於旗之上之政治機關，立於旗之上者，乃盟也。以故今日之部，不居重要地位，而在當時，則爲最重要之政治的團體，且佔政治之活動之中心也。

林丹汗對於土默特，鄂爾多斯諸部之關係，較俄烏拉吉彌爾大公之於各諸侯，關係更形疏遠。而屬於哲里木盟之東蒙古諸部，且自明永樂帝時，早與察哈爾部，各樹一幟。翁牛特部則以援助太宗窩闊臺之子孫，與忽必烈爭繼汗位，自承乃顏之血統。喀喇沁部亦與土默特部左翼，自始屬於成吉思汗血統，而共戴一首領焉。今以關係疏遠之林丹汗，欲藉元之嫡裔名義，恢復可汗實權，斯實至難之一事也。自清勃興於滿洲，蒙古地方，介於明清兩國之間。蒙古苟屬於清，則清攻明至便，反是而屬於明，則明容易攻清。蓋蒙古是時之於明清，實具有舉足輕重之勢，以故雙方胥欲與之聯絡。林丹汗雖貪明之歲幣，而與明締同盟。然哲里木盟之科爾沁部，既與察哈爾部關係疎遠，復與滿洲領土，犬牙相錯；且以近接滿洲諸部之故，早已互通婚姻，利害關係，又復所在而有。矧夫蒙古之與滿洲，其生活狀態，自來相同。當成吉思汗之時，滿洲卽爲金之本國，其被蒙古征服，較吾中原尤早，曾受元置遼東行中書省之支配，關係原甚親密。是故科爾沁等諸部，幾與滿洲無甚區別，而與察哈爾部，立於反對地位，早已棄明而親清也。此外，蒙古各部，則於滿洲與察哈爾間，時以利害而易其從違。滿洲既欲建立大國，自與察哈爾部，不能兩立，故清太宗一朝，三度征討察哈爾。睿親王多爾袞，遂於一六三五年（崇禎八年），攻降林丹汗之子額爾克孔果爾汗（汗之母爲滿洲葉赫部之女）收服察哈爾部全土。自是以還，往者在名義上，蒙古諸部，奉爲可汗之察哈爾部，完全降爲滿洲之一屬部。越明年，內蒙古十六部，四十九貝勒，召集王公大會，議上滿洲皇帝以博克達徹辰汗（神武英明皇帝）之尊號，並承認滿洲皇帝承繼蒙古可汗之大統。惟林丹汗避住外蒙，對此決議，表示反對，嗣經數年之疏通，方克承認服從清朝。而察哈爾部，且獨處內蒙二十四部之上，保持其特殊地位，至康熙朝，以其時起叛變，屢煩鎮撫，始奪其自治權，將其所屬人民，直接受清廷之管轄焉。

第二節　外蒙古與清代之關係

外蒙古之喀爾喀蒙古，中以三音諾顏部，受封清廷爲最後，最初則爲車臣汗，土謝圖汗，札薩克圖汗之三部。蓋自察哈爾部降服之後，三部卽向清納貢物，表示臣服，至其全部服清，則在內蒙古後五十年耳。當一六八八年時（康熙二十七年）蒙古別部之準噶爾部酋長名噶爾丹者，起兵侵入外蒙，喀爾喀四部不能抵抗，乃聞王公大會，率部徙牧俄境，以與清朝談判，不易團結一致故也。當此之時，外蒙諸部已盛行喇嘛教，號爲活佛之呼圖克圖勢力高出汗與王公之上。而第一代活佛之才智，又爲以後活佛所不及，故諸部多怨活佛之專橫，不願依附崇奉佛教之清朝，自甘投奔不奉佛教之俄國。反是而與清已交涉妥協者，則分途徙牧內蒙境內，托庇於康熙帝，康熙因於歸化城，張家口，獨石口諸地，大放倉廩之儲糧，賑救來歸之蒙民。其後約歷八載，而此來歸之人，悉於內蒙境內，劃賜牧場，安插其間，且不時施以恩養。逮一六九三年（康熙三十二年）康熙親征噶爾丹，肅清外蒙叛徒，而昔日徙牧俄國之喀爾喀蒙古，始各率部返牧原地。

第三節　阿拉善額魯特額濟納土爾扈特及科布多阿爾泰地方與清代之關係

在內蒙古西部，寧夏，甘州邊外之阿拉善額魯特部，甘州，肅州邊外之額濟納土爾扈特部，與在外蒙古西境，遊牧於科布多，阿爾泰之蒙古諸部，皆屬內蒙古與喀爾喀蒙古以外之別種。爲元代衞亦剌與明代瓦剌之苗裔，稱爲四衛拉特（準噶爾，和碩特，杜爾伯特，土爾扈特，）或額魯特者，其隣近之吉爾吉思種人則呼之爲卡爾馬克。前述之準噶爾部，卽此蒙族之一。阿拉善額魯特則屬和碩特部，當準噶爾部戰敗之時，卽乞降於康熙帝，帝卽賜以今之牧地。額濟納土爾扈特亦四衛拉特之一，在明末時，不堪準噶爾部之壓制，率其部落，逃入俄境，別建一部，仍曰土爾扈特。洎清康熙帝時，該部不遠千里，入藏部朝謁達賴喇嘛，殆其歸途，爲準噶爾部梗阻，因遂舉部內屬。

科布多與阿爾泰兩地，原爲喀爾喀蒙古與額魯特蒙古互爭雄長之場，以故其地境界問題，歷久猶爲清朝與準噶爾間一切紛議之原因。逮及乾隆帝時，征服準噶爾部，伊犂全境，隸清版圖，而清對於科布多，阿爾泰之主權，始能完全確定。科布多境蒙衆，不堪準噶爾部之壓抑，早已輸誠內附，至是，仍以其地賜與杜爾伯特。杜爾伯特卽屬四衛拉特之一。阿爾泰則劃爲新土爾扈特部牧地。土爾扈特部本於明末，徙牧俄境窩瓦加河下流。其後俄漸強大，乃漸感其壓迫，又以牧地鄰接吉爾吉思種族，疲於克里姆汗國之戰鬬，遂依阿拉喜巴活佛之勸諭，卽欲率部內徙。會未徙俄之伊犂土爾扈特餘部，追擊準噶爾部，深入俄境，殲滅其衆，土爾扈特舊有牧地，計日可以全部恢復，因遣使人，馳赴窩瓦加河，勸令該部拔隊歸牧。該部遂於一七七一年（乾隆三十六年，）全部歸牧於伊犂，即今新疆境內之舊土爾扈特是也。惟時伊犂全境，尚未全歸清兵占領，殊無方法處此順民，乾隆乃發內帑三十餘萬兩，爲製氈幕，衣服，米，麥，茶，羊，牛，馬之用，該部蒙衆，稱滿意焉。伊犂之土爾扈特於滅準噶爾部之後，又能招致徙牧窩瓦加河蒙部，內附歸牧。清廷嘉奬其功，令別建爲新土爾扈特部，賜牧於科布多西之阿爾泰，而與杜爾伯特部接壤共牧。清宣統時，遊學日本之土爾扈特親王帕勒塔，即舊土爾扈特東部落之盟長，明末徙俄，而令牧於新疆烏蘇縣境者也。民國六年，余于役新疆，曾就其福晉鄂爾勒瑪詳詢各部蒙情（參看拙著新疆遊記。）

第四節　唐努烏梁海地方與淸代之關係

外蒙古三音諾顏部，札薩克圖汗部及科布多北境，我國有一領土，突入俄境，是卽唐努烏梁海所在者也。其地種族，稱烏梁海，以遊獵爲生業，與專事遊牧之蒙古生活狀況，微有不同。或謂此族系出明代直隸邊外之兀良哈，裔實爲蒙古種族。然考其語言，則屬土耳其語系統，殆爲蒙古種族曾移住於土耳其語族地方，濡染其言語風俗以後，復徙居於此地者也。唐努烏梁海位於葉尼塞河。上源烏魯克穆河之灌域。據俄人書籍，謂：即十七世紀中葉，曾在其地建立王庭，恭執臣禮於俄皇之阿勒坦汗，苗裔所屬，目為彼國領土之一部，不欲編入外蒙古。並謂：阿勒坦汗之子魯賽撒費科塔沙時，猶時遣使至俄，進貢方物，俄皇並屢贈答貢使云云。然自實質言之，阿勒坦汗之通俄，目的在牽制準噶爾部，俄亦不過因此取得珍奇貢物之方便而已。今欲以阿勒坦汗曾經朝貢，即認為俄之主權所及，則大誤矣。於何徵之？請觀一六三五年（崇禎八年）俄皇使司特夫阿格勒恰尼，持節赴阿勒坦汗幕庭，阿勒坦汗即不肯對俄皇執行臣禮。並對格勒恰尼所持俄皇詔諭中有臣僕之語，提出抗議。其後一六三八年（崇禎十一年）俄皇再使司塔爾科夫來，阿勒坦汗對之，更屬非常怠慢。至於魯撒費科塔沙，尤加一層強硬。其對俄使言曰：吾父之執臣禮於俄，有無其事，余不得知，縱令有之，余自幼未聞囑咐，無從表示同意，絕無以此相繩之理。今姑無論阿勒坦汗父子，與俄關係如何。然一七二七年（雍正五年）之恰克圖條約，已明定薩彥山脊，為兩國境界。並聲明烏梁海人，自來不明國籍，每年分向中俄兩國，貢納貂皮一張。自定國界以後，劃屬中國之民，不得再向俄國進貢，屬俄之民亦然。

自是薩彥山以南之唐努烏梁海，俄已認明爲中國領土矣。惟自十九世紀以來，俄人蔑視約文，對於唐努烏梁海境，時作非屬蒙古領土之強辯。華商前往其地經商者，俄輒乘其勢弱而加禁阻。廣招彼國人民，深入其地，經營農業，盛興工商，遍設牧場，馬廠，牛酪製造所等。對我旁若無人，儼然彼國領土（詳第九章。）俄之侵略野心，眞可畏也，未識親俄派覩此，感想如何？

第三章　從制度上觀察蒙古與清代之關係

第一節　蒙古政治上之編制

有清一代，內蒙古二十四部，分爲六盟四十九旗，各旗旗長，均由清帝封以札薩克，使之管理旗務，而受指揮於理藩院焉。蒙語謂部曰阿瑪克，謂盟曰齊格爾干，或稱齊友爾干，封稱齊友格爾干，謂旗則曰惡斯友翁。當清末葉，於直隸，山西，東三省邊外，蒙部沿邊地方，大招漢人前往開墾，增設府廳州縣多缺。而此諸地，遂成漢蒙雜居之區。清廷復劃此等特別區域，分由熱河都統，察哈爾都統，綏遠城將軍，盛京將軍（嗣改東三省督撫）節制而支配之，至於歸化城附近之歸化城土默特部三旗，察哈爾部八旗及熱河附近之額魯特部牧地，均未另置札薩克，令受附近將軍或都統之節制。

外蒙古初僅喀爾喀之車臣汗，土謝圖汗，札薩克圖汗三部，繼由土謝圖汗，分建三音諾顏部，遂成今之四部。部爲一盟，共分四盟。此外，尙有額魯特部及所屬之輝特部，附牧其間，實共六部，又八十六旗，分屬四盟，概歸駐紮烏里雅蘇台之定邊左副將軍管轄。其後增設之庫倫辦事大臣，則分轄車臣汗部與土謝圖汗部，卽所謂東二盟是也。

庫倫辦事大臣，蒙語呼爲案班，於蒙古問題，至有關係。先是，庫倫第二代活佛，亦蒙古人，仍師前代活佛成法，進行其與西藏分離之隱謀。喀爾喀外蒙古之內部，因此引起內訌。逮一七五四年（乾隆十九年）北京政府，決以俗人機關，處理外蒙古之實際統治，因任命蒙古之一酋長，爲其總理。越明年，第二代活佛入寂，北京政府遂下命令，此後佛位，概以西藏人繼承，此後活佛任命之權，皆由北京政府。自是喀爾喀外蒙古諸族，始確能保其服從也。又明年，淸乃派一滿洲出身之官吏，率領少數衞隊，前往庫倫，常川駐紮，是爲辦事大臣之始。

西套蒙古之阿拉善額魯特與額濟土納爾扈特，各爲一旗，均未設盟。其札薩克則直屬駐紮寧夏之理藩院理事司員及陝甘總督管理。

科布多，阿爾泰地方爲杜爾伯特部，新土爾扈特部，新和碩特部等七部，共三十旗遊牧之地。初屬科布多參贊大臣管轄，受烏里雅蘇台定邊左副將軍節制。自一九〇五年（光緒三十一年）科布多辦事大臣錫恆，巡視阿爾泰地方。結果於一九〇六年（光緒三十二年）奏設阿爾泰獨立軍鎮；一九〇七年（光緒三十三年，）科布多參贊大臣聯魁，更奏請清廷，阿爾泰與科布多實行劃地分治。乃以原來杜爾伯特部左翼，達賚汗屬十二旗（杜爾伯特部十一旗，附牧輝特部一旗）杜爾伯特部右翼，親王屬四旗（杜爾伯特部三旗，附牧輝特部一旗）計一部二盟十六旗，及札哈沁部二旗（公一旗，總管一旗，）明阿特部一旗，（總管一旗）額魯特部一旗（總管一旗，）計三部四旗，共四部二十旗，仍爲科布多參贊大臣管區。以新土爾扈特部一盟二旗，新和碩特部一旗，阿爾泰附近烏梁海部七旗（左翼四旗，右翼三旗，）共三部十旗，劃爲科布多辦事大臣管區。科布多辦事大臣，設於一八三八年（道光十八年，）原爲科布多參贊大臣之輔佐，至是改爲阿爾泰管區長官，並正名爲阿爾泰辦事大臣。而以額爾齊斯河上流之哈喇通古，定爲駐節之所。尋以哈喇通古之城池官署，建築工事，一時不易竣功，因就其北百二十里之承化寺，設置臨時官署。承化寺臨額爾齊斯河支流克崙河之上流，距新疆綏來縣九百二十里，距科布多五百里。乃清同治初年，敕建之喇嘛廟，以居出關助勦回匪有功，西寧大喇嘛棍噶紮勒參者。棍噶紮勒參尋與土著蒙古，哈薩克兩族不相安，於清光緒十五年，徙居新疆烏蘇縣屬八音溝，此時遂鮮居人。其轄境紅峒渠莊，克木奇，布爾津河，哈巴河，布倫托海諸地，皆屬膏腴沃壤。

唐努烏梁海原無旗之編制。據大清一統志所載：直接隸屬於烏里雅蘇台將軍者，爲二十五佐領；屬札薩克圖汗部者，爲五佐領；屬三音諾顏部者，爲十三佐領；屬庫倫活佛（哲布尊丹巴呼圖克圖）之門徒者，爲三佐領；共有四十六佐領焉。其重要部族有五：曰脫吉，曰撒爾甲克，曰瑪得，曰阿拉，曰克木奇克。脫吉族居貝克穆河上流流域，南至窩克穆河，西至友忒河（貝克穆河中流之左支）；撒爾甲克族居窩克穆河以南，迄於友里格斯河（烏魯克穆河之南支）一帶；瑪得族居於貝克穆河以北之支流，烏忒河及烏吉烏克河之間；阿拉族居於烏魯克穆河南北兩岸，東鄰撒爾甲克族及瑪得族住地，西接克木奇克族住地；克木奇克族，領有克穆奇克河全部流域，此族人口最庶，占烏梁海族全人口三分之一。上述五大部族，各戴一人爲諾顏，而以克木奇克族之諾顏，爲其盟主。至各部族之諾顏，則僅統轄其所屬之部民，對於克木奇克之諾顏，負納稅及其他各責任焉。而克木奇克之諸顏，則凡關於烏梁海種族全體之納稅，以及其他事務，而對烏里雅蘇台將軍，負其責任。故克木奇克諸顏，恆服中國官服官帽，以接見賓客云。又讀清末烏里雅蘇台將軍之報告，稱烏里雅蘇台將軍所屬烏梁海共五旗，卽唐努烏梁海三旗，奇木奇克烏梁海一旗，庫布蘇里爾湖烏梁海一旗是也。民國元年八月，公布蒙古待遇條例，裁撤烏里雅蘇台將軍，另設副都統一職，專管唐努烏梁海五旗。則是一統志所載定邊左副將軍所屬之二十五佐領，又早改編而爲五旗矣。要之，烏梁海五部，概居葉尼塞河上流諸源之沿岸，所謂庫蘇古爾湖盆地是也。其人種雖同爲一族，而行政上則各有別；不過克木奇克烏梁海之諸顏，直接受烏里雅蘇台將軍節制，有代表各部之權而已。以上所述，五部爲種族之區分，五旗乃行政上之編制；而其名稱徵有混同，讀者應自留意分晰。

綜右所陳盟之數目，則內蒙古共六盟，外蒙古及其附牧地暨科布多，阿爾泰共七盟。盟旗之數目，則內蒙古計四十九旗，合附屬之歸化城土默特三旗，察哈爾八旗，阿拉善額魯特，額濟納土爾扈特各一旗，共爲六十二旗。外蒙古計八十二旗，合科布多，阿爾泰之三十旗，唐努烏梁海之五旗；共爲一百十七旗。內外蒙古合計，則共十三盟，一百七十九旗耳。此外，尙有未編旗之熱河都統所屬額魯特部，烏里雅蘇台將軍所屬五旗以外之唐努烏梁海部三十一佐領，及各地之喇嘛旗焉。喇嘛旗在內蒙古法庫門邊外者一，在外蒙古屬庫倫活佛哲布尊丹巴呼圖克圖者五。此六喇嘛旗，蒙語皆呼爲沙畢那爾，論其實質，則此六旗人民，皆喇嘛之奴隸也。

第二節　蒙古旗制與札薩克權限

旗爲蒙古之惟一自治區域，又係政治組織之最小單位，蓋以有一定旗地，爲其必要條件者也。先是，蒙古遊牧地域，本極寥廓，各部不相鄰接；尋以種族繁衍，地遂犬牙相錯，勢須明劃旗地，以息爭端，因而旗制始成。故在清代以前，尙無旗之編制，逮入清後，始克先後成立。不第此也，當明末時，蒙古種族，統一之力漸衰，小團體之旗之趨勢，漸漸成熟。清代遂利用之，分劃衆多之旗，以削其力。並寓恩賞懷柔之意；於各旗中，任命一世襲札薩克，使爲旗長，管理旗務。是爲一六三四年（天聰八年卽崇禎七年）以來，清代設旗，明定牧地界限之始。自是以後，設旗逐年加多，並嚴禁各旗，越界游牧狩獵，如有越境遊牧狩獵之事發生，不問該王公台吉等管旗與否，一律處以罰俸一年，並將其旗下蒙民與牲畜，賞與發見越界之人。其後蒙族活動，不能復如昔日之盛，此實最大原因。

旗爲蒙古一自治區，已如前述。雖各扎薩克得以掌管旗內一切政務，惟無俄人所主張有廣義的自治權耳。蓋該札薩克等，均由清廷封受，原則上雖爲世襲，惟是承襲手續，至爲繁重。卽須根據承襲條例，先由該札薩克呈報應承襲者於該管盟長，由盟長呈報於理藩院，經理藩院審察合格，始能封授。以故積久弊生，如未向理藩院員司，納以相當賄賂，則不容易審定其資格，而准予承襲。並且承襲予奪之權，復永遠操自清廷，因事而罷免者，其例亦殊不少。例如科爾沁左翼中旗（達爾漢親王旗）其札薩克現爲達爾漢親王。然今之閒散輔國公之祖先，於清乾隆二十年，曾被罷免札薩克，由今達爾漢親王之祖先繼任。逮至道光元年，淸廷又罷免其札薩克職，代以今之閒散卓哩克圖親王之祖先。其後六年，該札薩克又因事罷免，由今之輔國公之祖先，以貝子升任札薩克。道光二十八年，淸復罷免其職，仍封達爾漢親王，爲該旗札薩克焉。又如蒙古獨立問題當中，最有名之科爾沁右翼前旗（札薩克圖郡王旗）其郡王烏泰，亦於一九〇二年（光緒二十八年）以斂財虐衆，不恤旗艱，受淸廷革去札薩克職，暫行留任之處分。此外察哈爾八旗與歸化城土默特等，初皆任命有札薩克，尋因反叛清廷，始被取消者也。

蒙古各札薩克，雖得專斷旗內諸事，但非長久如此。蓋札薩克之輔佐，例有二人至四人，稱爲協理台吉。此項輔佐人員，不能由札薩克自由任命。例須會同該管盟長，由該旗內閒散王公以下，台吉（塔布囊）以上，推舉第一第二兩候補者，呈清理藩院圈任一人。蓋任命之權實操諸理藩院也。據清乾隆二十七年，理藩院則例所載：各札薩克，不僅不能任命協理台吉，卽管理章京，副章京之任命，亦不能自由隨意。須按一定次序，先由各台吉中遴選，如各台吉中無適當者，始能從所屬旗人當中遴選揀補。如各札薩克不遵則例，徇私越保所屬旗人，一經盟長查覺，卽得呈請理藩院，奏參議處。不第此也，舉凡旗內一切官吏任免，類皆不能專斷行之，遇有任免之事，須將任免理由，呈請理藩院，核奪准許，如擅自私行任免，理藩院聞知，卽得加以參處。他如每旗之中，札薩克外，尙有所謂閒散王公台吉者。清廷定例，如有親王，郡王，貝勒，貝子，鎭國公，輔國公，及台吉爵位之蒙古貴族，曾經一度任札薩克，或與任札薩克者同其祖先，則其子孫均得賞有相當爵位之特權，得置隨丁屬下人等，徵收所屬徭賦，並對札薩克，具有稍獨立之地位焉。

據右所述，各札薩克對於旗內用人行政，殆無自主之權固矣。而於旗內土地，並亦不能自由處分，如果招徠他處人民，開墾旗內土地，卽爲法律所不許。此項禁令，未曾實行，當屬另一問題。但據乾隆十三年，理藩院則例所載：則札薩克開墾旗下公地，强佔貧民地畝，實有從重治罪之規定。嘉慶十六年，理藩院則例所載：則自科爾沁左翼後旗（博多勒噶台親王旗）之昌圖地方，徵收開墾地所得租額，以一半賞給札薩克郡王，以一半按該旗內台吉官員兵丁之戶口數目，而平均分給之。又於札薩克及王公台吉，徵收屬下人等徭賦，亦有詳細規定：凡有羊二十隻者，得徵羊一隻，有牛一頭者，得徵米三鍋，例外多徵，卽犯禁令。至遇進貢會盟，移營嫁娶之時，徵發品額，亦有詳細限制，不能隨意所爲。據乾隆四十八年上諭所述：內外札薩克等，皆賴屬下人之供應，以爲全家生計，屬下人如不上納徭賦，則彼輩一日不能度活。而各札薩克，對屬下人，如有例外徵發，不法勒索，一經告發，亦必予以嚴懲云云。

復次，蒙古各札薩克，對於重要旗務，須與盟長協議處理。盟長之於理藩院，凡一盟中各札薩克有不盡職者，得自閒散各王公中，揀選賢明之人，請求奏准另任。不第各項重要旗務，得以會同該管札薩克，指揮辦理，卽各旗間之交涉事件，亦有辦理特權。至各札薩克之承襲，承繼爵位，及相當於爵位之俸銀，俸緞，均由盟長具報於理藩院，理藩院據以核奪奏請。足徵盟長之權，實足統攝各旗，故蒙族非常尊畏之，恆依其意旨以決向背。卽任札薩克者，亦恆遇事請示於其盟長焉。蓋各札薩克不僅受盟長與理藩院之二重監督已也，如在置有將軍大臣等缺地方，並須兼受將軍大臣之監督也。

蒙古制度，在軍事上，各札薩克固得統率該旗之兵，惟關軍隊之編制以及兵器規則，軍紀規則等項，均有嚴重規定，各札薩克不得任意變更。每年並須或由盟長，或由定邊左副將軍，或由參贊大臣，或有清廷特派之蒙古官憲，實地檢閱一次。一旦有事之時，凡屬清廷任命之將軍，大臣，與特派滿蒙各官憲，皆得統轄各札薩克而指揮之。至於立法權一項，清廷更未賦予各札薩克與盟長。僅爲懷柔蒙古起見，對於蒙古，制定一種特別法律。舉凡刑事，戶籍，承繼，婚姻等項民事，均有詳細規定，使各札薩克得依清廷委任，執行初審裁判權。人民不服札薩克之裁判，得上訴於盟長，不服盟長之裁判，得再上訴於理藩院。其與漢人之訴訟，則由清廷任命之地方官，會同札薩克豫審，再經將軍，總督，都統之一衙門覆審，卽爲終結。如屬旗內重大事件，則自初卽由理藩院，會同刑部判決處理之。

至關外交事項，凡一七二七年（雍正五年）恰克圖條約所載關於恰克圖等處互市通商，中俄國境問題，及犯罪逃亡者引渡諸事，均許土謝圖汗或土謝圖汗之甥，郡王丹津多爾濟等，有直接對俄交涉之權。俄國亦許彼之邊疆官吏有此同樣特權。後之論者，謂各蒙古王公有外交上之獨立權，即以此爲根據，孰知是大不然。蓋當恰克圖條約締結之時，我國尚未設置庫倫辦事大臣，故就近許丹津多爾濟等管理國境互市等項交涉，乃係權宜之舉。自設庫倫辦事大臣以後，凡屬外交事項，均已改歸辦事大臣掌管。俄於一九〇八年（光緒三十四年）對於清帝上諭蒙古王公，未經政府核准，不得私向外國借債，或私與外國締結外交關係，加以種種指摘。並謂蒙古王公，自來有外交獨立權，並引丹津多爾濟往事爲其證據。此種強詞奪理之曲說，眞不值識者一笑矣。

第四章　清代之對蒙政策

第一節　清代對蒙政策之目的

蒙古地位，勿論自歷史上觀察，自制度上觀察，均非如今之俄人所論，具有完全的自治權。徵諸年班參覲制度，與朝貢制度，卽是深明其故矣。然謂蒙古與清朝，眞爲君臣一體，能由蒙古獲得多大利益，亦無是處。蓋清之對蒙政策，與昔日歐羅巴諸國之殖民政略，無往而不根本相反故也。蒙古朝貢之品，以獻納綿羊，乳酪，湯羊，奶油，燻猪等物；以及白駝一峯，白馬八匹，所謂九白之貢，爲其規定制度。清廷賞賜禮物，則多美麗珍貴之品。此外，隨封爵而來之每年俸銀，俸緞，入京參覲時之回程旅費，科爾沁部三親王，一貝勒之特別晉京旅費，皆由政府按例支給。加以王公留京之用費與恩賞，僕從家畜之飼養，以及臨時恩賜等等，綜計各項費用，清廷負擔，決非輕微。但向不由蒙古，取得其他利益，彌補此項損失。清廷用意，專在懷柔蒙古，維持平和，令蒙古人疏遠漢人；專助滿人，以與漢人對抗。舍此而外，別無目的。清廷懷此目的而見諸政策者，則爲優遇喇嘛教，保護蒙古牧畜，禁習漢語，漢文，與夫婚姻政略諸端耳。

第二節　喇嘛教之優遇

蒙古之有喇嘛教也，始於十六世紀後半。其時有名之俺答汗（歸化城土默特部之祖，）鄂爾多斯部之徹辰洪台吉與博碩克圖濟農，土謝圖汗初祖阿巴岱，三音諾顏部初祖圖蒙肯諸人，類皆先後歸依，極力獎勵，故喇嘛教因以大盛。所謂額爾德尼招之喇嘛廟，卽於是時建於和林，清之太祖，太宗，深知蒙族迷信喇嘛教甚篤，乃利用之以懷柔蒙古，遂開優待喇嘛教之端。順治，康熙，雍正，乾隆四朝，更屬非常注意此事。多倫諾爾之彙宗寺，善因寺，熱河之普仁寺，普善寺，普寧寺，安遠廟，普樂寺，普陀宗乘廟（布達拉廟，）須彌福壽廟（什布倫廟，行宮廟，）庫倫之慶寧寺，諸大喇嘛廟，均此時代所勅建也。各廟活佛，均稱呼圖克圖，轉生於蒙古各地者極多。其在外蒙古方面；則哲里木盟有四人，卓索圖盟有六人，錫林郭勒盟有十五人，烏蘭察布盟有六人，伊克昭盟有一人，內屬蒙古（卽察哈爾及歸化城土默特，）共有二十二人，錫呼圖庫倫喇嘛旗有二人，阿拉善額魯特部有二人。而在外蒙古喀爾喀則共有十九人。總計已有活佛七十六人，轉生於今之內外蒙古各地。庫倫活佛之法號，稱爲哲布尊丹巴呼圖克圖，據一六四五年（順治二年）頃淸廷記錄所述：其第一代活佛，爲土謝圖汗之子，於一六三五年（崇禎八年）轉生於外蒙古。而康熙三十年至四十年（自一六九一年至一七〇一年，）十年之間，帝殆每歲招請庫倫活佛，入京說法。以故蒙古人士，於第一代活佛之高德及康熙帝之優遇，遂有種種傳說。此種傳說，雖不足信爲事實，然淸末蒙人及活佛，回顧昔之勢力及優遇，其後因無勢力而受怠慢，動引此爲談話材料，不勝感慨係之。第一代活佛，受帝恩寵最深，故聞康熙崩駕，立卽晉京敬謁梓宮，旋於一七二三年（雍正元年，）卒於勅建之黃寺，追隨康熙帝之英魂而西去。雍正帝不從理藩院之諫阻，親臨活佛棺前，供香茶，獻哈達，恭謹致祭，並遣特使護送遺骸，安返庫倫。而第二代活佛，仍轉生於外蒙，於乾隆初年入京，曾獲特賞旅費一萬兩，於其住宅圍牆，特許塗以黃色，備受種種優待。至第三代以後，皆轉生於西藏，迄至四代末年，始入北京朝覲皇帝。

仍復給以乘黃輿，坐黃轎，住黃幕之種種特權，足徵清廷之優遇喇嘛教矣。

第二節　哲布尊丹巴呼圖克圖之世系

哲布尊丹巴呼圖克圖者，庫倫活佛之法號也。清廷既優遇喇嘛教，庫倫活佛，遂得總攬蒙古之最高政教兩權。民國以來，外蒙時而獨立，時而撤治，率以活佛向背爲其中心。故研究蒙古問題，於庫倫活佛降生地點，與其世系，不可不具有系統之瞭解也。蓋喇嘛教源出印度，哲布尊丹巴呼圖克圖第十六代以前，傳皆降生於印度與西藏兩地，厥後蒙人哀布多爾濟，欲伸張蒙古勢力，始倡哲布尊丹巴呼圖克圖降生蒙古之議。乃舉土謝圖汗五齡之子，擁爲庫倫活佛，是爲哲布尊丹巴呼圖克圖降生於蒙古之始。卽第十六代庫倫活佛，亦卽蒙古人所稱爲第一代活佛者也。第十七代活佛，旋亦降生於蒙古。其時外蒙喀爾喀四部，以此兩代活佛降生關係，在蒙古最占勢力。故至活佛傳世之時，蒙古各部，諸多爭執。清廷因是復令西藏達賴喇嘛提議，庫倫活佛仍在西藏降生。降生以後，由蒙人迎回，受戒登座，册封爲哲布尊丹巴呼圖克圖。自是外蒙四部喇嘛，大懷失望，漸不滿於清廷，世有以此爲清廷措置蒙事，最大失策之一端焉。茲將歷代哲布尊丹巴呼圖克圖降生地點，及其姓氏表列如左：

世次	姓氏	降生地	世次	姓氏	降生地
第一代	羅克新圖嘎馬勒	印度	第十一代	達錫巴爾丹	西藏
第二代	巴爾畢珠佛	印度	第十二代	吹眞加特	印度
第三代	挪嘎布卓特巴	印度	第十三代	渾嘎都勒楚克	西藏
第四代	岡丹博夫勒	印度	第十四代	哈吉帖薩揚	西藏
第五代	羅碩木紫桑	西藏	第十五代	哲布尊達爾挪達	西藏
第六代	達爾馬旺楚克	西藏	第十六代	羅布藏旺比札木薩	外蒙
第七代	鄂特倫挪	西藏	第十七代	羅布桑丹彬多密	外蒙
第八代	布倫代木察	西藏	第十八代	伊什丹尼瑪	西藏

第九代	失傳	失傳	第十九代	羅布桑圖巴旺楚克	西藏
第十代	僧格巴達爾	西藏	第二十代	羅布桑楚勒都木濟克魯特	西藏
今代	博克多	西藏			

第四節　蒙古之牧畜保護

清代對於蒙族，每有十五丁口，卽給以廣一里縱二十里之牧地，定爲各部旗民所私有，其餘則一旗所公有也。而此所謂公有地者，並非札薩克王公等所能私行處分。其有札薩克或王公等，濫用權力，強制招墾此等公地，圖得荒價或地租者，實爲法律所不許。蓋蒙古各地，王公台吉之屬，大率比較的富有。至其屬下人民，則貧乏實居多數，苟許內地人民，前往蒙地開墾，在王公台吉，固所至願，而蒙旗人民，則益陷於困窮。最後之結局，王公台吉亦不能不受其弊害也。以故清代諸帝，均以開墾蒙地，有礙蒙民生計之牧畜，爲其惟一理由，嚴申禁令，不許開墾蒙荒。此在當時視之，亦殊有其相當的道理也。不期俄人根據此點，每謂清帝曾與蒙古王公有約，蒙古領土，享有不可侵犯之特權，徵諸事實，殊屬非是。惟各札薩克暨王公等，每圖貪得荒價或地租之利，清廷不能禁其招墾內地人民，復以開墾爲大利所在，爭欲負耟前往。因而禁止開墾之法令，遂更難以實行。清廷亦知此等移住人民，一朝驅逐出境，奪其生計，殊屬可憫。乃詔諭各札薩克王公，租地佃民開墾，以現有各戶爲限，嗣後不得多招一戶，多墾一畝。至於土地之抵押或買賣，更屬絕對不許。如有抵押買賣等情，蒙人得以退還地價，收回已抵已賣之土地。如蒙人一時無款，則明定耕種年限，許買主之內地人民，繼續耕作其地。年限一滿，應即無償還地與蒙。至各內地人民轉典蒙古土地以取利益，今後絕對禁止。此項詔諭，雖曾三令五申，然而終難實行。民蒙交涉事件，因是續出不已，清廷亦無可如何。於是熱河之赤峯州，朝陽府，建昌縣，平泉州；奉天之昌圖府；吉林之長春府諸地，皆由理藩院派遣專員，出駐其地，裁判民蒙交涉，陝西之延安，榆林兩府，與山西之得勝，殺虎兩口邊外，亦多內地人民，攜眷前往，租地開墾。其情形殆與直隸奉天吉林邊外，無有異也。自是以後，漢人開墾之地，日益增加，遂成今日之狀況。並無所謂二分之一之官地租，三分之一之佃耕租矣。官地租，佃耕租者，乃蒙古地方之官地租，佃耕租也。例由蒙族徵收於各租地之人，並可行使滯納之租約處分。此中佃耕租入，若屬一旗公有之地，則以半歸札薩克，半按戶口分給旗內各人民，是爲習慣上之規定。自蒙古臨邊各部，所有蒙民牧地，次第爲漢人耕作侵融，既成事實，蒙民遂益陷於窮困。清廷迄於最後，乃因保護蒙民利益，縱令蒙民進與富豪之札薩克，及其他王公台吉，相持對抗。墾務進行，始獲限制。不然，如任札薩克等所爲，清廷不加禁止，則雖無滿清末年之招墾政略，而蒙古土地，早盡變爲漢人耕地，亦未可知。俄謂清廷對於蒙古王公，曾有蒙地不可侵權之約，徵之此事，更無成立理由矣。

第五節　漢名漢文之禁制與漢蒙貿易制限

清廷對於蒙古人民，禁用漢字姓名，不許學習漢文，凡關訴訟及他各種請願之公文，均不准用漢文漢字。如有教授代書學習漢文漢語之人，不問何族，一律處罰。內地人民，留居蒙境，並不得與蒙古婦女結婚。至自攜帶妻子前往，則無禁止明文。而實際上，亦無禁止之必要也。內地商人，前往蒙古經商之時，須先得理藩院許可，給予院票。並須於院票之上，註明姓名，貨物，地點（如張家口，多倫諾爾，綏遠城等之類）以及出發日期，以備到達經商地點之駐紮官廳，或札薩克，檢查驗明。至於貿易往來，必須貨款現交，不准賒放，居留期限，一年爲度。卽因收賬而逗留，亦爲例所不許。商民居室，宜捕氈幕，不能建築家屋。至若唐努烏梁海地方，則絕對禁止華商前往，僅能在烏里雅蘇台，收買烏梁海人攜來售賣之貂皮而已。

第六節　清代對蒙之婚姻政略

婚姻政略，爲淸廷懷柔蒙古王公，實行政略之最大者。故僅科爾沁部左翼中旗之一旗，其婦女得爲淸帝皇后者，先後曾有三人。順治之母孝莊文皇后，卽其一也。淸室公主，下嫁該旗王公者，先後亦有五人，其第四人名曰固倫公主，卽爲皇后所親出者。至於下嫁蒙古各公主之子孫，先後得爲台吉者，在科爾沁部左翼中旗，計有千人；在科爾沁部右翼中旗，則有五百二十餘人；在敖漢有六百人；在巴林有一百七十餘人。此外，喀喇沁、奈曼、阿魯科爾沁各部，亦多有之。卽外蒙古之土謝圖汗部，亦有無數公主下嫁於其王公，其子孫亦極蕃衍。淸廷於此婚姻政略，非常注重，並有所謂備指額駙之制度。即於關係親密，舉世所知之蒙古十三旗內，就各王、貝勒、貝子、公等之嫡親子弟，或下嫁公主之子孫當中，挑選十五歲至二十歲者，聰明俊秀之士，送諸理藩院而教養之，以備指命爲各公主，郡主（親王之女）之壻君是也。

第七節　清代對蒙政策之成敗

右述清廷種種對蒙政策，要皆注重懷柔蒙古，維持其秩序安寧，使對清廷勿起紛擾，使與漢人關係疏遠，而與滿人同仇敵慨而已。清廷於此兩大目的，大體總算成功。而蒙人迄今不解漢語，保持其民族的特有性，對漢人毫無同情心，則皆清廷使之然也。清代統轄蒙古，垂二百五六十年，其間蒙古對清而舉叛旗者先後僅只兩次：一在康熙帝時，內蒙古察哈爾部，乘吳三桂之亂而揭叛旗。一在乾隆帝時，外蒙古土謝圖汗部有一郡王，乘伊犂阿睦爾撒納之亂而揭叛旗。兩次叛變，胥賴蒙古自有兵力，得以從容勘定，未煩清廷遣將出兵。此雖蒙古對於清廷，非常忠誠，亦由清廷對蒙，恩威並用，有以致之。設非恩威並用，純恃懷柔政策，如歷史上所云者以治蒙古，必增一倍困難矣。循至今日，蒙古人民，脆弱異常，固無論已。卽成吉思汗時代之勇武精神，及其精神所表現之戰鬭能力，亦皆喪失淨盡。而其尤顯著者，則一般蒙衆，非常貧乏是也。民國初元，蒙古獨立，其首謀者，土謝圖汗部之親王杭達多爾濟，卽以曾借華商鉅款，無力償還，乃鼓其垂暮奄奄之餘氣，起爲獨立運動耳。又據一九一〇年（宣統二年）庫倫辦事大臣三多報告：僅土謝圖汗，車臣汗二盟所屬庫倫活佛之沙畢那爾喇嘛旗，借欠華俄商家，不能償還之款，已達百餘萬兩。蒙古之貧乏至此，淸廷初未豫想及之，更未料及俄國之勢力，乘機侵入。勿怪治蒙方策，淸末已有非常困難之感，今日尤更甚焉。

第五章　俄國之對蒙政策

第一節　俄國條約上取得之權利及喇嘛教利用

俄自一七二七年（雍正五年）與清締結恰克圖條約以來，關於蒙古事件，屢與清廷締結續約，締結續約一次，俄卽在蒙取得種種權利。迄至清末，俄國在蒙之勢力，已根深而蒂固矣。（參觀第十章）然其所以得致此者，則除條約上所獲權利而外，尚有其他種種對蒙政策，茲先論其利用喇嘛教徒。俄屬之布里雅特人，純粹蒙古種族，與吾外蒙諸部，語言無多隔閡，得以互通情感，且屬信仰喇嘛教徒。俄國因利用之，大講蒙古懷柔之策。布里雅特族者，環住貝加爾湖兩岸，自一六二七年（明天啓七年）以後，漸次立於俄國權力之下。於十七世紀，歸依喇嘛教，至十八世紀後半期，吾國外蒙喇嘛教徒，既認布里雅特族人，爲其同教同種，故常有蒙古派遣之傳教僧及醫師，往來其地。俄人因於塞勒金斯克東南，隣近中國國境之處，齊胥地方，建築一所喇嘛廟，由俄政府任命錫哷圖（僧官名）一人，主持教務，其後喇嘛教徒日增，錫哷圖多至三十四人，俄國政府，更任命名爲班第達堪布喇嘛者一人，使總其成。班第達堪布喇嘛，現所居者，即俄後貝加爾省第一之大喇嘛廟，廟名格錫羅阿塞爾斯克打札，位於塞勒金斯克之西北。一八五三年（咸豐三年），俄國政府，規定該廟喇嘛之數，限三百人，後竟增至一萬五千人乃至二萬人矣。而鄂嫩河上之衮哥爾斯克廟，復居有甘卓爾瓦呼圖克圖之活佛，是皆提倡喇嘛教而利用之之手段也。俄國復欲博得西藏達賴喇嘛之好感，特遣布里雅特族中，有名之喇嘛僧朶爾哲夫，依庫倫活佛之紹介，入侍達賴喇嘛。達賴喇嘛，異常信用朶爾哲夫，一九一三年（民國二年）之蒙藏協約，即由朶爾哲夫斡旋而成者也。朶爾哲夫，乃俄國給予之名，實名薩蒙羅奔，曾任俄國聖彼德堡大學之蒙文教授。與以西藏探險著名之吉比可夫，同爲布里雅特之闓人，俄人深知勾引庫倫活佛，傾向俄國，爲懷柔蒙古必要之圖。故不第利用喇嘛教徒之布里雅特族人，多方進行，並令駐在庫倫俄國領事，努力運用卑辭厚幣之手段，務結活佛歡心，便奏蒙古離華向俄之奇功焉。

第二節　俄對蒙古王公之懷柔政策

俄國政府，對蒙政策，不第努力以結活佛歡心；並用種種方法，誘使蒙古王公，離叛清廷，傾向俄國。當我義和拳亂之前一年，卽一八九九年（光緒二十五年）俄人某甲，潛赴廣東，與兩廣總督李鴻章，締結一種密約。如值中國與西歐諸國，不能避免衝突之際，俄國當以財力與兵力，援助中國，中國卽許俄國占領滿洲以為報酬。俄並希望中國，允將蒙古土謝圖汗，車臣汗二盟土地，置諸俄國保護之下；但各蒙古王公反對之時，中國不負責在。此項密約，見諸法人烏拉所著之中俄帝國書中，自必有所本也。其後一九〇〇年（光緒二十六年）俄人有名克羅脫者，當在我國天津海關供職之時，曾自清廷獲得土謝圖汗境內之金礦採掘權。至是欲實行開採金礦，外蒙各部王公，於例開王公大會席間，對於俄人採礦，多持異議。駐庫俄領事昔昔馬勒夫，竟躬臨議場，操蒙語為巧妙之演說，其演詞要旨則謂：蒙古受俄保護，較屬中國利益為多，況現又有十萬盧布，散給汝輩王公乎？蒙古王公，惑於昔昔馬勒夫之說，對俄反對之氣焰，遂爾一落千丈。當此之時，北京雖有拳匪之變，而於蒙古，並無何等影響，仍然太平無事。恰克圖，北京間之電桿，早經設立，電局管理權，全操於俄職員之手。電局是時，突然停止私人發電，致與內地金融關係，完全阻絕。昔昔馬勒夫因向俄人發出警告，凡屬外國籍人，立刻退居俄國境內，勿往南方蒙地，自取危險。是時居留庫倫之外人，固皆俄國人士，信爲形勢重大，變亂勃發，卽在目前，無論何人，胥向俄國境內退去。蒙人不知就裏，羣起驚疑，以爲北京拳匪已侵入蒙古境內。電局職員，復佈種種流言，謂張家口來電，拳匪恣意殺戮擄掠，正向蒙地北進。蒙古人士，不識此爲俄國領署，故意造謠，無不非常恐怖，議請俄領設法維持。俄領事對此小說式的危難，居然允許蒙人之請求，願用兵力保護。並急電恰克圖，令事前準備待調之布里雅特哥薩克軍四百人，限二日以內開來庫倫，保護蒙衆。逮哥薩克兵到庫，拳匪侵入蒙境之風說，已經完全消滅。而俄人竟以保護者自居，恆自詡爲援救蒙古危難，第一恩人，計何巧也。當在拳匪變亂期間，俄人一面爲北京列國共同行動之一員。同時復按廣東密約，對於中國，欲爲實行財力上之援助，自俄輸送鉅額銀兩，經恰克圖，庫倫，而往北京，此款正在途中，而光緒帝及西太后，已報蒙塵西安。俄領事乃取其中二百萬盧布，於其領館背面山上，建築礮臺，並建兵營多間。對蒙人言，則謂用備中國拳匪之侵入；對漢人言，則謂豫防蒙古之土匪騷動。於是蒙人漢人，羣起懷疑，任意推測，謂俄必非善意。俄領事亦不顧此悠悠之口，竟放手積極進行，此非尋常外交家所應取之方法。其意若曰：中國對蒙，侵略壓迫，俄國特以蒙古保護者自居者也。其引蒙古離叛中國，傾向俄國之成功，亦詳法人烏拉所著書中。自此饒有趣味之陰謀，公表以後，俄領仍舊捕風捉影，愚弄蒙漢人民，彷彿成爲俄國式之對蒙政策。俄於是時，復對清廷新計畫之蒙古殖民政略，竭力加以非難。煽動蒙古王公，主張清代先帝已許蒙地有不可侵權，政府今加蹂躙，顯達祖宗成法。同時更勵行其借款政略，隨時借款與蒙古王公，而以土地礦山爲抵押品。意在由經濟上先使蒙古歸俄保護之下。以故科爾沁部右翼前旗，札薩克圖郡王烏泰，遂於一九〇三—一九〇四年之交（光緒二十九年三十年）由俄借款兩次，均以土地爲抵押。逮其本利達至三十餘萬兩，不能償還之時，始以東三省總督徐世昌之張羅，以土地作擔保，由大清銀行借銀四十萬兩，償清俄國借款，此爲人所共知者也。

第六章　清末對蒙政策之變化及外蒙古獨立

第一節　清末之殖民實邊政策

俄正效法清朝前代懷柔蒙古政略，用諸蒙古王公，使叛清廷而向俄國。適值清末，變法自強，內外臣工，高唱利權恢復之議。對蒙從事殖民實邊，教權削損，施行新政，預備立憲，因逐惹起外蒙獨立。

自內地人民，開墾蒙地之禁令不行以還，而直隸邊外之喀喇沁、翁牛特、土默特、敖漢諸地；奉天邊外之科爾沁左翼各旗；山西邊外之歸化城、土默特、鄂爾多斯等處，內地人民，前往開墾者，年增一年。蒙漢雜居之區日趨廣大，交涉事件，層見疊出，不可不設民官以理庶政。故自雍正乾隆之時，即在蒙古地方增設府廳州縣，官制一如內地。直隸省北邊外，先設八溝廳（喀喇沁中旗）、塔子溝廳（喀喇沁左翼旗）、熱河廳、四旗廳、喀喇和屯廳；續設三座塔廳（土默特左翼旗）、烏蘭哈達廳（翁牛特右翼旗。）逮至一七七八年，（乾隆四十三年，）乃改熱河廳爲承德府，四旗廳爲豐寧縣，喀喇和屯廳爲灤平縣，八溝廳爲平泉州，塔子溝廳爲建昌縣，三座塔廳爲朝陽縣，烏蘭哈達廳爲赤峰縣。其在東三省方面吉林之西，有長春廳（郭爾羅斯前旗；）奉天東北，有昌圖廳（科爾沁左後旗，博多勒噶台親王旗；）此皆設自嘉慶之時。其後一八二一年頃，（道光元年，）奉天邊外之科爾沁左翼中旗（達爾漢親王旗，）復大放荒招墾，一八七七年（光緒三年，）並升昌圖廳爲昌圖府，於科爾沁左翼中旗，新設懷德奉化二縣，隸府管轄。一八八〇年（光緒六年，）又於科爾沁左翼後旗設康平縣，亦隸昌圖府轄。一八九一年（光緒十七年，）升長春廳爲長春府，又設農安縣於郭爾羅斯前旗，撥歸府轄。同年，更開放科爾沁右翼前旗（札薩克圖郡王旗）之荒地，擴爲後之洮南府境，雖事實上，蒙古各地，早經內地人民，到處開墾；而法令上，仍持不准開墾之論。洎及清末，俄國勢力日益南下，清廷漸感壓迫，遂變禁墾主義，而採殖民實邊之政略。招致無數漢人移住蒙古各地，於已移住漢人地方，卽倣內地政制，設置府廳州縣。特此殖民方針，比較昔之禁墾主義，不可不謂爲非常之變革也。

中日戰爭以後，一八九七年（光緒二十三年）山西巡撫胡聘之，首倡蒙地放墾，爲殖邊必要之圖。一九〇一年（光緒二十七年）張之洞、劉坤一等，復聯名上變法自強之奏，略謂：蒙民生計，本以游牧爲生。但最近數十年來，蒙古益形貧弱，對於強隣東侵，實無防禦之力。不可不乘此時，講求變通之策。清廷亦覺蒙古生計，在實際上，牧畜不及耕種，或收地租之厚。僅務保護牧畜，殊未能施實惠於蒙古。且蒙境荒地甚多，卽招內地人民，前往開墾，亦無害於游牧。而公有地藉得官租，私有地亦獲地稅，其於蒙古生計，裨益實多。況蒙古貧弱，至是已達極點，各旗無不借債度日。科爾沁左翼中旗（達爾漢親王旗）已有借戶五百餘家，債款達於數十萬兩。科爾沁右翼前旗（札薩克圖郡王旗）亦以土地之抵押負債爲苦。如果放荒招墾，卽爲蒙旗籌款償債之唯一方法。討論結果，遂以此爲救濟蒙艱，不二良策。因自一九〇二年起（光緒二十八年），實行允許蒙古王公，放荒招墾。並由清廷特派大臣，督辦開墾事務，以次增設府廳州縣、墾務局、辦荒局、墾牧公司、農務公司，於蒙古各地。一面勸導蒙古王公，取得放墾同情；一面獎勵能招漢人開墾蒙地之各札薩克。於是除黑龍江省南邊之札賚特旗，早自一九〇〇年（光緒二十六年）卽已放荒而外。乃於一九〇二年，設遼源州（在鄭家屯，奉天昌圖府管）於科爾沁左翼中旗；一九〇四年（光緒三十年，）設洮南府（在雙流鎮，）於科爾沁右翼前旗，此屬東三省者也。其在直隸邊外者，亦於一九〇三年（光緒二十九年，）升朝陽縣爲朝陽府，於土默特旗及喀喇沁旗，新設建平、阜新二縣，劃爲府屬。逮至日俄戰後，蒙地之殖民開墾，州縣增設，益趨極盛。一九〇六年（光緒三十二年，）於科爾沁右翼前旗，新設靖安、開通二縣，於科爾沁右翼中旗（圖什業圖親王旗，）新設醴泉縣，於科爾沁右翼後旗（鎮國公旗，）新設廣安縣，一九〇一年（宣統二年，）於科爾沁右翼後旗，新設鎮東縣。以上五縣，統屬洮南府轄，而劃隸奉天管轄之下。至杜爾伯特旗之安達廳、武興廳，郭爾羅斯後旗之肇州廳，亦在是時新設；而與一九〇四年，新設札賚特旗之大賚廳，均屬黑龍江省管轄。當此之時，直隸邊外，亦於一九〇八年（光緒三十四年，）在阿魯科爾沁、東西札賚特三旗地方，設開魯縣，在巴林旗，設林西縣，劃歸由縣升爲直隸州之赤峯州管轄。至於小庫倫及奈曼旗所設之綏東縣，則隸朝陽府管理。

自一九〇六年（光緒三十二年，）政務處大臣左紹佐、岑春暄等，具奏清帝，將請熱河、察哈爾、烏里雅蘇台、庫倫、科布多、阿爾泰、西藏諸地，悉照內地，改設行省。將駐沿邊各地之將軍、大臣，改稱巡撫，加授陸軍部侍郎銜，以期嚴密防守邊疆。至於實行之準備，則在急宜增設沿邊府縣。一九〇七年（光緒三十三年）東三省總督徐世昌更奏請大移罪人徙黑龍江，爲防俄人南下之唯一良策。法部得旨，遂定一九〇八年起，凡北京、直隸、山西、河南各地殺人犯中，如有情實可憐者，概准攜帶家眷，發往黑龍江省，免其執行死刑。

關於蒙地開墾事情之論述，如檢當年東三省總督，熱河都統，綏遠城將軍等之報告與奏議，以及政府官報，實屬連篇累牘，不可勝取。然而綜核實際，則清廷對於殖民實邊，殊多過當之處。在法令上，本規定凡蒙地應徵之官租、地稅，所有徵收方法及期限等等手續，均須先與蒙古王公協議妥訂，而後施行。惟是辦理墾務官吏，多屬貪婪一流，專營一己之利益，不顧法令之規定。以故蒙古羣衆，反對墾務進行，詆爲掠奪蒙民之生計。且謂蒙古草場現已逐年狹隘，不足以資牧畜，長此以往，蒙民將無立足之地，到處煽動，羣衆附和，倡言反對。並恆嘯聚多人，馳馬負槍，襲殺辦荒人員。遂致一九〇八年（光緒三十四年），庫倫辦事大臣三多，派往調查車臣汗部、土謝圖汗部墾務事宜之員司，大受土謝圖汗部杭達多爾濟親王旗之妨害，不能實行調查。是以清廷殖民實邊政策，正在進行，竟使蒙人大感不安，不能不謂爲勵行豫定方針之失當也。逮及一九一〇年（宣統二年）明令廢止前代所有不許開墾蒙古土地各項禁令，而內地人民之出邊開墾蒙地之抵押買賣，蒙民招致漢人開墾，更得而自由爲之矣。蓋殖民乃國防大計，在理須合全國之力以赴之。無如自是以後，清之殖民實邊政策，愈積極進行，而蒙民愈離貳耳。

第二節　喇嘛教之待遇變更

清初諸帝，無不優待喇嘛教，藉以懷柔蒙古，逮至第五代活佛時，清廷待遇漸冷淡，而活佛從而生心。故自第五代活佛，以一八三九年（道光十九年）冬間入京陛見，道光帝對之不甚優待。後經二代迄今八九十年間，庫倫活佛，遂無一次入京朝覲之事。所謂優異恩賞，概成歷史陳跡。洎至一八七八年（光緒四年）庫倫辦事大臣，更將從來謁見活佛，磕頭之禮廢止，僅交換授受哈達。並令活佛改行起立迎接之禮。活佛不耐此種待遇，希望清廷，撤換庫倫辦事大臣。不期自後清廷臣工，正謀確立帝國全國最高主權，杜絕列強覬覦。於已失之經濟上各種利權，均欲恢復，凡對內對外之政治經濟，均圖完全自主獨立。並以蒙古、青海、西藏諸藩部，文化程度太低，教育未能普及，宗教迷信過深，於喇嘛渴仰隨喜活佛之態，尤非所願。惟望頃刻之間，文化發達，教育普及。將西歐諸國，費十數年或數十年，始能解決之政教分離問題，得於一朝解決之耳。當一九〇八年（光緒三十四年）西藏達賴喇嘛入京覲見之時，向來用爲政略之待遇，固已不復再見。且値兩宮崩御，飭令達賴喇嘛，日臨梓宮之前誦經參拜。此種待遇形式，較十七世紀中葉第五代達賴喇嘛入京覲見之時，順治帝之優遇恩寵，不啻天上人間。達賴喇嘛，因是滿懷不平，憤憤離京而去。清代更命川滇邊務大臣趙爾豐，遣鍾穎率領四川軍隊，假保護西藏之名，乘便佔領拉薩。洎一九一〇年（宣統二年）復以達賴喇嘛，無故逃亡爲理由，頒發廢止之上諭，中外聽聞，一時爲之聳動。原喇嘛教教理，活佛即呼圖克圖，永久不死，死則其後身即爲呼畢爾罕，應當轉生人間。清廷廢止達賴喇嘛位號理由，則謂世無眞達賴喇嘛，自來皆係藏人之作僞者。然則眞達賴喇嘛之呼畢爾罕，不可不與僞達賴喇嘛同其年輩，而索靈異幼童爲呼畢爾罕之上諭，更不可不謂爲蔑視教理者也。

清廷裁抑喇嘛教權，不第對於西藏達賴喇嘛已也。即青海之察罕諾們罕，亦以曾在雍正時代，附和青海和碩特部之叛變，慫起番子二十餘萬人大騷動。於一九一〇年（宣統二年）坐以阻撓青海墾務之罪，處以嚴罰，不顧其爲青海番衆所最信仰者也。

清光宣間之庫倫活佛，卽今之博克多，乃西藏達賴喇嘛近侍之子。於一八七〇年（同治九年），生於西藏之拉薩，由達賴喇嘛選充庫倫活佛者也。淸廷旣廢達賴喇嘛位號，庫倫活佛聞之，當然大感不安。適有崗蹬廟喇嘛僧，乘醉於庫倫德義湧木廠，肆行毆打搶奪。庫倫辦事大臣三多，親往彈壓。並遣人馳往崗蹬，逮捕首犯。喇嘛竟聚二三千人，擲石抵抗捕役。三多當時怒極，捕縛喇嘛數人，聲稱處以嚴罰。活佛求見三多，請爲從輕處置，三多則以此爲國家法令，官長威嚴所係，拒絕不允所請。且於被捕諸喇嘛僧中，不問是否活佛近侍，一律奏請定以重罪。並將活佛左右，最有勢力，供職商卓特巴衙門，兼管沙畢那爾喇嘛旗務之巴特瑪多爾濟，嚴厲彈劾，奏請革職。責令沙畢衙門，攤賠德義湧被搶銀物，強制交出崗蹬喇嘛正犯額林慶。活佛深覺難堪，乃遣特使入京，運動罷免三多之庫倫辦事大臣。不謂其時三多聖眷甚隆，迄無效果。活佛憤無可洩，因而傾向俄國，依俄以圖自存。此清宣統二年二月，三多接任辦事大臣未久事也。

第三節　蒙古新政之施行

一九〇六年（光緒三十二年）清廷改理藩院爲理藩部，增設調查、編纂兩局，着手調查蒙古狀況。調查綱領分牧政、墾務、礦產、林業、漁業、學校等十四門。自一九〇九年（宣統元年）與各部暨各將軍、大臣、督撫等協議結果，釐定施行方法，決計逐漸實行。綜其大體方針，卽以蒙地之財力，辦理蒙地之庶政而已。至一九一〇年，廢止從前開墾蒙地各項禁令，並將不准蒙漢通婚之禁，同時解除。其有漢人攜家往蒙地者，更獎勵之。而蒙人改用漢名，聘漢人爲書吏，學習漢文，漢語，以漢文繕寫訴訟及其他公文書之各項禁令，亦先後一律廢止。昔以蒙習漢人風俗，恐失蒙古淳樸之風，視爲治蒙必要之策。今惟恐其智識不開，風俗不變，大反以前所爲。且極獎勵蒙人，自設學校矣。不第此也，是年並於理藩部內，專設藩部憲政籌備處，合併調查、編纂兩局，以期行政統一。更設藩政研究所，設置諮議多名，安插從事熱心研究藩政之人。

其在庫倫方面，辦事大臣三多，更竭力舉辦新政。增設衛生局、巡警隊、簡易學校、商品陳列所、動物貿易場、審判所、交涉局各機關外，並改革辦事大臣衙門（蒙人稱爲印房）官制，大加擴充。以故內地人員，絡繹前往庫倫，蒙人見之，大起恐慌。且各項行政經費，因胥就地籌措，乃設車駄捐局，材木薪炭捐等局，以徵收牛馬、材木、薪炭、鹽稅，各項新稅。施行諸新政中，最重要者爲兵備處，處章規定，兼募漢蒙人民，編練軍隊。惟武裝警察之士卒，則向直隸地方招募。其後軍諮處參議官唐在禮，接任兵備處總辦，即出佈告，招募蒙民，編練軍隊，又以十六萬兩，於庫倫東方建築兵營。蒙民習於游牧生活，不願當兵，乃强迫令其入伍，以期創辦大功之速成。復欲開辦張庫鐵路，派遣留德學生張一鵬，進行測量路線。此尤招蒙人不平之大原因也。當是之時，關於新政施行之照會告示，殆如雪片飛降，辦事大臣衙門各員司，埋頭翻譯，日無暇晷。因之庫倫各機關前，每日必有新頒法令揭示，法令所用諸名目，類皆蒙人從未見聞。是故一新令出，蒙人即起疑懼不安之念。以爲千年以來之固有領土，自今悉被中國掠奪而去。洎至一九一一年（宣統三年）蒙古王公召集全體會議，籌議應付。就中親華一派，尚欲擬請清廷反省，停止軍事設施，不意竟遭多數反對。而親俄一派，力主依賴俄國保護，竟能大佔勝利。厥後未幾，杭達多爾濟親王諸人，遂有俄京聖彼得堡之行。不期是時清廷，竟將親俄健將之商卓特巴巴特瑪多爾濟，免職查辦。益致活佛及諸王公，激烈反對三多。蒙人反對結果，遂依俄之保護，而宣布外蒙古獨立，擁立哲布尊丹巴呼圖克圖，爲其君主，並以共戴元年爲紀元焉。

第七章　外蒙古獨立原因及俄蒙勾結內幕

外蒙獨立，成於外誘，固已盡人而知之矣。其所以激動之者，原因至爲複雜，有遠者，有近者，除已具上述各章者外，謹類陳於本章之中。一九〇七年（光緒三十三年）西太后因西藏達賴喇嘛，陰附英人，潛圖不逞，降旨革其位號，並命駐藏辦事大臣嚴密查拿。當此項閣抄，傳到庫倫，哲布尊丹巴以降，莫不慄慄疑懼。咸謂權力如達賴，國家待之，尙且如此，若我哲布尊丹巴，更當若何。一時兔死狐悲之態，誠有不可以言語形容者。俄遂利用此時機，極力勾結。其最先發覺之證據，則爲哲布尊丹巴所居河灘廟內，屯有無數新式快槍。蓋哲布尊丹巴攜貳之念，從此而生，外蒙開門揖盜之錯，亦自此而鑄矣。

一九〇八年（光緒三十四年四月），車臣汗盟桑貝子旗稟告：鬍匪陶什陶率衆搶掠該旗華商銀錢貨物，請即派隊勦辦。庫倫辦事大臣延祉，以防營舊槍，不適射擊，因向哲布尊丹巴，商借快槍五十枝，哲布尊丹巴峻詞拒絕。延祉使人告之曰，廟內應否屯積快槍，須俟奏明，方爲妥當。哲布尊丹巴恍於入奏之說，當允借槍二十枝。延祉乃於四月十三日，又派遣防營管帶率兵十三名，往勦鬍匪，續派官哨率兵十二名，馳往接應。兵至筆齊格台地方，擊斃陶匪羽黨一名，官兵亦傷一人。陶因率其餘黨，逃入俄境。哲布尊丹巴與延祉，自此嫌怨日深。

一九一〇年（宣統二年三月二十五日），車臣汗盟桑貝子旗具報：鬍匪陶什陶，又率衆搶刼華商慶昌玉等六家，請卽派兵追勦。辦事大臣三多，派遣防營兩哨往勦，不意管帶誤中匪計，爲嚮導引入低窪之地，與陶匪大隊巢穴相距僅百餘步。甫一交綏，哨官藍生輝，王德榮，同時斃命，副哨李普，亦受重傷，兵陣亡二十六名，受傷十七名。陶匪大張旗鼓，由克魯倫河，復入俄境。淸廷迭向俄國交涉，要求引渡陶匪，俄人指爲國事犯，堅不交還。惟時被搶慶昌玉等六家呈稱：桑貝子旗印官旺丹多爾濟，台吉珠克都爾，拉木札布等，於陶匪未到之前，派棍布塔海傳諭各商，集合一處，不准移動。又將附近蒙人住戶，悉令遠徙。陶匪嗣來搶刼之時，珠克都爾實爲嚮導。旣使商民孤立無援，復引匪衆搶掠。請將被搶貨物銀錢十餘萬兩，飭令該旗如數攤賠。三多派員調查，並將該印官等調庫訊問，珠克都爾供認不諱，飭令該旗減成賠銀三萬兩，作爲結案。該印官等，始終不肯遵辦，三多亦恐別生枝節，自行取消前議，改爲桑貝子桑薩多爾濟，暨印官旺丹多爾濟等名下，罰銀五千兩，充作報效新政經費。受害商家，毫無所得，三多自謂處置得當，而各旗蒙官，轉咸抱不平，對辦事大臣之感情，且日趨於惡劣矣。

三多蒞任未久（在宣統二年二月初一日）中央各機關，督促舉辦新政之文電，急於星火，尤以內閣與軍諮府爲最。於是設兵備處、設巡防營、設木捐總分局、設衛生總分局、設車馱捐局、設憲政籌備處、設交涉局、設墾務局、設商務調查局、設實業調查局、設男女小學堂。除原有之蒙滿大臣衙門、章京衙門、印房、宣化防營、暨統捐、巡警、郵政、電報各局外，庫倫一城，新添機關二十餘處。所有各機關之開辦經費，及經常應需之柴炭、器具、鋪墊、馬匹、雜用等費，悉數責令蒙旗供給。蒙民不堪其擾，相率逃避，近城各旗，爲之一空。是年十二月，軍諮府復派專員唐在禮前往庫倫練兵，接充兵備處總辦。隨帶僚屬書記家丁六七十人，衛兵三十餘人。視事之初，大興土木，踵事增華，僚屬賓從，尤多恣縱。又要求三多將所屬台站卡倫，劃歸兵備處管轄。一時庫倫人心皇皇，無不側目。未幾，兵備處復擇營東迤北卯都慶地方，建築新式兵營一座，房屋四百餘間，材料工作，率自蒙旗徵發。兵備處衞兵，復屢在外滋事，放槍示威。雖一兵未練，而蒙情已洶洶矣。於是駐京俄使示德蒙民，出而干涉，要求清廷，尅日裁撤兵備處，調回練兵人員，此卽俄人直接干涉蒙事之初步。外蒙自此，背我之心益決，親俄之志益堅矣。

一九一一年（宣統三年六月十五日），外蒙藉會盟爲名，親王杭達多爾濟，圖什業圖汗盟長都爾札布，二達喇嘛車林齊密特等，召集四盟王公，密議獨立，全體贊成，署名蓋印。越數日，杭達多爾濟、車林齊密特、三音諾彥汗等，祕密同赴俄京。當時外間毫無所聞，三多因無從覺察。忽於七月初間，奉到北京外務部電，略謂：據駐京俄使文稱：奉本國政府電，現庫倫王公喇嘛多人，持書向本政府求援，聲稱：中國在庫倫地方，舉辦練兵、興學、開墾、加稅，各項新政，蒙情不服，特懇裁免。中國官吏不肯允准，不得已請本政府派兵救援等語。查庫倫與本國邊境接近，中國應念中俄睦誼，將上項新政，卽日停辦，以釋蒙人疑懼。否則，俄國不能漠視，當在邊界地方，籌一對待辦法云云。三多接電大驚，卽傳商卓特巴巴特瑪多爾濟來署，將原電譯示。並窮究當日如何會議，何人主謀，何人赴俄，巴特瑪一一據情陳述。並云我受大清厚恩，彼等會議之時，逼我署名，並未盲從。但我係蒙人此事未經發覺以前，不敢來轅陳訴。今事已敗露，若能速籌善策，或且尚可挽回云云。三多遂令巴特瑪往見哲布尊丹巴，發電阻止俄兵，召還杭達多爾濟等。並訪蒙古大臣綳楚克車林貝子，籌商補救之策。三多舌敝唇焦，哲布尊丹巴始允發電，但須將各項新政，一律停辦，赴俄諸人，不得治罪。三多均於七月中旬，據情入奏，旋即奉准。

是年八月中旬，忽由喇嘛圈迤北大道，及東營至西庫倫大道，運來俄國馬步軍隊八百餘名，輜重車輛，絡繹不絕。三多聞報大驚，即向外蒙政府詰問，並告以要求停辦新政，已奏請奉准，乃復如此反覆。汝等有何負屈，不妨詳細直陳，盡可奏明辦理，何必求援外人，自調俄兵入境，並託蒙古大臣綳楚克車林貝子，商卓特巴巴特瑪多爾濟，那木薩賴諸人，向哲布尊丹巴婉商。或將已到俄兵退回，或電俄勿再續派，詳議善後辦法。磋商再四，哲布尊丹巴始允電俄，阻止續派軍隊。然是時杭達多爾濟等，仍留俄京未回。而由恰克圖來庫之俄兵，仍陸續而至。識者已知哲布尊丹巴此時，已一不做，二不休矣。

逮至九月，武漢革命，訊達庫倫，中蒙兩方，人心洶洶。兵備處總辦唐在禮，以奉袁宮保電調爲詞，委蒲鑑代理兵備處事，逕自回京。外蒙要求裁撤兵備處，暨該處截留之金砂稅，仍歸庫倫公用，蒲鑑不允。三多於十月初四日，電京代表力爭，並請將兵備處卽行裁撤；旋奉內閣覆電，准如所請辦理。不期十月初十，辦事大臣衙門，忽接四盟王公喇嘛公呈內開：現聞內地各省，相繼獨立，革命黨已帶兵由張家口來庫，希圖擾亂蒙疆。我喀爾喀四部蒙衆，受大清恩惠二百餘年，不忍坐視。我佛哲布尊丹巴，已傳檄徵調四盟騎兵四千名，進京保護大清皇帝。請卽日按照人數，發給糧餉槍械，以便啓行南下，可否照准，限於三小時內明白批示云云。蓋是時陶什陶已由俄京回庫，俄蒙軍隊，均已佈置就緒，故特以此爲獨立宣布之導火線耳。

三多接閱右項呈文，知外蒙意在獨立，急訪綳楚克車林，綳楚克拒絕不見。三多甫回衙門，哲布尊丹巴，已派王公喇嘛數人來署，面稱奉哲佛諭，本日王公喇嘛公呈，尚未奉批，想難邀准。刻本蒙古已定宗旨，將蒙古全土，自行保護，定爲大蒙古獨立帝國。公推哲布尊丹巴爲大皇帝，不日諏吉登極。惟念與貴大臣私交甚篤，不忍用強硬手段。請明日帶領文武官員兵丁出境，如願取道台站，本蒙古仍照舊供給等語。三多答詞，略謂：如以本大臣辦事，不洽蒙情，毋寧將予一人，置諸鋒刃。不可受人愚弄，將蒙古送於他人。抑或不願內地官吏管轄，如欲改行自治本大臣，立卽電奏請旨，但不可倡言獨立。王公喇嘛，稱係奉諭送信，並非商量公事，遂各不辭而去。三多卽將是日情形電奏，請示機宜。

是晚七時，辦事大臣衙門，忽接哲布尊丹巴札飭；內開：爲札飭事，照得我蒙古自康熙年間，隸入版圖，所受歷朝恩遇，不爲不厚。乃近年以來，滿洲官員，對我蒙古，欺凌虐待，言之痛心，今內地各省，既皆相繼獨立，脫離滿洲。我蒙古爲保護土地宗教起見，亦應宣布獨立以期萬全。現由四盟公推本哲布尊丹巴呼圖克圖，爲大蒙古獨立國大皇帝，不日卽當御極。庫倫地方，已無需用中國官員之處，自應卽時全數驅逐，以杜後患。合行札飭三多，札到，該三多卽使凜遵，限三日內，帶同文武官員，暨馬步軍隊，趕速出境，不准逗留。如敢故違，卽以兵力押解回籍。三多閱完此飭，卽傳馬步防營兩管帶，籌商對待之策。管帶聲稱：馬隊一營，共兵丁二百五十名，除秋冬二季，派赴宣化領餉未回，派出恰克圖暨後地七處防兵六十名，兩大臣衙門守衛二十名外；僅剩一百三十名，且槍砲窳舊，子彈缺乏。至新練之巡防步隊百名，所用係後鏜槍。若與千餘俄兵，四千蒙兵開仗，惟有犧牲血肉，有何對敵可言。三多見事已至此，只得召集印房滿漢官員，共議啓行辦法，按級發給川資。一面據實電奏，並令防營管帶，帶領全營兵夫槍械，隨同回南。防營兵丁聞訊，聚衆索餉，幾至潰變，旋由三多提款五千兩俵發，始得無事。

十月十一日侵晨，俄兵帶同蒙兵多人，來我防營勒收槍彈，由西庫倫至大臣衙門，遍佈俄蒙軍隊，來往華人，均被禁阻。華人商店，並有被搜查及勒令關閉者。全城內地官商，大有坐待宰割，不知死所之概。是晚俄國領事，派一通事來見三多，稱此次蒙古王公，不聽敝領事勸阻，致有獨立暴動，貴大臣不免受驚。且蒙情叵測，如仍留居官署，恐有意外。敝署已備有房屋，請貴大臣率同眷屬暨屬員等，遷往暫住，再定行期，三多立即允許。次日黎明，即率全眷移居俄領事署，帖受俄人保護。至十五日，俄領派兵十餘名，護送三多出境，由恰克圖取道西伯利亞鐵道回京。自是所有中國在庫官員，風流雲散，各謀生路，不復相屬矣。

十月十九日，哲布尊丹巴行登極禮，偕其妻額爾多尼，詣北廟受賀。哲佛冠蒜瓣黃冠，御繡龍黃袍，蒞黃幄，登寶座；文武官員，均服蟒袍，於是設立政府，中分五部，以二達喇嘛車林齊密特爲內閣總理，三音諾彥汗那木那蘇爲副總理。改萬壽宮爲內務部衙門，以總理車林齊密特兼內務大臣；改前清印房爲外務部衙門，以杭達多爾濟任外務大臣；改辦事大臣衙門爲財政部，以察克都爾札布爲財政大臣；改行台爲兵部，以棍布蘇倫爲兵部大臣；改筆帖式衙門爲刑部，以那木薩賴爲刑部大臣；以烏泰爲刑部副大臣，以海山爲內務部司官，以陶什陶爲兵部司官，餘皆晉官有差。至是外蒙獨立之局，形式上已完全告成矣。

三多行至奉天，清廷以其先事，既不能加意羈縻，臨時又張皇失措，降旨革職，聽候查辦。越數日，清廷又諭塔爾巴哈台參贊大臣桂芬，未到任以前，先行馳驛前往庫倫，查辦獨立事件。駐京俄使庫朋斯基，密告桂芬，此時如往庫倫，必有重大危險，桂芬遂不果行。明年二月，南北統一，大局粗定。袁世凱任總統，當電哲佛，曉以利害，反覆解釋，勸其取消獨立。哲佛覆電，詞氣強硬，且謂彼之獨立自主，係在清帝辭政以前，業經布告中外，起滅何能自由。必欲如此，即請商之隣邦（指俄國），杜絕異議。袁復以電覆哲，略謂：利害休戚，皆所與共，竭誠相待，無不可以商榷。何必勞人干涉，自棄主權。蒙與內地，宗教種族，習尚相同，合則兩利，分則兩傷，已派專員前來，面商各節。哲佛立覆一電，則謂與其派員來庫，徒勞跋涉，莫若介紹隣使，商榷一切之爲愈也。

自是以後，中蒙交通，完全斷絕，政府不得已，乃徇俄國之請，令外交總長孫寶琦，與駐京俄使庫朋斯基，直接磋議外蒙問題。幾經波折，始於一九一三年（民國二年）十一月五日，雙方集於外交部，簽定聲明文件五條，並互換聲明另件四款。外蒙問題之大綱，於是定局。而中俄蒙協約之恰克圖會議，次年亦告成立。經正式會議四十八次，往來會晤談判四十次，費時九閱月，於一九一五年（民國四年）六月七日，始獲訂立協約。約中要點：雖認外蒙古爲中國宗主權，中俄二國，同認外蒙古，爲自治政體，屬中國領土之一部，而實權則盡由俄人操縱也。

第八章　蒙古與中華民國之關係及外蒙古獨立後之中俄蒙關係

綜上所述，蒙古由清代屬國，依俄之保護，離清而獨立，大體顚末，頗屬詳盡。今更就其獨立後之狀況，及與中俄之關係，併論如左：

蒙古原本清之完全藩屬地域，決非如當時俄人所主張，清之於蒙，僅有宗主國對保護國之薄弱關係已也。惟因清代末年對於治蒙政策之變遷，遂致中俄兩國在蒙地位，恰易其主客。蒙終依俄保護之下，離清廷而宣布獨立。當蒙古獨立之初，清廷欲使之取消，曾用種種方法，均無效果。蒙人且言：昔爲清代藩邦，僅與清朝皇室發生關係，至與中國從無直接關係，以故中華民國政府，以蒙古爲當然領土之一部，彼皆謂爲毫無理由。然自法理言之，中華民國之統治權，係由清代遞嬗而來，蒙古既爲清之藩邦，民國當然得以照舊統治。況蒙古與清之有藩屬關係，乃蒙古自身所承認；清帝又明降諭旨，以蒙古爲中華民國領土之一部，蒙古實無任意自決之權。民國屢勸蒙古取消獨立，完成五族共和，蒙古王公活佛，概置不理，殊屬頑梗不化者也。

厥後中俄兩國，在北京訂立協約，中俄蒙三方，在恰克圖締結協約，外蒙古取消獨立。而蒙古與中華民國之關係，遂依俄人從來主張，一變爲宗主國對保護國之關係矣。中華民國，僅爲外蒙古之宗主國而已。無復淸於蒙古得視爲領土之舊觀也。此項現象，恰如一八八五年（光緒十一年）英緬第三回戰爭之結果，英國完佔領上緬甸，一八八六年（光緒十二年），中英締結緬藏境界條約之後，淸代對於緬甸之地位。或與歐洲大戰以前，土耳其對於埃及之地位，殊途而同歸焉。不知緬甸埃及，均英之保護國也。與我外蒙，大不相同。雖謂外蒙取消獨立國之名義，承認中華民國有宗主權，已退處於自治區域之地位與土於埃及，淸於緬甸有間，但自實際上觀之，無論經濟上，政治上，類皆立於俄國勢力之下。與其謂爲中華民國之保護國，無寧謂爲俄羅斯之保護國，爲尤符於事實者也。協約條文表面，俄以外蒙取消獨立，承認中華民國宗主權，覺爲非常讓步，試一檢其內容，則見俄有深謀遠慮，存夫其間。蓋自俄國當時種種國情觀之，俄於外蒙古，直接負政治上之責任，殊爲大不利益焉耳。

俄國深明此理，故將外蒙商工各業利益，盡行收歸己有，培養其在外蒙之實力。而於政治上之責任，亦未明認由我中華民國擔任，僅令中華民國享有宗主權之虛名而已。蓋俄人之用意，苟從經濟上，不能獲到優厚利益，在蒙建築堅固基礎不成，即藉行使保護權利，而取得政治上之果實。此與往者英國以宗主權之虛名與清朝，而行使保護權於廓爾喀，行使統治權於緬甸，其間不能一寸。吾恐俄之所以讓外蒙宗主權於我者，即欲步武英國，用於廓爾喀與緬甸之手段者也。

洎及一九一七年（民國六年）俄國內部革命，吾乘其機，稍收漁人之利；取消外蒙自治，一時得告成功。然以國力不充，卒未能使中華民國與外蒙之關係，稍增親密而鞏固之。僅乘俄國勢力，一時減退，恢復清末之自然狀態而已。且也爲時未幾，俄國白黨巴龍、恩琴（均謝米諾夫部將）諸人，率部侵入庫倫，外蒙自治，重見恢復，中華民國在蒙之勢力，竟一掃而空之。其後赤塔遠東共和政府，復以討伐白黨爲名，派隊侵入外蒙，中國政府，雖經再三提出抗議，迄未發生效力，逮至遠東共和政府，併入蘇維埃俄羅斯聯邦版圖，而外蒙國民政府，遂完全處於蘇俄實力支配之下。

一九二四年（民國十三年）五月三十一日，蘇俄代表加拉亨，與我國外交總長顧維鈞，於北京締結中俄解決懸案大綱協定，共十五條。據該協定第五條（條文見第十章）觀之，俄已明白承認外蒙爲我領土，並允盡數撤退駐蒙俄軍。目前中俄正式會議，雖未開議，詳細交還辦法，雖未商定。然自協定精神上言，決無不返還我侵地之理。不期事實上竟大謬不然。蘇俄對於外蒙，不第未嘗作撤兵之預備，並且慫恿蒙軍西侵新疆阿山道境。據新督楊增新迭電政府所稱述：則蒙軍會進犯布爾根河，擄去布爾根縣佐，威脅新土爾扈特、新和碩特各蒙部，投順外蒙國民政府。各路蒙軍，均有俄國軍官指揮。並據外蒙政府聲稱，阿山道區，原屬蒙境，當然收隸外蒙版圖。卽塔城、烏蘇、精河、焉耆四縣之蒙部，亦應作爲外蒙領土。似此情形，國人希望於中俄會議席上，立談而得蘇俄撤兵，交還外蒙，恐無實現之一日也。

近者外蒙國民政府，忽以蒙文，致一類似國際間照會之公函於蒙藏院，請求該院轉呈段執政，文曰：中華民國蒙藏院，於民國十四年三月二十八日，發出之公函，經我政府承奉恭閱。我蒙古共和國民政府，雖盼中蒙懸擱未辦之事，早日解決，然迄今未能成議之原因，並非因蒙疆駐有隣國軍隊之故，實由中國內爭未息。並因中政府對於蒙古共和國，迄未表示親善之故現在中政府，似仍襲從前專制時代之惡習，欲藉軍威，取消我蒙古從前自治政府之權。曾將我蒙民所受痛苦，及蒙政府以後應持主義，於共戴十二年三月初六日，通函內蒙六盟盟長王公諸人，計共二十七件，函內詳細表明，諒邀貴院早經鑒察，不煩再述。我蒙政府實無隔閡之處，惟望中政府早息內爭，共籌脫離列強侵略之策。實行眞正共和民國政治，共謀四萬萬同胞，及各族享受平等安寧幸福，或實行民族自決辦法，亟待中政府明令宣布。如將此令頒布，我蒙政府，當卽選派全權代表，馳赴中央，共議中蒙人民，永久享受平安之計。爲此奉復，伏乞貴院鑒核，我蒙古所希冀者此耳。望卽成就，互相融洽，永免隔閡，若遇機緣，請速函復爲盼。細繹此函詞意，殆與外蒙古國民黨黨綱所主張者從同，殊不願無條件歸政於中央也。（參看第九章第八節。）

現在外蒙國民政府，對於中俄兩國關係，究竟誰厚誰薄，觀於上文，自可得其梗概。茲以問題重要，不厭求詳，再具體的疏陳於左：

（甲）外蒙對於蘇俄之關係　當我民國十年夏間，外蒙國民政府成立之初。蒙疆新受白黨之蹂躪，諸務廢弛，幾不成國。國民政府，乃與俄締協約十有二條，得俄種種援助，始克百廢具舉。故與蘇俄關係，異常密切，而自成立迄今，對外發生國際關係，亦祇有一蘇俄。更說外蒙政府，初致列寧通告觀之，尤足見其與俄之親密。通告略謂：蘇維埃社會主義聯邦，爲與蒙古有兄弟關係之惟一友邦。所有勞農階級之利益，國家社會之經濟，當然與蘇俄政府，取同樣之步驟。玆特選出列寧、齊吉林兩氏，爲蒙古永遠生命之名譽代表。由此文意釋之，外蒙直認蘇俄爲宗主國，其去俄蒙合併，祇一間耳。其後外蒙復派丹會爲駐莫斯科全權代表，竭力圖謀俄蒙之聯絡，到處宣傳俄蒙提攜之有利。斯時脫無中國代表，在莫斯科提出抗議，則凡俄蒙間所有未決定之條約，皆將全部締結矣。至於外蒙國民政府各部及各機關，無不聘有俄國顧問與諮議，國務會議或局部會議，俄國顧問與諮議，皆有參加之權。雖明文規定無表決權，然無論何項政務，須先取得俄顧問同意，方能發令施行，否則必受多方掣肘。他如各軍教練，皆聘俄員；各校教員，亦多俄籍，各種實業公司，或爲俄人獨辦，或由俄蒙合辦，要皆藉俄國之資力與人力，方能開發蒙境實業者也。俄並藉名防範白黨，勦捕匪類，保護俄蒙治安，維持俄蒙親善諸問題，於庫倫、恰克圖及各要塞地方，駐紮蘇俄赤軍。

此項駐軍，雖於民國十三年冬，俄因其國內亂，調回大半。然至十四年春，又乘中俄交涉決裂之際，增駐二千餘人。總計現駐外蒙俄軍，約達五千五百人左右。以上所述，猶俄蒙關係之屬形式上者；至於俄蒙之間，締結種種密約，外蒙讓與俄人鉅大權利，俄復到處宣傳，以國際平等待遇外蒙，實際在蒙各項設施，皆屬永久計劃。此種精神關係，萬難一時打破。國人欲藉中俄會議，締結一紙條約，責令外蒙俄軍撤退，恐屬夢囈而已。退一步言，卽令俄軍退出外蒙，吾國恐亦無法去統治也。

（乙）外蒙對於中國之關係　外蒙之與中國，民國以來，除外蒙撤銷自治一短時期外，中蒙在形式上，均屬斷絕關係，無復往還。惟我中央政府，尙不承認外蒙，眞有獨立能力，自民元以來，仍好稱五族共和。旣設蒙藏院，以資專理蒙藏事務，復有蒙藏議員，出席歷屆國會，是對外蒙仍以五族平等待遇，毫未歧視。而外蒙對於中國，亦似形式上之關係，雖經斷絕；而精神上則仍多有關連之處。就今外蒙國民黨之黨綱觀之，實與中國國民黨之宗旨相同。並用明文規定：『如有主義相同，政見相合之黨派，則不論其爲中國爲俄國，皆希望互相提攜，互相扶助。至對中華民國政治上之關係，則視中華民國之待遇如何而定。如中華民國範圍以內之各省及各民族，倘能根據民族自決，各省自治之大義，採用廣義的聯邦制度，完成各族平等之精神，則外蒙國民政府，毫不反對加入聯邦。』即民國十三年十一月，全國教育會聯合會呼倫貝爾代表福松亭，於上海歡迎會中演說，亦謂：『外蒙政府，因中國地方太廣，省分太多，各省風俗習慣，尤極複雜，不願共治。如能組織聯邦國家，對外統一，對內分治，則外蒙甚願通力合作。』足見外蒙對我之關係，精神上尚未完全脫離。惟惜政府當局，對於待遇外蒙政策，從未加意講求，坐令外蒙淪喪，朔方從而多事耳。中國今後對蒙方針，只能注意政治，不可徒恃武力。蓋外蒙人民，自民國來，迭經外族軍隊蹂躪，已不堪命。益以中國軍隊，當被俄國白黨擊退之時，多有越軌行動，至今蒙人不無介介於懷。而福松亭亦稱：「向來中國對於蒙古，每懷屬國之觀念，中俄協定成立以後，猶有偶爲以兵力收蒙論者。鄙意以爲此種觀念，應加根本改革。蓋外蒙此四年來，勵精圖治，已非昔比，徒言武力，恐不足服蒙族人心耳。』愚因根據種種事實研究結果，故曰：今後對蒙方針，只能注意政治，不可徒恃武力。

第九章　外蒙古與唐努烏梁海組織國民政府以後之政象

第一節　外蒙古第二次獨立本末

當民國十年春間，俄國白黨巴龍、恩琴兩將，得日本人之接濟，率領所部白軍，攻陷庫倫，繼佔恰克圖、叨林、烏得、科布多諸地之時。我國居留外蒙軍政商民，固大受其殘殺，而外蒙人士，亦多不堪蹂躪，避往俄屬西伯利亞。就中多數青年蒙人，曾在俄國大學專門畢業，知識比較豐富。於是利用民族自決之潮流，招集中國內外蒙古，俄屬布里雅特蒙族代表，於俄境大烏里地方，組織蒙古全體臨時政府。下設內務、財政、陸軍、外交四部，而領之以國務總理，藉資號召而圖大業，其時，俄國白黨謝米諾夫，本為布里雅特族人，巴龍、恩琴，又係謝之部將。故謝頗欲利用此輩青年志士，團結中俄所有蒙族，即以外蒙為根據地，建立舊式帝國。無如臨時政府，不甘受其指揮，遂被白黨解散。此輩青年志士，既不見容於白黨，乃與俄之赤黨聯絡。會遠東共和政府，亦以白黨近處肘腋，國本安危所係，極願起而助之，削平俄蒙兩國國難。外蒙青年志士，既得赤黨後援，遂與布里雅特同志相互聯爲一體。於恰克圖召集蒙族會議，組織蒙古國民黨，招編蒙古軍隊，設立蒙古國民臨時政府。而與巴龍、恩琴所擁立之庫倫政府南北遙相對峙。先是，遠東共和政府，以俄白黨佔領外蒙多日不第不見華軍前往勦討，反有東三省當局陰與勾結之謠傳。要求中國政府派兵會勦，又復被我拒絕。適蒙古國民臨時政府成立於恰克圖，請求遠東政府，派兵助勦白黨。遂於民國十年七月，由赤塔派遣赤軍，會同外蒙軍隊，長驅庫倫，攻陷各地，擊潰白黨，於是外蒙全境，遂入蒙古國民臨時政府支配之下。

蒙古國民黨人既得外蒙全部，卽於庫倫，組織正式蒙古國民政府，仍戴哲布尊丹巴呼圖克圖，暫爲虛名君主，藉以收拾各部蒙旗之人心。而其政府實權，則不屬於哲佛，不屬於國民黨，諸事皆取決於赤黨之俄人。國民政府之下，分設內務、陸軍、財政、司法、外交五部，組成國務院，領以國務總理。五部各設總長一人，主事員一人，祕書一人，書記員三人至五人。各部皆聘有俄顧問一員，所有發號施令，皆須取得俄顧問之同意。此外特殊機關，尚有五所：卽蒙古國民黨中央執行委員會，蒙古革命青年黨中央執行委員會，國家學術館，審查司，國民合作公司，是也。此類機關權責，分詳後述各節。他如教育司、警察司、交通司，均附屬於內務部；稅務司，則附屬於財政部；各司皆特設主事員一人，以專責成。至掌全蒙軍事樞密大權之機關，則爲蒙古全軍參謀部。中設元帥一人，參謀長一人，總攬一切部務。其下並附設內防處，專防內亂發生之事。舉凡以上特殊機關，暨各政軍機關，均有俄員參加，或任參謀，或充重要職員，蒙古官吏，皆須受其指揮監督。否則，不第政務不能進行，即各蒙員地位，亦難穩固。俄員既處處掣肘，蒙員雖不敢公然反對，而心中懷恨甚深。民國十三年春，蒙民之與俄軍衝突一案，表面上雖屬蒙民自動，實則在位蒙員，不免暗中有慫恿也。

第二節　外蒙第二次獨立後之內政

內外蒙古人民，自歸附滿清以後，即被政府編爲各札薩克、王公、貴族之奴隸，凡其生命財產，及參政之一切自由權利，概被剝奪。中華民國成立，雖曾推翻清廷之專制，以恢復民權爲旗幟。然於蒙古民族，則仍優待其王公貴族、喇嘛，准其享受清代所賜之專制特權。以故蒙民雖爲五族共和之一員，而於民權一項，並未予以法文上之准許。卽民國四年，中俄蒙協約成立以後，外蒙獲有完全自治權利。而其內治，仍承帝王貴族專制制度之遺，未嘗稍加改革，脫蒙民於黑暗痛苦之環境也。洎及民國十年，外蒙第二次獨立，蒙古國民黨人，起而組織政府。於各機關權限，固均有明白規定，不容徇私亂法；卽對民權問題，亦能具體討論，詳訂規章。如限制札薩克王公，及非札薩克王公條件，凡十有四項，各部落及沙畢等處地方制度，又五十八條是也。此項條例，自我民國十二年一月十五日（卽蒙古共戴十一年十一月二十八日）經其臨時國會與國務會議議決，由內務部呈請博克多汗（卽哲佛姓名）公布之後，而各部盟旗王公，皆只存有虛榮之爵位，曁微薄之年俸。所有從前之宗教襲封權，優越權，以及各項生殺予奪，惟所欲爲之實權，均被取消，而集其權力於地方自治議會範圍以內。自是以還，外蒙政府，凡對服務各機關人員，均以能盡職者爲尙，不以從前階級而有分別。平民起爲總長及主事員者，所在多有，昔之貴族奴隸階級，一律剷除。卽人民出入各機關，曁謁見長官之規制，亦較從前簡易多矣。

地方制度之組織，係採選舉委員制。劃分外蒙全部（除唐努烏梁海）爲八十六區，而以蒙古包（卽氈幕）一百五十頂，爲一地方行政單位。每區設一行政委員會，會中委員額數，則至少三人或五人，至多七人，以爲通則。此項委員，由各行政單位之選舉機關選出。委員會組成以後，凡關本區行政，概須經由該會議決，呈請國民黨中央執行委員會，批准施行，雖屬王公貴族，亦必服從此項批准之議決案。又於委員會內，附會審判廳，管理地方司法事務。外蒙司法，今雖名爲獨立，實則仍受行政委員會之監督，而受賄徇情之弊，初亦時有所聞，尋以政府監督得力，始漸減少。蓋蒙民多屬渾噩，實難一步登天，具有司法獨立程度故也。各區委員會所在地方，僅有警察十八人至三十八人，維持安寧秩序，軍隊則專任國防。蒙古國民政府，又爲防止各機關員司舞弊，特設一審查司，直隸於國務會議。對於各機關所辦大小事務，隨時得以明查暗訪，並有提交查辦之權。如經查出，而置之不理，或明知情弊，而徇私不問，復有國民黨青年黨各機關，從中監察，代盡彈劾之義務。以故國民政府人員，上自汗王、總長，下至書記兵士，無不兢兢業業，勤奉職守，此其內政改革之特效者也。

第三節　外蒙第二次獨立後之軍政

外蒙國民政府，現在所有軍政，除由陸軍部管轄一切而外，尚有蒙古全軍參謀部，爲其最高機關。凡關軍事計劃，及訓練或調遣，均由該部操其實權。現轄軍隊，概爲騎兵。礮隊、機關鎗隊、飛機隊、汽車隊、駱駝隊，雖亦有之；然皆極少規模之組織，其主力軍則在騎兵。常備兵額，現有一萬六千餘人，預備兵額現有三萬五千餘人。其在二次獨立以前，外蒙軍隊概由招募，與中國同；獨立以後，始改用徵兵制度。凡滿十八歲之男子，均須入伍，訓練六個月後，遣回本旗，作爲預備兵士。其在訓練期間，每兵每月，發給津貼現銀五錢。一期練畢，再徵二期新兵入伍訓練。規定每年練兵一萬，預備辦到全蒙皆兵。至其常備兵士，則用以駐防邊境及各要地。據最近調查：駐防庫倫及近郊者，四千餘人，是爲中路。駐防達里干者七百餘人，駐防烏得者亦七百餘人，是爲南路。駐防桑貝子旗者一千餘人，駐防塔木斯克寺者一千餘人，是爲東路。駐防烏里雅蘇台者五百餘人，駐防科布多南境者，七百餘人，是爲西路。駐防恰克圖者，二百餘人，是爲北路。各路防軍軍馬衣糧，皆歸官辦；每兵每月，並發津貼現銀二兩，以供雜用。至與蘇俄防守相應之赤軍，則在赤塔轄境之大烏里，駐有一萬餘人；與外蒙東路防軍駐地，相距只二百餘里。布里雅特南境之恰克圖，駐有一萬餘人；與庫倫相距僅七百里，已通長途汽車。

其他散駐外蒙各部落，各蒙旗，各佐領者，共有五千餘人。此項赤軍，一旦遇有戰事，皆能內外相維，首尾相應，隨時應敵。蘇俄在我外蒙之勢力，誠爲不可侮也。

外蒙軍事教育大權，亦皆操之俄人手中。常備預備各營軍官，多由俄人充任，而其教練編制，亦按俄國營規。各營均有蘇俄教官數人，主持一切訓練。庫倫蒙古軍官學校，創自民國十年。內設騎兵、礮兵、機關鎗等科，各科教官，蘇俄佔二十餘人，蒙古僅佔八人。各科課程，皆係俄文書籍，並以俄語直接教授。其第一班學生，一百五十餘人，係自外蒙常備軍中各營之連排長挑來，已於民國十二年夏間畢業，回各原營供職。第二班三百餘人，則皆考取青年學生，現在尚未畢業。總之，外蒙現在凡屬軍政大權，無不掌自俄人，無處不受俄員指揮，蒙人僅供驅策而已。

此外，軍事附屬機關，尚有防止內亂之內防處，隸屬蒙古全軍參謀部。其總機關設在庫倫，舉凡出入外蒙邊界，以及居留蒙境商民人等，在未領得護照以前，須先呈報內防處，妥覓保人，取得該處執照，始能往其相當機關，領取護照，以爲居留旅行之證。至於出入關卡，亦必先經內防處所派人員，檢查明白，始能放行。倘有行跡可疑，圖謀不軌，一經查獲，卽按軍事祕密手續處辦，恍若內地戒嚴司令部焉。

第四節　外蒙第二次獨立後之教育與宗教

外蒙在第一次獨立以前，全無所謂教育，雖各蒙旗及恰克圖，庫倫諸地，均曾設有私塾；然皆以佛教經典爲其主課，造就喇嘛學識。至於國家人才之培養，則概未能顧及。逮至民國八年，始於庫倫創設師範學校一所，小學八所；民國十年春間，添設小學至二十一所，學生約千七百餘人。國民政府成立，卽對教育極其注重，同時添辦小學二十六所；其時連同舊校併計，已有小學四十七所，學生二千二百餘人。民國十一年，復經蘇俄列寧夫人捐助外蒙教育經費四十萬元，創設中學四所，共有學生二百五六十人。原有師範，亦擴充爲六班，班有學生四十人。並於庫倫創辦速成國民大學一所，學生六十餘人。小學分爲國民、高等兩級，國民五年畢業，高等三年畢業，課程均倣蘇俄現行學制。高等小學二年級，卽授俄文俄語，中等學校，完全俄語教授。各校教員，俄人居三分之二，蒙人僅佔三分之一。學生制服，均係自備，制服形式，則參酌西洋式而折衷之。通俗教育，庫倫有講演所數處，講員皆屬蒙人。並藉國內國外各種紀念日，舉行國民演講大會，由各機關要人，講演世界大勢。王公喇嘛，婦孺兵工，均來環聽。又有俄文報館一處，蒙文報館二處，則皆蘇俄出資所辦，專事宣傳主義，近來蒙人之爲赤色化者，實繁有徒，非無故也。此外，尙有蒙古國民黨發行之蒙文週刊一種，亦卽該黨之機關報，舉凡外蒙對外對內大政方針，與夫政治上、社會上、國內國外各項重要消息，均可由該報上求之。其在外蒙社會上，頗有左右輿論之勢力。蒙古革命青年黨，亦組織新劇團，用蒙文蒙語，描寫社會各種黑暗情形，而指示其改良革新之方針，時赴各地演奏，最受羣衆歡迎。其『成吉斯汗之睡醒』『賣國賊之報應』兩劇，尤足發揚其民族主義。

外蒙教育行政，尙未特設教育專部，僅於內務部中，附設教育一司，管理各項教育事宜。又有國家學術館者，直接隸屬國務院。其職權分爲二部：一則搜集各種蒙古古書古物，籌備創設國家圖書館。一則編纂印行各種蒙古圖書，預備專設國家印書館。故凡關於蒙古新舊學術文化事業，均由該館主管辦理。又有印刷機關兩所：一爲國民政府之印刷所，一爲俄蒙印字館，足供印行書報之用。

喇嘛教，本蒙人最信仰之一宗教，自第二次獨立以後，明文規定哲布尊丹巴呼圖克圖，僅爲虛名君主。故其原有之商卓特巴衙門只能管理喇嘛所屬各寺廟事務，而與政治完全脫離關係。哲佛對於沙畢喇嘛旗，亦不復能以奴隸視之，按照地方制度條例，完全爲國民政府之國民。政教分離，自經明文規定。喇嘛教徒，既失政治勢力，復感生活困難，類多自行散回各旗，爲畜牧謀生之經營。益以蒙古國民黨蒙古革命青年黨兩黨黨員，到處大聲疾呼，輸入國民常識。而一般蒙民，對於喇嘛教之迷信，遂亦逐漸破除矣。

第五節　外蒙第二次獨立後之交通

外蒙全境，草原沙漠，居其大半，除庫倫四近之色楞格河流域，桑貝子旗之克魯倫河上流，唐努烏梁海之葉尼塞河上源而外，絕無鉅大河流。商旅往來各蒙旗，其交通機關，大率利用駱駝。蓋駱駝自身，本可數日不飲，且能負水以飲人也。民國成立以後，政府曾擬修築張庫鐵路（由張家口至庫倫，）路線業經勘定，尋以經費無着，事遂擱置，僅開闢一長途汽車道，往來張家口與庫倫，此路現有中外商家汽車一百餘輛，往來通行，頗稱便利。張庫距離，雖有三千四百餘里，而以汽車往來，速則三四日可達，遲亦不過五六日耳。而載貨之牛車，運貨之駝隊，仍前絡繹出於其途，交通亦云繁矣。逮今外蒙國民政府成立，對於交通首事經營，逐年進步，具有成績。現自烏得北至庫倫，國民政府設有台站，用以遞送公文。由庫倫北至恰克圖，除台站外，並駛長途汽車。民國十二年夏，國民政府，且於哈喇郭勒河上特築鐵橋以濟往來，名曰革命第一橋。運貨之牛車，載人之馬車，往來橋上如織。自恰克圖北達布里雅特新都之上烏金斯克，計程四百餘里，除駛長途汽車而外，每年夏秋二季，並可航行輪船。故自庫倫北抵西伯利亞鐵路（上烏金斯克，卽西伯利亞一車站所在）一千一二百里間，水陸交通，皆極便利。庫倫城內，現已逐漸修築馬路，並有俄商馬車約二百輛，汽車二三十輛，駛行其間。舊式騾馬轎車，近雖漸被淘汰，然總計所存，尚有二三百輛，往來市上。

要之，現在外蒙境內，旅客貨物，皆有汽車載之來往，較昔專恃駱駝運輸，便利何止百倍。惟惜交通樞紐，皆操俄人手中，（庫倫至上烏金斯克汽車路，完全俄款修築）蒙人無復絲毫干涉權力，實爲將來一大患耳。不第此也，庫恰鐵路，（由庫倫至恰克圖、）西伯利亞支路（由恰克圖北接西伯利亞鐵路、）以及庫新鐵路（卽由庫倫經八百里瀚海，以達新疆省城，）均與俄人締有條約，許以修築特權。雖目前俄國甫經變亂，未能遽籌此項鉅款，故此三路尚未興築。將來蘇俄國庫充裕，勢必據約築此三路，囊括我國西北半壁，由彼支配，其後禍寧堪言耶。

外蒙電報，仍以庫倫爲中心。南線由烏得與中國電線聯絡；北線由恰克圖與蘇俄電線聯絡；東線已通至車臣汗部汗府；西線亦已着手架設，行將直達科布多（聞已通至烏里雅蘇台。）而庫倫、恰克圖、烏得、車臣汗府之間，且皆設有長途電話，消息極其靈通。此四地之距離，遠均千里内外，則在亞洲境内，實可稱爲最長線之電話也。又徐樹錚昔在庫倫，曾安設無線電台一座，今益大顯效用，世界各國消息，蒙人常從此中得之。

電燈、電話，庫倫城中，均已安設。凡服務各機關之司員，暨有聲譽之紳士，較富厚之商店，無不設有電話，用以互通消息。電燈則尤爲普遍。惜其公司實權，握於俄商之手，未能成爲市公有事業耳。

第六節　外蒙第二次獨立後之實業與生計

外蒙物産本極豐富，而牲畜、皮毛、皮革産額，尤超越全球。此類物産，向以南美洲巴西爲最盛，而今已呈衰落之象。如吾蒙古，正方興而未艾，將來足供全世界之需求。惟在二次獨立以前，則除牧畜漁獵而外，外蒙無實業之可言。自今國民政府建立，察知礦產到處皆是，棄利於地，未免可惜。遂有多數蒙人主張利用外資開發外蒙實業。此項計劃決定以後，或賣與俄人自行開採，或由俄蒙締約合辦。近今已有煤礦四處，鐵礦一處，金礦二處，銀礦一處，先後實行開採。此項公司，均在庫倫設有辦公機關，從事招集股本。年來時有俄國實業家多人，前往外蒙各旗，調查礦產，擇其質佳而苗旺者，與外蒙政府締約開採。雖多無資實行，而其目的，則在取得開採權利，不欲他人染指於其間也。此屬礦產之大較也。

至其最足妨害蒙人生計者，則莫畜牧公司若也。此亦俄人開辦，資金二百萬元，規模極其宏大，營業範圍，幾包外蒙全部牧畜事業。夫蒙人唯一生活，向恃牧畜，雖向政府納稅，稅率亦極輕微。今該公司請准國民政府，嗣後凡有大宗牲口買賣，皆須向該公司，領取代辦執照。執照費用，按價值百抽三；買主繳納百分之二，賣主繳納百分之一；名爲經紀，實同徵稅。蓋該公司並不派人親往，爲之介紹故也。曾經各旗蒙人，羣起反對，幾釀鉅大風潮。尋以外蒙官吏，既受該公司之賄賂，不能不竭力壓迫蒙人；而蒙人中之敗類，復又首先承認繳納。故未得到圓滿結果，任聽俄人前往各地勒收。他如漁業公司，毛織工廠，以及其他種種大工業，或係俄商獨辦，或由俄蒙合辦，均與蒙人生計，足以發生絕大影響。

外蒙土地雖廣，而荒廢未治者極多，人民復賦性懶惰，向不從事生業，且多嗜好煙酒。民間區分貧富，恆視畜牧牛羊之多寡，與管領漁區之廣狹，以爲標準。最富之人，畜牧牛羊，多至二十餘溝（溝者，蒙語稱一千頭也）次爲十數溝，三五溝，乃至數百頭焉。貧民或爲富戶牧羊醫馬，或爲富家炮製乳酪。儼若主僕，階級極嚴，所給工資，亦甚細微。維時一般生活程度極低，即有數口之家，倘能省吃儉用，亦足仰事俯畜。所需食用各物，多由中國運去，價廉物美，蒙人異常歡迎。以故庫恰各地，華商最多；山西商人尤執牛耳。距今十餘年前，外蒙社會生計狀況，大率如斯。

逮及二次獨立以後，庫恰各地，外商日多，華商日形減少。益以蒙政革新，務襲歐美皮毛，競尚奢靡，羣務浮華。入口貨多非必需，出口貨盡屬食用。外表之物質文明，雖日見其進步，而現金與食用品，以逐年源源流出，經濟上乃漸趨於緊迫。因是近年以來，外蒙生活程度，繼長增高，所有物價，較前均昂三倍。庫倫地方之土地，租與或賣給俄人者，幾佔全額二分之一。前之茅房草屋，現皆變爲巍巍峨峨之洋樓；前此懶惰成性之蒙人，現皆爲生計所迫，成羣結隊，覓找工作。以故近年庫倫市上，勞動工人極多，沿街索討之乞丐，亦日以衆。從來住居庫倫各王公，以實權既被政府取銷，而每年數百兩之俸銀，復不足維持其生活。近多遷徙外地，自行經營其牧畜生業。觀上所述，足徵庫倫生計之艱難矣。不第此也，庫倫各地，近以生計困難，馬賊蜂起，打家劫舍，殺人越貨，日必數起，且有害及外人情事。要之，外蒙生活艱窘，既已至是，救濟之策，則在及早提倡改良土地，播種農產；同時更於各地自辦工業；或可稍維現狀，徐圖轉貧弱而爲富強。否則，勢必長此坐受生計壓迫，而自亡其家國矣。

第七節　外蒙第二次獨立後之財政與金融

外蒙財政，在未獨立以前，政府歲收，極其簡單，除牲畜稅而外，其他殆無收入。其時每年政費，全由清廷補助，定額年約一百萬兩，連同外蒙本地稅收五十萬兩，年可收入一百五十萬兩。開支各項經費，每年尚有贏餘。獨立以後，中央接濟既已斷絕，各項庶政，復百廢具舉。招募軍警，創設學校，籌辦市政，以及添設各項機關，種種支出，較前增至十倍，自不能不另籌款項，以支軍政經費。惟按外蒙歲入牲畜稅居全額十分之八，其他收入反佔十分之二。若遽增徵多額稅捐，不第人民無此負擔能力，並恐激起反抗風潮。以故國民政府對此，一面逐漸加稅，一面向俄借款。俄以變亂之餘國內經濟，亟待維持，自顧尙且不暇，本無餘力以濟他人緩急。惟俄久具侵略外蒙之野心，外蒙有所需求，無論如何艱窘，亦必竭力供給，況有極優異之條件，足以償其奢願者乎？庫恰、庫新兩路，（見上第五節）固皆讓由俄國建築，國民政府各部，更聘俄員以充顧問。因乃不惜多費幾領紙張，數日印工，印製十萬萬元絲毫不值之盧布紙幣（蒙人呼爲黃條子）於我民國十年秋間，全部借於外蒙政府。此項紙幣中國境內，久已無人使用，每一千元，不能兌得大洋一元。以故外蒙得此借款，不到一月，卽行用罄，財政依然困難。

逮至民國十一年冬，國民政府復以外蒙全部礦產作抵，向俄借金盧布一百五十萬元。外蒙自得此宗鉅額現款以後，金融頓形活潑。各項捐稅，亦已漸次增收，各機關員司，更經實行裁減，開源節流，同時並舉，財政遂不虞其支絀。近兩年間，外蒙歲入項下，庫倫總稅務司收入關稅，平均月有一萬餘兩。烏里雅蘇台、科布多、恰克圖，暨其他二十餘處稅務司，每月關稅收入，共約二萬餘兩。此外，牲畜捐，每年可收二百五六十萬兩，貨物稅暨雜收入，每年可收一百萬兩，惟因賦極微少，每年不過十萬兩耳。總計現在外蒙收入，每年當在四百萬兩左右。至其歲出項下，外蒙中央政費年須一百二十萬兩，蒙員俸給極薄，最多每月不過三百兩，俄顧問則有月支二千八百兩者，至少亦月支八百兩。計此一百二十萬兩當中，用於多數蒙員，僅七十萬；用於最少數之俄員，反有五十萬兩。此外，軍費年支一百萬兩，地方政費一百二十萬兩，教育經費三十萬兩，收支相抵，每年尚有二三十萬兩之盈餘，故目前無須外資接濟。

進論外蒙金融，則其市面流通之貨幣，計有中國銀錠、銀元，俄國金洋、銀元，日本金票，拓殖蒙邊銀行牲畜票之六種。金票勢力最微，牲畜票流通最廣，不啻一種外蒙中央銀行之紙幣。蓋拓殖蒙邊銀行，爲俄商斯瓦爾斯基與外蒙喇嘛綳楚克車林所合辦，資本五百萬元。總行設於庫倫、恰克圖及他諸地，暨俄屬西伯利亞各大都會，均有分行。對於外蒙政府，取得紙幣發行特權。已發紙幣分爲四種：一元者爲猪票，上繪猪形；五元者爲羊票，上繪羊形；十元者爲牛票，上繪牛形；五十元者爲馬票，上繪馬形。四種紙幣，隨時均得兌現，並無數額限制，頗得蒙民之信用。

國民政府對於幣制，現雖以銀兩爲本位，而市場使用則須一律牲畜票。商民人等，手雖持有中國銀錠、銀元，俄國金洋、銀元，日本金票，均須換成牲畜票，方能使用。復次，國民政府，對於維持金融條例，亦規定極嚴。凡屬硬貨，只許輸入，不准輸出。商民每人出境，只准攜帶現銀二十兩，或銀元二十五元。如須攜帶一百兩或一百元時，必先呈報國民政府，繳納值百抽二十之捐稅，領取執照，方准出口。否則一經査獲，全部沒收而外，須再處以一倍以上，五倍以下之罰款。惟屬蘇俄商民，則不受此條例之限制，蒙員雖明知之，亦不敢向其檢査。年來外蒙現金現銀，流入俄國者，爲數實已不貲。如不亟籌救濟之策，吾恐外蒙金融，將有絕大恐慌發生。不第此也，俄貨入口，概免稅釐，故庫倫市面俄貨，價頗低廉。惟已售得之價款，類皆兌換現金現銀，運回俄國，歐美各國商人，因而羣起假冒俄商，圖得免稅免釐，運輸現款之便宜。條例所能實行者，衹蒙民及我華商而已。

外蒙國民政府，又爲謀外蒙經濟之發展，設有國民合作商業公司，資金一百萬元，總公司設於庫倫、恰克圖、科布多、烏里雅蘇台等二十餘埠，均設有分公司。其中辦事人員，概屬圖民黨與青年黨王之黨員。至若電燈、電話、電報、及各長途電話，諸新事業，則爲俄商伊吉耶沁夫，與外蒙巴圖索克親王所合辦。關於牲畜之救護改良，則有內務部設立之預防牛疫藥水製造廠。關於庫倫、恰克圖間之公有農業，則由國民合作商業公司，承辦一切。是皆有關外蒙財政金融之事業，用特附述於此。

第八節　外蒙現在之最高機關及各黨派

外蒙現行政制，悉倣蘇俄。雖未主張共產，而實以黨治國。現在最高主權，握於三大機關：一曰國務會議，卽外蒙國民政府之國務院，由各部總長，暨其主事員或祕書組織而成。舉凡對內對外，與臨時發生各項重大問題，悉由國務會議議決施行。二曰臨時國會，卽外蒙國民政府之立法機關，由喀爾喀四部、科布多、達里干、沙畢等處選派之代表組織而成。凡關立法事件，悉由該會議決，咨由國民政府公布。三曰蒙古國民黨中央執行委員會，卽今外蒙國民黨之總機關。所有對內對外大政方針，與臨時發生各項重大問題，該會均有討論指揮之權。雖經國務會議臨時國會議決之案，亦得否認而推翻之。且國務總理暨各部總長人選，均由該會提出。現任該會之七委員及各參議，皆係各機關重要人物。故謂外蒙國民政府之最高機關，只此蒙古國民黨中央執行委員會，亦非過當之詞。惟是一切問題可否，仍須取決於蘇俄之顧問。則是蘇俄顧問，又外蒙國民政府之太上機關也。

外蒙國民政府，既由蒙古國民黨建設而成，故蒙古國民黨，卽爲現在外蒙之惟一政黨。自其所揭之黨綱觀之，殆與中國國民黨大略相同。亦以民族、民權、民生之三民主義爲口號。固未隸屬第三國際之共產黨。然實質上，則不啻第三國際之一分部也。該黨之組織法，係採委員制度（蒙語曰富爾舟）除在庫倫設立中央執行委員會，干與外蒙全般國政而外，並於各部落，各盟旗，各佐領，遍設分部，督促各部落各盟旗各佐領之地方政治設施。其中央執行委員會，每年召集全體大會一次，議決關於該黨內部及政治上各項問題，並選舉中央執行委員會之委員。凡各黨員，如有不遵黨章，或有惡劣行跡者；一經查出，卽削除其人黨籍，並剝奪其人所享公民權利。

蒙古國民黨之外，復有蒙古革命青年黨。其黨綱與組織法，概與國民黨從同。不過黨員入黨之年齡，則以不過二十五歲者爲限。並且不能直接干與國政，只能受國民黨之指揮，宣傳三民主義，啓發青年知識，輔助國民黨處辦一切黨務而已。近年以來，該黨黨勢，日趨發展，漸能直接參與政治。如該黨中央執行委員會之領袖，同時得爲國民黨中央執行委員會之委員，卽其明證。現在該黨領袖，爲齊勒業貝子。該黨黨員，參與外蒙各地政治者，已達三千餘人。

外蒙領域以內，除右述國民黨及青年黨外，現在並無第三政黨。兩年以前，雖曾發生喇嘛派與王公派合力破壞國民黨之舉動。洎經民國十一年（是年夏間，國民黨領袖博多乃，方爲第一任國務總理，兼外交總長。因某項主張，與中央執行委員會，大起衝突，又有聯絡喇嘛王公，推倒國民政府嫌疑，尋遂被捕槍斃。喇嘛王公，同時被殺者，計十五人。）民國十二年，（是年春間，有舊派喇嘛王公八人，圖謀不軌，事機敗露，被捕槍斃。）兩次嚴刑峻法，努力淘汰，復參用汗王及舊派要人，於各部總長暨各機關要職之中，遂漸融和一體。所謂汗王及舊派者，現皆自命爲國民黨員，而不復問成吉斯汗以來之宗教襲封權，與優越權矣。

第九節　唐努烏梁海現在社會政治之狀況

以上各節所述，類皆喀爾喀四部落，暨科布多各項情形。本節則專舉唐努烏梁海現在之社會與政治。蓋唐努烏梁海，亦屬蒙族住牧之地。位於我國西北極邊，面積二十四萬方哩。占有葉尼塞河上源，烏魯克穆河與貝克穆河全部流域。北與俄屬烏新斯克地方接壤，南與喀爾喀、科布多，以唐努鄂拉嶺山脈爲界。有清同治三年（一八六四年），中俄勘劃邊界，雖依布靈斯基之約，以屬葉尼塞河流域，劃歸俄國；以其上源流往西方之兩河流域，劃屬中國（此次劃失領土甚多，詳拙著中國喪地史）然此薩揚嶺與唐努鄂拉嶺間之廣大地域實質上既不屬俄，亦不屬華，蓋清廷從未派員前往其地實施政治，徵課稅捐故也。厥後一般俄舊教徒，偸徙其地，自由經營耕牧兩業；華人亦多自由前往，經營各種商務。於是唐努烏梁海一地，漸爲世人所注重矣。其地土產，有花鹿，蕃殖極廣。華人貴其角，或取其茸以爲藥餌，謂可返老還童，每觔值銀四十餘兩。又有大牛名海拉西，爲尋常牛與西藏牛之混種，蕃殖亦庶。當地卽以此兩種特產，爲其現有之富源。其地土著，槪屬遊牧種族。今所著稱者，一爲土文次族，蒙古人稱之爲烏梁海人，俄人稱之爲索依沃脫，而其自稱則爲土文次人，此族傾向俄國。其他一族，名曰達胡哈脫者，則傾向蒙古與中國。此等民族，住牧於西部者，專營養鹿事業；住牧於東部者，則經營普通畜牧。其生活狀態與風俗完全保存太古之遺風。崇拜偶像，載之以車，遊行各地，謂能致福。居處極其簡單，僅以蒙古包爲棲身之所，餘無長物。其地貿易，數年以前，十分之八，操於華人之手；故其貨物土產，大抵運入中國。查民國十一年上半年間，中國運回此地貨物，約值俄國金盧布一百萬元。而俄商則自民國十二年起，始與烏梁海大興交易，不免落於華商之後。其地產金甚多，質地極優，完全運入中國。此外尚有銅、鉛、石綿、白金諸礦，蘊藏極富，惜未從事開採。當俄國大革命時，薩彥嶺通俄之惟一山徑，竟遭毀壞，橋梁已被拆斷。其時索依沃服人，忽與蒙人華商，深表同情，起而掠殺俄人或宰割其牲畜，各地一致。俄人所受損失，聞頗鉅大。

逮至民國十一年，唐努烏梁海，亦倣外蒙辦法，組織國民政府，嘗被蘇俄承認爲獨立國家。其首都名曰刻拉斯耐，舊名別落插爾斯克，人口總數約六萬人。其政府當局，皆爲國民黨黨員；黨之組織與主張，均與蘇俄共產黨接近。亦有中央執行委員會，每年召集大會一次。在大會閉會期間，由國民政府內閣執行政務。其內閣由閣員七人組織而成。閣員人選，均由國民黨中央執行委員會提出。居民彼此，均以同幕兄弟相稱。無分男女，凡年滿二十歲者，均有選舉之權。

唐努烏梁海國民政府，每年政軍兩費，預算五十萬元。全恃當地捐稅及關稅收入，以供開支。境内尚無流通貨幣，亦無一定單位。每一甫特（俄國衡名，合華衡二十八斤）小麥，作爲銀幣二元。又有以獸類爲貨幣者，其本位爲松鼠。每隻松鼠，作銀一元二角。土文次人依其歷來觀念，大都傾向蘇俄。近由蘇俄國家貿易處，撥交國民政府金盧布六萬元，備供製造飛機之用。

現在唐努烏梁海境內，約有俄人一萬二千。藉其國家貿易處之勢力，業將唐努烏梁海各項商業，自華人手中奪歸掌握。民國十三年半年期間，由俄運來之貨物，已値四十五萬金盧布。以首都六萬人口作比例，不能不謂爲可觀。宜夫蘇俄政府重視其地。當派達夫金至刻路斯耐，設辦事處之時，必限達氏在二十四小時以內，束裝就道也。所可惜者，由俄境米奴辛斯克至刻拉斯耐，雖祇經由葉尼塞河水程六百俄里；然在米奴辛斯克上游二百俄里以內，俱爲急流，奔騰澎湃，不易行船。陸路則自距米奴辛斯克一百零八俄里某村落起，直至薩彥山脈止，所經山路，類皆崎嶇危峻；並須上升高達一萬一千呎之高峯。且均森林叢密，積雪難化。故自每年三月，葉尼塞河開凍期起，至六月底止，暨自十月起至十一月止，葉尼塞河尚未完全結冰之時，除依冰鞋駝背，經行險狹之山徑外，別無與唐努烏梁海交通之方法。是則貿易前途一大障礙耳。

近聞自俄歸者言，蘇俄已組織唐努烏梁海探險隊，攜帶七十匹馬力之汽船，與能載一千甫特之拖船，自葉尼塞省會克卵斯諾雅爾斯克（卽西伯利亞鐵路一大車站所在）出發，經米奴辛斯克，逆流而上，以達刻拉斯耐，並擬順此程途搜尋凱因次克河沿岸之黑貂巢穴。並有一種計劃，建築二百俄里長途汽車道路，聯絡自刻拉斯耐至科布多屬之烏蘭闊穆，及世所鮮知之外蒙大湖烏布薩諾爾（亦在科布多境面積二千四百七十方里）兩地交通便利貨物輸送。如果此兩計劃，完全成功；則自俄境運輸貨物往烏梁海，時間與運費之減少，誠爲數倍於前。且在烏梁海、科布多所得之皮毛原料，亦可運至葉尼塞河最大急湍之處，裝車運過石子路（其地有伏流一段，長七俄里。河底露石，宛如鵝卵石砌之路；）然後裝船，順葉尼塞河，而至下流都會；轉裝赴歐之海洋大輪，或西伯利亞火車。由是蒙古內地暨唐努烏梁海貨物，均得直接遵行此路，運往歐美各埠。不可謂非唐努烏梁海貿易前途一最可注意之事實也。雖然，蘇俄對我唐努烏梁海，如此慘澹經營，決屬百年大計，而非一時的設施。國人冀於中俄會議席上，以壇坫折衝口舌之力，收回唐努烏梁海，天下恐無此種便宜之事。況俄人必不允我收回，藉題延宕，作爲永遠懸案者乎？國人欲達收回目的，須先於政治、經濟，軍事上之實力，加以充分之準備，而後始可與俄談判耳。

第十章　關於蒙古部分之中俄外交通覽

中俄關於蒙古部分所締之約，始於前清雍正五年（一七二七年）所謂恰克圖條約是也。此約劃定全蒙北部國界，即自額爾古納河，經恰克圖，至唐努烏梁海西北之沙濱達巴罕者也。以薩彥山脈，爲中俄國界，定唐努烏梁海爲中國領土。又以康熙二十八年（一六八九年）尼布楚約，兩國人民，如持有官廳護照，則可相互自由往來貿易。惟未規定何地，爲一定互市商場；致各商民，隨地隨意以行貿易，紛擾不絕。雙方取締，胥感困難。因於恰克圖約，指定恰克圖及近尼布楚處之孜爾喀脫，爲兩國互市商場，許兩國人民於此兩地，自由貿易。此外諸地，概行禁止。

第二爲咸豐元年（一八五一年）之伊犂塔爾巴哈台條約。此約於蒙古方面，雖無直接關係；而規定伊犂（今伊寧）及塔爾巴哈台（今塔城），爲無稅貿易區域，並定兩地爲互市商場，許俄設置領事，間接影響於蒙古者實多。

第三爲咸豐八年（一八五八年）之天津條約。除定以最惠國民，待遇俄商之專條外，並圖兩國政府通信，暨駐京俄國教會供給品之便利，由兩國共同出資，興辦北京恰克圖間之郵政。

第四爲咸豐十年（一八六〇年）之北京條約。除許俄開喀什噶爾爲商埠，隨時得以設置領事官外，並許俄商得由恰克圖至北京往來貿易，且可於沿途庫倫、張家口諸地，販賣零碎貨物。庫倫設俄領事，由俄自費建築領事官署，官署地皮及牲畜牧場，得商由庫倫辦事大臣劃撥。不第此也，俄領阿穆爾斯克及布里穆爾斯克之軍政長官，得直接與我黑龍江吉林兩省將軍，俄國邊境官吏，得直接與我理藩院派駐恰克圖部員，交涉境界關係諸事，亦在此約訂有專條。復以雍正五年恰克圖約規定：凡關兩國境界，互市商場之貿易事務，及犯罪逃亡者引渡諸事，由中國致與俄國之文書，則須由管理土謝圖汗務及當時臨邊卡倫，與恰克圖商埠事務之丹津多爾濟，署名蓋印，由俄送與中國之文書，則須由俄國邊疆官吏署名蓋印，此後垂爲定例。洎乾隆二十三年（一七五八年）至乾隆二十六年（一七六一年），設置庫倫辦事大臣（滿蒙各一人），此項辦事大臣，得與恰克圖之俄知事，往來行文，辦理東部境界諸事。伊犂將軍，得與西部西伯利亞總督，往來行文，辦理西部境界之事。此皆規定於北京條約者也。自是以後，俄國邊疆官吏，皆得直接與我邊境官吏，就地辦理境界交涉。以俄邊吏之手腕與智識，扶植其勢力於我國境，自無往而不利矣。而庫倫俄領事署，即於清之同治二年（一八六三年）全告落成。此外尚有一項，俄國商人，如持有俄國邊疆官吏護照，載明販賣地點，夥計人數，貨色數目，主商姓名，則無論何時，均得以二百人一隊爲限，前往中國境內貿易，亦爲北京條約所附加者也。

第五爲同治元年（一八六二年）之北京陸路通商條約。在恰克圖約未訂以前，兩國國境之間，曾劃定一百華里爲無稅區域，此約卽恢復昔日兩國國境貿易狀態，從而擴大其範圍者也。因此小資本之俄商，混入蒙境貿易。其地如駐有中國官吏或其管轄區域，彼皆認爲有無稅貿易之權利。卽赴未設官吏之蒙古各地，往來貿易，如持有俄國邊疆官吏護照，則亦無妨彼之行動。雖俄人在張家口，購買中國貨物，輸出俄國；其輸出稅，亦只納普通海關稅之半額。然抽繹此約條文規定，僅爲國境百里之間，兩國均不徵稅。如在百里以外，兩國卽得獨立訂定稅則，實行徵稅，原無牴牾條約之處。以故俄於一九〇九年（宣統元年）一月，拒絕我國政府要求廢除極東無稅輸入制度；由中國輸入俄境之原料品，如赴無税區域以外，必須課税。在我國方面，以爲同治元年之約，早許俄商混入蒙古各地，無税貿易，無税區域早經擴大。中國既以蒙古地方，許俄商無税貿易矣；而俄對中國貨物，輸入無税區域外者，何以徵收輸入税？中國對俄貨輸入蒙古各地者，何以不能課税？俄國不第不我理也，且於民國元年（一九一二年）九月，乘通知我國政府，中俄伊犂條約，此後十年繼續有效之時。並宣言：前定國境百華里內之俄國地段，自翌年（一九一三年）一月起，實行廢止；如中國廢此無税地段。亦無異議。蓋我若廢此無税區域，課俄貨以輸入税；則俄駐京公使，勢將爭辯，謂與彼之既得無税貿易權，有牴觸也。此外尚有一項規定，對由陸路恰克圖、尼布楚，經張家口、通州，而輸入天津之俄國貨物，則按普通海關税率三分之二征税；但運輸於天津之貨物，以全額十分之二爲限。至其囤積於張家口者，並以減征三分一之特典，許與俄國販賣商人，惟張家口貿易，後以同治八年（一八六九年）改定北京陸路通商條約，運往天津之貨，不必限於十分之二；而三分一之減税特典，亦遂同時取消。

第六爲光緒七年（一八八一年）之伊犂條約。除確認國境百華里無税地段，暨蒙古各地方，無論已否設有官吏，均照舊承認俄商有無稅貿易權外。並規定不僅恰克圖、尼布楚兩處，凡由俄境經科布多、歸化城，出張家口、東壩、通州，而輸入於天津之俄國貨物；由俄國輸入甘肅肅州之貨物，一體予以減征輸入稅之特典。又許俄於肅州、吐魯番添設領事；科布多、烏里雅蘇台、哈密、古城（卽今奇台，）烏魯木齊（卽今迪化）五處，將來商務發達，取得中國同意，亦得設置領事。因此，俄於此等獲得設置領事權利地方，及以同治八年（一八六九年）條約，得設領事之張家口，俄皆得有自購土地之權；或依咸豐元年（一八五一年）條約規定，有由中國地方官廳，劃撥地基，建築住宅商店堆棧之權利。俄人根據此項權利，進而主張於此諸地，有購買土地所有權。復以此約再加聲明，俄在蒙古各地，皆有無稅貿易權。無論蒙古商業如何發達，中國不能保留設關征稅之權利。故在蒙境之科布多、烏里雅蘇台，商業若經發達，則俄卽得設置領事；雖至商業發達，俄得設領之時，中國亦不能征收其地關稅。其後俄以兩國人民，爭訟續出爲理由，不待中國認爲商業發達，卽在科布多強設領事；並於距科布多五百華里之承化寺（今新疆阿山道治，）亦強迫設置領事，此皆俄人強橫無理者也。不僅此也，而在新疆之天山南北兩路，亦概許俄以無稅貿易之權；惟但書尙有：此項無稅貿易權，將來商業發達，兩國協議結果，認爲有制定關稅率必要之時，卽撤消之。是以新疆方面，於俄要求在烏魯木齊（卽今迪化）設領事時，曾提出制定關稅率之對案，能令俄國承認開談判焉。脫令其後俄國再求設置哈密、古城領事，則中國卽可主張協定關稅之權利矣。而在蒙古則不能也。然自條文正面解釋，中國以許俄設領事於科布多之時，謂卽得以協定關稅率，收回俄國無稅貿易權之日，固有誤會；如俄至設領事於哈密、古城之日，而猶主張協定關稅率時期未到，亦屬強解。此外，尙有俄於蒙古新疆各無稅貿易地域，無論產自何地，屬何種類之貨物，均有自由輸出輸入之權利。俄因根據此項權利，於清宣統二三年間，屢次反對我在塔爾巴哈台（卽今塔城）自設伊塔茶務公司。致令條文最難解釋者，厥爲此輸出入之文字。夫俄在此等無稅貿易地域，而得爲自由貿易者，當然屬諸外國產物。茶乃中國產物，而竟欲與中國人自由競爭，決無此理。此爲中國方面之解釋，俄人未曾承認者也。此一問題，在宣統三年春間，兩國曾起重大之紛議焉。

第七爲光緒十八年（一八九二年）之電政條約。依照此約，中國政府，在厥後五年以內，須架設北京至恰克圖間之電線，並承認與俄商人協定，得以最廉之費用，拍發電報，往來中俄兩國各埠。

自俄與我締約以來，無一次不於我國蒙古，獲得種種權利。逮光緒二十五年（一八九九年），英俄締結協約，英國不爲自國或他國要求長城以北之鐵路建築權；如遇俄國要求之時，直接間接，均不加以妨害。爲時未幾，俄卽欲得我之張恰（恰克圖至張家口）鐵路建築權利。故自光緒二十六年（一九〇〇年）以後，屢次派員勘查路線；同時並向我國提出要求，幾得達其目的。日俄戰爭以後，中國因欲自築此路，拒絕俄之要求。洎至宣統二年（一九一〇年），俄乃變更策略，反對以英美資本建築錦璦（錦州至璦琿）鐵路；而提議以萬國合資，建築蒙古橫斷鐵路云。

當清宣統二年之時，俄已在四五年前，取得中國承認，設置烏里雅蘇台領事。據康斯忒之蒙古遊牧地所載：俄領事波勒伊希夫（Boleyschew），於一九〇五年（光緒三十二年）已在烏里雅蘇台，開設領館。當時烏里雅蘇台領館管轄區域，爲烏里雅蘇台、科布多、唐努烏梁海諸地。至民國元年（一九一二年），總領事魯巴（Luba），復於科布多城，開設一新領館；而承化寺之俄領事館，則以哥薩克兵二十五人保護，開設於一九〇五年云。

然自俄國方面觀之，固猶未以此爲足也。俄於蒙古及長城以外各地，除各領館所在地外，中國尙未予以建築住宅、土地所有之權；卽從事工業各權利，亦無明文允許。故俄克魯巴特金將軍之滿蒙處分論有曰：住居蒙古地方之數千俄人，於多數商業地點，皆無居住家屋。防禦嚴寒之權利；而多數工業家，收買皮毛，就地洗濯，亦恆處於蒙古王公與中國官吏權力之下，從事勞作。此種狀況，殊堪慨歎！又俄之柏尼格塞伯爵，亦以光緒三十四年（一九〇八年）阿爾泰辦事大臣錫恆，發布命令，將所有境內之俄人建築物，盡行拆毁，力詆錫恆爲不法。且謂此等建築物，並不建在中國領土，乃屬蒙古土地，經蒙古王公許可而建造者。俄國外交當局，不向中國交涉，收回此項亂命；俄國商人，亦未聞有一人，獲得損害賠償，此應大鳴不平，攻擊俄政府之處置失當也。俄國工業家，未背條約所辦之皮毛洗濯業，俄國人民，未背條約所造之建築物，俄國外交當局，能令中國官吏，取消拆毁摧殘之命令，斯可謂爲俄國外交之大成功矣。

自宣統三年（一九一一年）外蒙獨立以來，俄在帝政時代，關於蒙古之事，曾與蒙古及中國，締結三次協約。當外蒙獨立之初，俄國固知外蒙，無有獨立之實力；然目睹中國政治上，經濟上之勢力，日在外蒙擴大，則又不能不助外蒙而預防之。蓋外蒙在中國統治之下，萬難圖謀俄國商工業之發展也。因此俄國政府，決行援助外蒙獨立之策。其後三次協約之締結，要皆本此義也。

第一次協約，爲一九一二年（民國元年）十一月三日之俄蒙協約。外蒙因維持其獨立自治，而約俄國援助者也。觀其附屬議定書所載：俄國除依以前中俄條約及習慣獲得種種權利利益之外，至是更得莫大之權利與利益。自此以前諸約，俄人在蒙，無營工業權利。除各領館所在地及張家口外，並無土地所有權，住宅建築權。俄商之在蒙古，雖無論中國已設官吏地方，未設官吏地方，均可自由混入。俄國生產製造之商品，中國及任何外國生產製造之商品，均得無稅以輸出入。無論貿易如何發達，而在蒙古地方，絕無納稅義務，享有自由貿易特權。然除俄領事館所在地及張家口以外，概無俄人永久居住之權利耳；復次，鑛業、林業、漁業等等，亦無自由經營權利。蓋從來俄人，雖經繳納一定報效，與蒙古王公，得其默許，即能在蒙境內，伐木漁獵，於圖拉河畔一小部分，從事開墾；於車臣汗境內，採掘金鑛。然而此種權利，皆非根據條約得來者也。即就領事館言，除庫倫外，亦祗承認科布多、烏里雅蘇台得以設立；此外任何地方，則皆未曾明認者也。然自此次協約告成，俄國人民，即得於各城市街地域，各旗境內，以經營商工業，或建築住宅、商店、堆棧之目的，租借相當土地，或竟獲得所有權；並因農耕之便，得租借空曠地面之權利。凡關鑛業、林業、漁業、及他事業，俄國人民，均有與外蒙政府協定之權。質而言之，自此以後之外蒙，雖謂爲俄之屬邦，亦無不可。設令一九一七年（民國六年）俄不發生革命，則外蒙早已非我所有矣。不第此也，俄於外蒙任何地方，如彼認爲必要地點，卽得徵取外蒙政府同意，任命領事，前往駐紮。領館所在地，及其他重要商業地方，俄人均得劃定居留區域。此種區域，無論已否設有領事，皆在俄人商團管理之下；俄國人民，得以自由居住，從事各種職業。又凡流入俄國境內諸蒙古河流及支流，俄人均得行駛商船，而與沿岸居民貿易。如須建築碼頭，堆棧，起卸貨物之處，所需地基，概由外蒙政府劃撥。而此等河流，如須改良運道，設置必要標識，外蒙政府無力爲之，悉由俄人資助。夫由蒙流入俄境之河流極多，其能通舟楫者，東有額爾古納河上流之克魯倫河、石勒喀河上流之鄂嫩河；北有鄂爾坤河及該河上流之圖拉河、色楞格河；西有葉尼塞河上流之烏魯克穆河、額爾齊斯河及其上源之數支流（此河在阿山道區，俄蒙協約力不能達）。此等河流，皆屬俄蒙貿易之大路。故其航行權之獲得，實與俄以最大利益者也。

第二次協約，爲一九一三年（民國二年）十一月五日，任北京交換之中俄聲明文件。俄在此約，令中國承認關於蒙古自治之俄蒙條約，及附屬議定書；而以空虛之蒙古宗主權，畀諸中國。

第三次協約，爲自一九一四年（民國三年）九月八日至一九一五年（民國四年）六月七日，在恰克圖經長時間談判結果之中俄蒙三國協約。此約內容，卽繼續承認一九一二年之俄蒙協約，一九一三年之中俄協約者也。自是以後，俄人得以俄國、蒙古、中國，及其他諸國，任何農工業生產品，不問何時何地，輸出入於外蒙，皆不徵收關稅。而與此無稅貿易相反者，則中國人以任何性質之貨物，輸入於外蒙古時，一律免納輸入稅；如在外蒙境內，設行貿易，則須與蒙古商人，一體照章納稅。並在此約規定，以前淸政府之庫倫辦事大臣，烏里雅蘇台將軍，科布多辦事大臣三大管轄區域，概爲外蒙領土；而以喀爾喀外蒙古四部所屬諸旗界、及科布多軍管區區界，爲與中國接界之地。卽東與呼倫貝爾地方，西與阿爾泰地方，南與內蒙古，西南與新疆相接是也。至外蒙科布多，與中國阿爾泰，以及外蒙各地與中國正確之境界，則於今後二年之間，由中俄蒙三方特別委員會同劃定。惟於唐努烏梁海地方，則無一語及之，此實大費思考者也。蓋中國以唐努烏梁海、作爲外蒙古之一部，見諸民國九年（一九二〇年）九月九日，徐世昌發布之庫（庫倫、）烏（烏里雅蘇台、）科（科布多、）唐（唐努烏梁海，）鎮撫使暫行官制；而俄則以外蒙古之三音諾顏部、札薩克圖汗部、及科布多北部，突入俄境各地方，卽唐努烏梁海種族聚族之地與俄具有密切關係，當然屬諸俄領，早已視同俄國領土，不欲編入外蒙版圖者也。

上述各約而外，尚有民國四年（一九一五年）十一月六日，關於呼倫貝爾（卽海拉爾）地方之中俄協約。地雖屬於黑龍江省，而其關係實由外蒙而來，因併附記於此。呼倫貝爾，位於黑龍江省西南隅，內興安嶺之西麓；爲布里雅特及額魯特同源之索倫，鄂倫春二族，與類於達魯之通古斯種族，混同住牧之地。以民國元年（一九一二年）步武外蒙，宣告獨立，請求俄國援助。俄國因在中國與呼倫貝爾之間，執居間調停之勞，而締此次協約。以呼倫貝爾爲中國特別區域，由中國大總統，任命呼倫貝爾五人爲總管，暨有三品官銜者爲副都統，予以與各省長官同一之權限。境內所有賦稅，及其他項收入，除海關稅及鹽稅外，盡行劃爲地方經費之支出。境內如有變亂發生，地方官憲，不能鎭服之時；中國政府通知俄國政府而後，始能派遣軍隊，入境平亂。此其條文內容之大概者也。

右方所陳，關於蒙古部分之中俄條約，如恰克圖之中俄蒙協約，已於民國八年十一月二十二日以大總統令取消。呼倫貝爾之中俄協約，已於民國九年一月二十八日，以大總統令取消。雍正五年之恰克圖約，咸豐元年之伊犂塔爾巴哈台約，咸豐十年之北京條約，光緒七年之伊犂條約，以及其他種種中俄協約，均以民國九年九月二十三日，停止俄國使領待遇大總統令頒布之後，隨而消滅其效力。目今中俄條約所存在者，祇有民國十三年五月三十一日，蘇俄代表加拉亨，與我國外交總長顧維鈞，於北京締結之中俄解決懸案大綱協定十有五條。其第五條，即爲關於外蒙問題之協定，錄其全文如左，以供參考：

蘇聯政府，承認外蒙爲完全中華民國之一部分，及尊重在該領土內中國之主權。

蘇聯政府聲明：一俟有關撤退蘇聯政府駐在外蒙軍隊之問題，即撤兵期限，及彼此邊界安寗辦法，在本協定第二條所定會議中商定，即將蘇聯政府一切軍隊，由外蒙盡數撤退。

吾人今後所希望者，中俄正式會議，能於最近的時期舉行。蘇俄政府，確能本其一九一九，與一九二〇兩年，兩次宣言之精神，根據平等相互公平之原則，與我重訂條約，協約，協定，改正中俄疆界，返還先後侵畧諸地，由我行使主權。關於外蒙問題，尤望按照上述協定第五條全文，首將駐蒙蘇聯軍隊，盡數撤退。停重我國主權，一反前俄帝國政府之所爲，昭示大公於吾民衆之前。吾人對於蘇俄之好感，自油然日增於濃厚；願與提攜，共扶人類之正義。否則，如徒口惠而實不至。恐益增吾民衆之疑慮，而難期獲良善結果者也。

王雲五主編

萬有文庫

第一集一千種

蒙古問題

謝彬著

發行兼印刷者 商務印書館 上海寶山路

發行所 商務印書館 上海及各埠

中華民國十九年四月初版

The Complete Library
Edited by
Y. W. WONG

THE MONGOLS QUESTION

By
SIEH PIN

THE COMMERCIAL PRESS, LTD.
Shanghai, China
1930

B一四二分

萬有文庫

第一集一千種

王雲五主編

蒙古問題

王勤堉著

商務印書館發行

萬有文庫

第一集一千種

總編纂者

王雲五

商務印書館發行

蒙古問題

王勤堉著
竺可楨校

新時代史地叢書

蒙古問題

目次

蒙古問題

第一章　蒙古問題之國際背景

濮斯氏（Hayes）之近世歐洲政治社會史（A Political and Social History of Modern Europs）中有言曰：「自彼得大帝（一六七二至一七二五）以來，俄羅斯之君主，均努力以求得地中海之門戶。」蓋俄國地廣民衆，海口之需要實至迫切。彼得大帝雖嘗於芬蘭灣頭獲得「俯瞰歐洲之窗戶」，然此海港，年年冰凍，其不合於俄國之願望，蓋可想見。故設法以求得海之門戶，實二百年來俄國政府所息息不忘之一大問題也。

考當時俄國對此問題，其可取之道凡四：一爲越瑞典挪威以出大西洋；二爲越巴爾幹半島取君士坦丁堡以支配韃靼尼爾海峽（Dardanelles），三爲越阿富汗波斯以出波斯灣；四爲越西伯利亞略滿洲以出中國海。此四者中，以越巴爾幹半島爲最合於理想。蓋第一，以地勢接近的關係，近東方面構成俄國在歐洲自然膨脹的區域。第二，土耳其日就衰弱，久已被人視爲東方病夫；以俄國之武力對付土耳其，有如摧枯拉朽。第三，巴爾幹方面之斯拉夫人種，久已不堪土耳其惡政之壓制，俄國南下巴爾幹之策，實合於大斯拉夫主義的國民精神。故自十八世紀末期以迄十九世紀末期百年之間，俄政府對於土耳其之壓迫，與乎巴爾幹事情之干涉，殆無所不用其極。不幸俄國之侵略計畫，突受英法奧諸國之阻止，昔日雄圖，頓成畫餅。斯拉夫之政治家蓋遺憾無窮矣。

俄國在近東方面，既宣告失敗。乃轉其目標，而注意於中東。窺伺阿富汗，窺伺波斯，以爲出波斯灣之計。然英國以爲此種政策，危及印度，有關英帝國之生死。一八八四年，英俄幾因此而發生戰爭。俄國終悟此道之難行，乃不得不斂聲息跡以靜俟良機。

至十九世紀之末葉，俄國乃又變轉其方針，而積極從事於遠東之侵略。此政策之施行，其重要原因凡二：第一，遠東之老大帝國，其積弱更甚於近東病夫，日本雖已實行維新，但其富強之實力，初未昭示於歐人。且對於遠東事件有利害關係之列強，又大都有鞭長莫及之勢，不如近東之可以實力阻止俄國政策之執行。第二，則爲歐洲國際關係之間接影響於俄國向外發展之進路。蓋德奧二國，皆不利於在近東方面與俄國發生衝突，務使俄國之勢力，離去近東。俄國一時有中東侵略之舉，實受畢士麥之狡計也。

故俄國之遠東政策，其目的實卽在於求得太平洋之門戶，簡言之，則侵略滿洲朝鮮之政策而已。自日俄戰後，俄國知日本勢力之不可侮，滿洲朝鮮之不可圖，乃退而從事於外蒙與新疆之北部，而有日俄密約之締結，日俄在華勢力範圍之劃定。自此以迄於歐戰時期，此種局面，未嘗變更。俄國之援助蒙古獨立，蓋皆本此種政策而進行。

爾後俄國革命，一九一七年至一九一九年間，俄國國內分裂，外患日逼，自顧不暇，更無餘力以侵略遠東。然自布黨革命成功以後，俄國之政策一變。俄國之所以採取新政策，蓋由於革命以後，無能力以侵略他國也。俄羅斯在帝國時代，其外交政策在於「侵略」近東遠東以與列強「競爭」，現在蘇聯政府之外交政策，則在於「結交」近東遠東以與列強「抗爭。」故自一九一七年革命以後，旣不見容於列強，乃結交土耳其阿富汗諸小弱國，以抵抗英法，維持芬蘭及其他波羅的諸小國之獨立，以爲自己之聲援。又結交波斯以抵抗英國。一方面又宣傳其激烈的社會主義，共產主義於歐美，以擾亂其社會秩序與安寧。俄國所結交之近東諸國，爲土耳其波斯與阿富汗；遠東方面俄所認爲有連絡資格者，則爲中國朝鮮與蒙古。俄國在宣言中，會議上，嘗以「被壓迫國的良友」自稱，蓋卽俄國公開的外交政策之口號也。

俄國旣以獨立國家視蒙古，故輒不先得中國之允許，而與蒙古訂立條約，且予以各種援助，使脫離中國而獨立。今日蒙古問題之緊張，蓋皆由此種俄國新政策之養成也。

第二章　中國與蒙古之關係

第一節　歷史上之關係

塞外草原，二千年來，爲突厥東胡蒙古與漢族先後活動之舞臺。東胡盛於晉末而衰於宋初。突厥之族，則匈奴前起，突厥後繼。匈奴盛於秦漢，至漢武帝而始衰，西遷歐洲，而成今日之匈牙利；突厥盛於隋唐，至唐玄宗而覆亡，西遷歐洲，而成今日之土耳其。其蒙古爲東胡突厥之混種，其興起較晚，而兵威獨盛。元代雄視一世，實爲蒙古種族史中最光榮之一頁。漢族最後活動於蒙古，然今日內蒙諸地之興盛，胥出於漢人努力之結果。

十二世紀之初葉，金人據有中國東北部，蒙古人則不過臣服其下之一部落耳。毳幕騎獵，飲湩食酪，以資其生，蓋完全一遊牧之民族也。迨十二世紀之末造，蒙古人始稍稍以善戰露其頭角。成吉思汗（元太祖）崛起於肯特山之陰，整軍經武，以備外侮，協和諸部而統一蒙古。南侵金室，西平遼夏，征服花剌子模，席捲而西，直抵裏海而大敗俄軍。蒙古軍之足跡，遂及於黑海北岸。終成吉思汗之世，蒙古帝國之版圖，已東起太平洋，西達聶珀爾河(Dnieper)，然其國勢之擴張，則仍激進未已也。

一二二九年，成吉思汗之子窩闊臺（元太宗）繼立，更南滅金，（一二三四年，）西征俄羅斯（一二三五年，）蹂躪波蘭，擊敗匈牙利，其前鋒直抵意大利，遂統一亞洲及歐洲之東部，而建立有史以來稀有之大國。柏立氏（Bury）註吉朋羅馬帝國之衰亡（Gibbon: Declination and Fall of the Roman Empire）有云：「一二四一年春，蒙古軍之蹂躪波蘭，及入據匈牙利，蓋其軍略之優長，有以致之，初不僅以兵多勝也……蒙古將帥之行軍於維斯杜拉河下游（Lower Vistula）以及德蘭斯斐尼亞(Transylvania)也，其佈置之精密，尤足驚異。此種戰略，匪獨並世歐洲任何軍隊所不能企，且亦非歐洲任何將帥之眼光所能及。歐洲將帥自腓烈特第二（Emperor, Frederick II）以降，就韜略論，無一足與速不臺相頡頏者。且蒙古人於匈牙利之政局，及波蘭之情形，皆能洞矚無遺，蓋其間諜之組織，因甚佳也。而匈牙利與其他基督教諸國，則有如聾騃，於其勁敵之內情，竟毫無所知焉」（註一）當時蒙古軍制之精備，韜略之奇妙，概可想見。其震動全歐，稱雄一世，固非偶然也。

（註一）譯文引自梁思成等譯世界史綱頁六〇四。

下逮忽必烈（元世祖），始南下滅宋，安南西藏亦相繼臣服。於是定都北平，分其轄境爲一帝國四汗國。帝國者元朝，四汗國則欽察汗察合臺汗窩闊臺汗及伊兒汗是也。蒙古帝國之勢力，至是達於極盛，而此廣漠新興之帝國，其分裂之象，亦已肇端於是矣。

蒙古族之興也甚遽，其亡也亦甚速。自元太祖建國以降，不過五十年，卽囊括歐亞；又閱八十年，而所建之國，卽紛崩瓦解。其西方諸汗國，元末有帖木兒者，亦蒙古族，出於察合臺汗國，南滅伊兒汗，西服欽察汗，建帖木兒帝國，一時國勢甚盛。然帖木兒卒後，諸子爭立，國遂紛裂。欽察汗後滅於俄國，察合臺及伊兒二汗故地，則分裂爲若干小部落，至十八世紀初葉，亦均爲俄所併。其東方之窩闊臺汗，則早爲元朝所滅。元朝建國八十年，至元順帝，漢族起兵謀恢復，順帝爲明太祖所逐，遂遠遁漠北。蒙古族在中國本部之勢力，遂亦從此而失墜，重返於昔日之面目，以蒙古之一隅，爲其負嵎之地矣。

蒙古族自遁回蒙古後，分裂爲韃靼衞拉特二部，互相爭長，迭有勝敗。明代恆利用其弱者以禦強者。明初韃靼稱雄，使淩中國，自敗於明太祖，始日趨衰頽。衞拉特繼盛，後四十年，韃靼又稍稍恢復其勢力。明憲宗時，韃靼部之首領巴圖蒙克，自立爲達延汗，統一諸部，國勢富強。達延汗分封諸子於內外蒙古，遂爲今日蒙古諸部之祖先。其後歷代服屬於明，雖偶有侵略，不爲大患。明末內蒙古之察哈爾部林丹汗，勇悍有大志，欲統一全蒙古，不幸爲清太宗所敗，走死，於是蒙古遂服於清。

第二節　地理上之關係

蒙古地域，廣漠無垠，國人對之，初未有明確之分野。大都以爲長城以北，新疆以東，遼寧黑龍江兩省以西，俄屬西伯利亞以南之一片大地，卽爲蒙古之所在。按之實際，則蒙古之一名詞，初未嘗若是之簡單。徵諸史實，蒙古原爲一種種族的名稱。凡游牧於外蒙古車臣汗部東北境之克魯倫河及肯特山一帶之諸部落，悉屬此一種族。元代雄視中國，始常以蒙古爲其國名。（元世祖忽必烈致書日本國王，曾自稱爲大蒙古國皇帝。十七世紀初，蒙古察哈爾部林丹汗致書滿清太宗，又自稱爲蒙古國王。見日人矢野仁一著現代支那研究）故蒙古之一名詞，實函有廣狹二義。以廣義論，則蒙古民族所分佈之地域，初尚不僅限於蒙古；就狹義論，則今日政治區域上之所謂蒙古，其範圍又不若上述之廣泛也。

總蒙古種族，大別爲三派，曰喀爾喀人（Khalka），曰喀勒馬喀人（Kalmuck），曰布利雅特人（Buriat）。喀爾喀人占外蒙居民之大部分，住居於車臣汗、土謝圖汗、三音諾顏汗、札薩克圖汗及庫布蘇庫爾湖之附近，是爲東蒙古人。在蒙古諸派中，爲比較開化之一族。據一九一八年之調查，全族人口凡四十九萬二千人。喀勒馬喀人即額魯特人，住居於科布多之附近，人口約三千，是爲西蒙古人。布利雅特人則分散於西伯利亞一帶。此外蒙古人種，放牧於內蒙古者，爲數更多。至於住居新疆之焉耆、伊犁、塔城、阿山四道區，及青海東北兩部分者，爲數尤夥，而黑龍江省之呼倫貝爾地方，尤爲蒙古聚族之所在。其中以喀勒馬喀及布

蒙古問題　十

蒙古人之帳幕

(一)外形

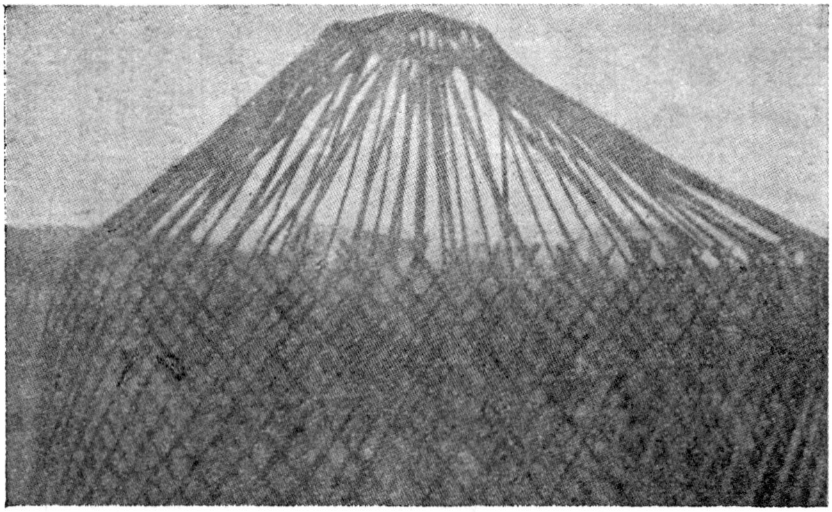

(二)幕架

利雅特人爲最著，而布利雅特人尤特多，共分八旗，遊牧其間。此外如俄國後貝加爾省與伊爾庫次克省，亦皆有多數蒙族，放牧其間，今俄屬喇嘛教徒五六十萬人，亦大抵屬蒙古種族。更西則中亞細亞與東歐之間，亦有蒙族散處其中。（註二）故苟以種族的意義而論，蒙古之一名辭，其所包括之區域，且逈出於吾人意想之外。而蒙古人種與中國關係之密切，亦可於此見之。

（註二）參看矢野仁一著現代支那研究頁二五二。大正十四年日本弘文堂出版。

中國領土，在遜清末造，包有二十二行省及蒙古青海西藏三大領域。此三大領域，認爲外藩，不與行省同制。民國成立以後，臨時約法中，亦明白規定「中華民國領土，爲二十二行省內外蒙古西藏青海。」所謂內外蒙古，蓋以大沙漠爲其界限：漠以南爲內蒙古，漠以北爲外蒙古。內蒙古包括東四盟（卽哲里木盟卓索圖盟昭烏達盟及錫林郭勒盟）西二盟（卽烏蘭察布盟及伊克昭盟）土默特部及察哈爾之八旗。外蒙古則根據民國九年北京政府所發布之外蒙鎭撫使署組織條例，包括土謝圖汗、車臣汗、三音諾顏汗及札薩克圖汗四盟

蒙古區圖　十二

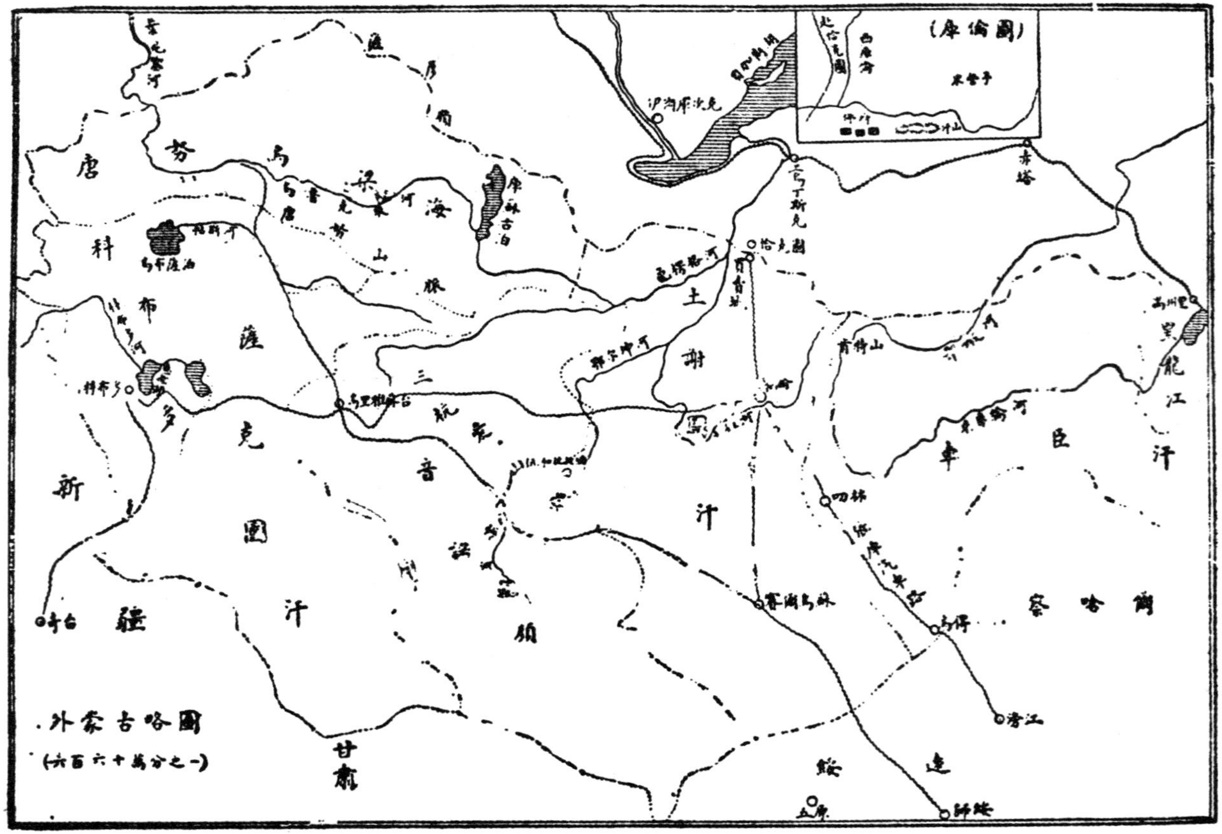
外蒙古略圖
(六百六十萬分之一)
唐努烏梁海
科布多
烏里雅蘇台
三音諾顏
土謝圖汗
車臣汗
新疆
甘肅
庫倫
恰克圖
買賣城
伊爾庫次克
烏得
張家口
歸化
黑龍江
赤塔
庫倫圖

及科布多唐努烏梁海所屬之八部。而黃河河套以西，則別爲套西蒙古。雍正以後，內地人民，赴蒙開墾者，年增一年，於是就蒙古地方增設府廳州縣，歸屬直隸（今改河北）山西奉天（今改遼寧）黑龍江吉林諸省，是爲內屬蒙古。茲將蒙古之行政組織，列表如下：

內蒙古	東四盟	哲里木盟	在奉天	共二十四部四十九旗
		卓索圖盟	在熱河	
		昭烏達盟	在熱河	
		錫林郭勒盟	在察哈爾	
	西二盟	烏蘭察布盟	在綏遠	
		伊克昭盟	在綏遠	

外蒙古	喀爾喀	車臣汗部	共八十六旗
		土謝圖汗部	
		三音諾顏汗部	
		札薩克圖汗部	
	額魯特	科布多	共十八旗
	烏梁海	唐努烏梁海	

民國以來，漢蒙雜居之範圍，日益擴大。同時俄國又時唆使蒙民，謀爲變亂。因此內政外交之兩重關係，中國政府乃不得不着手於漠南塞北之重行劃分。因就內蒙古及內屬蒙古之地，仿照行省之制，改設熱河察哈爾綏遠三特別區域，又劃套西蒙古歸甘肅寧夏護軍使

管轄。至民國十七年之特別區及寧夏護軍使轄地，又改爲行省。於是實際上不復有內蒙古之存在。故苟自行政區域上立論，則所謂蒙古，不過外蒙古四汗部與乎科布多唐努烏梁海二地而已。

然無論以種族的意義解釋蒙古；或以政治的意義解釋蒙古。蒙古與中國關係之深切，實爲不可掩之事實。以前者言，則漢蒙雜處，歷有年所；由後者言，則蒙古之一部分，且早已成爲中國內地，初不復居於外藩之列。故由二者地理的關係而論，已可見中蒙如脣齒之相依，而不可一日離矣。

第三節　政治上之關係

以上所言乃中蒙間行政區域及其組織之關係也。今請進而一觀二者間政治上的關係。

蒙古之地方行政組織，最高爲盟，其次爲部，再次爲旗，旗之下則爲包。包之性質，近於村落，與地方行政，無何關係。部與旗爲蒙古原有之舊制，盟則爲清代管理蒙古之新制。其地方行政機關，則盟有盟長，部有部長，旗有旗長。旗長爲蒙古世襲之酋長，稱爲（札薩克）管理旗務，清代其封爵同於宗室，有王公，貝勒，貝子，台吉之分。設旗之制，創自清天聰八年（一六四三年即明崇禎七年）自是以後，設旗逐漸增多。清廷乃嚴禁各旗間之越界游牧與狩獵，以減少其旗與旗間接觸之機會，而防範其活動。旗長對於中央，除元旦朝賀，御前行走，以及清帝狩獵時之隨班而外，年惟進貢若干洋酒之類，即已盡其職責。旗長雖爲世襲之酋長，然中央仍有承襲予奪之權。旗長之因事而罷免者，終清之世，爲例亦殊不少。部長以本部札薩克之酋長充任，僅有名義而無實權，對於中央，亦尠職責之應盡。蓋當時清廷之設置盟長，其目的即在於削奪部長之事權也。盟長由各旗旗長互選，惟須經中央之批准，無固定之辦事機關。所司職責，惟在於每年召集各旗旗長，共同會議，解決兩旗以上人民間之爭執，統籌全盟行政上，經濟上之各種事項，如是而已。凡此蒙古之地方行政機關，民國元年，曾經中央政府公布之滿蒙回藏各族待遇條件及蒙古待遇條例之承認。至於今日，猶未有若何顯著之變更也。

統計內蒙一地，凡六盟二十四部四十九旗。外蒙則初僅車臣汗土謝圖汗札薩克汗三部。繼由土謝圖汗分建三音諾顏汗而成四部。部爲一盟，計共四盟。此外尚有額魯特部及輝特部附牧其間，共六部八十六旗。至於科布多阿爾泰地方，則爲杜爾伯特部，新土爾扈特部，新和碩特部，札哈沁部，明噶特部及額魯特部等三十旗游牧之地。爾後阿爾泰改設阿山道，隸屬新疆，其區域亦遂縮小。唐努烏梁海則本無旗之編制，區域之內，共四十六佐領。其重要之部落凡五：曰陶蹟；曰撤爾馬克，曰馬爾提，曰阿依那，曰克木奇克。而以克木奇克部落之人口爲最多，古烏梁海族全人口三分之一。各部落各戴一人爲「諸顏」，而以克木奇克部落之諸顏，爲五部之盟主。

關於蒙古之中央行政機關，則前清卽有理藩院之設置，管理蒙藏事務。內蒙古之六盟四十九旗，卽直接隸屬於理藩院。據乾隆二十七年（一七六二年）理藩院則例之所載，舉凡旗內一切官吏之任免，皆須呈請理藩院核奪准許，而後施行。否則皆視爲徇私違例，加以參處。當時理藩院職權之大，蓋可想見。嗣後蒙古沿邊地方，漢人生聚日衆，淸廷乃又增設「都統」「將軍」等等名稱之大吏，就地辦理及監督各旗盟之軍民要政。當時察哈爾熱河二都統，綏遠盛京二將軍之設置，蓋卽爲此。此外又有駐紮烏里雅蘇臺之定邊左副將軍，管理外蒙科布多與唐努烏梁海。後又增設庫倫辦事大臣，統轄外蒙之東四盟（乾隆二十年左右）阿爾泰辦事大臣，統轄阿爾泰附近之烏梁海部十旗（光緒三十三年。）（註三）

（註三）詳見燕樹棠蒙古的政治一文，刊於一六九期現代評論。民國十七年出版。

民國成立以後，改理藩院爲蒙藏院，管理蒙藏事務，其權限仍因襲淸之理藩院，而未有變易，惟別劃內蒙古爲熱河察哈爾綏遠三特別區，建設縣治，設三都統，以管轄各區域內之軍政民政及旗務。然錫林郭勒盟、烏蘭察布盟、伊克昭盟及察哈爾八旗之後數旗諸地，實際上仍爲行政權力所完全不能達到之地。民國四年（一九一五年）又就外蒙古設庫倫辦事大臣，就烏里雅蘇臺、科布多、恰克圖分設佐理專員。民國九年（一九二〇年）設西北籌邊使，旋又改爲庫烏科唐鎭撫使，駐紮庫倫，鎭撫使之下，設參贊副參贊，分駐各大城，協助鎭守使管理軍民盟旗諸事務。當時設立者，庫倫有漢蒙參贊各一人，襄助管轄土謝圖汗、車臣汗事務；烏里雅蘇台、唐努烏梁海則各設參贊副參贊各一人，科布多則設副參贊一人。(註四)

(註四)詳見陳崇祖編外蒙近世史民國十一年，商務印書館出版。

國民政府定都南京，乃設立蒙藏委員會，直隸於國民政府，掌理二事：一、審議關於蒙藏行政事項，二、計畫關於蒙藏之各種興革事項。其組織分祕書、蒙事、藏事三處，蒙事處即專管蒙古事務。據其組織法第十四條之規定，所謂蒙藏，乃「指未曾改設行省或特別區之蒙古西藏地方」而言，蓋即外蒙古科布多烏梁海與西藏也。(註五)

(註五)見民國十七年三月二十三日申報。

第四節　經濟上之關係

中國與蒙古商業之開始，究在何時，徵諸歷史，已無可考。然現在中國在蒙古設立之商店中，其有數年數十年，乃至百年以上之歷史者，實繁有徒，如開設於庫倫和屯之大盛魁，即其一例。大盛魁之在蒙古，蓋已達三百年以上。漢人在蒙貿易既久，經營頗有心得，於蒙人嗜好，亦能揣測精密，運往之貨多投其所好者，故每歲商人販貨至蒙，蒙人必趨之若鶩，銷售罄盡，獲利而歸焉。

蒙古商務，向有西幫京幫之分。西幫為山西之太原、大同、汾州，河北之天津、宣化及張家口多倫之商人，共同組織而成。其基礎規始於清康熙間，勢力遍布於內外蒙古，資本雄厚，脈絡貫通，實為西北商務之樞紐。就中如萬和號一家，總號在天津，而分行則在庫倫、奇台、歸化、寧夏、宣化、順德、錦州、張家口、包頭鎮、烏里雅蘇台、科布多、恰克圖等處。又如公合全、慶和達兩家，總行在張家口，分行則在北平、上海、恰克圖及俄國之莫斯科、烏丁斯克、赤塔、伊爾庫次克等處。京幫則專指北平安定門外外館客商，在庫倫所設之分號而言，其基礎始於清咸豐年間，遠在西幫之後，資本亦不及西幫之雄厚，其營業之範圍，僅限於庫倫一隅五六十家而已。山西商人，多安分敦樸，長於保守，故數百年來，蒙局雖經變故，卒能維持商業而不敝，相處相安，惜舊法相承，艱於進步耳。(註六)

（註六）張其昀本國地理下册，頁三八五。民國十七年商務出版。

據俄人民國八年（一九一九年）在庫倫烏里雅蘇臺及科布多之調查，中國商號在蒙之營業，約如左表：（註七）

（註七）南滿洲鐵道株式會社庶務部調查課編外蒙共和國下編，頁二二一九二七年，大坂每日新聞社出版。

大盛魁	（庫庫和屯）	二、〇〇〇、〇〇〇留
壽生昌	（山　西）	一、三〇〇、〇〇〇留
源生和	（北　平）	一、二〇〇、〇〇〇
有盛和	（山　西）	一、〇〇〇、〇〇〇
長義德	（山　西）	七〇〇、〇〇〇
源盛德	（山　西）	六〇〇、〇〇〇
統皮皮（譯音）	（北　平）	六〇〇、〇〇〇
永生海	（北　平）	五〇〇、〇〇〇

隆昌祥	（北平）	五〇〇、〇〇〇
瑞和公	（北平）	四五〇、〇〇〇
豐和義	（北平）	四五〇、〇〇〇
三合義	（北平）	三〇〇、〇〇〇

總計十一家之營業，達九百六十萬盧布。此外較小之商號，分布於外蒙古各地者，尙不在內也。

蒙古中國間之貿易，出口貨以牲畜皮毛爲大宗，進口貨以磚茶布匹麵粉煙草等爲大宗。中國東南各省之茶，行銷西北，由來已久。歸化城在明代已爲著名之茶馬市，迄於今日，此項貿易仍不少衰。磚茶來自漢口，專銷蒙古新疆一帶，茶商概係晉商。蒙古向無貨幣，卽以磚茶一塊爲單位，甚或以牛羊爲媒介。大抵一牛值十公羊，或二十綿羊，或六十羔羊。茶糖煙草小米，亦均由中國輸入，麥粉由中國輸入者居三分之二，由俄國輸入者，居三分之一。酒與布匹，則中俄均有之。中國燒酒，則來自山西汾陽。

茲據俄人統計，內外蒙古主要進出口貨列表如左：（註八）

（註八）見張其昀本國地理下冊，頁三八六。

（甲）出口量

牛羊肉	600,000 擔
羊毛	120,000 擔
駱駝毛	13,000 擔
馬尾毛	11,000 擔
羊皮	500,000 張
羔皮	700,000 張
牛皮	84,000 張
馬皮	70,000 張
乳類	1,323,000,000 磅
毛皮	12,000,000 元

(乙) 進口量

磚茶	240,000 箱
麵粉	612,000,000 磅
米與小米	547,200,000 磅
煙草	2,592,000 磅
糖	460,000 磅
酒	2,177,000 磅
布匹	13,600,000 碼
綢緞	725,000 碼
呢絨	345,000 碼
雜貨	300,000 元
家具	1,200,000 元
寺院用具	750,000 元

此外漢人之在蒙古從事工業者，亦爲數不少。其主要所在地，爲庫倫，恰克圖之買賣城，烏里雅蘇臺，及科布多。中國工業與蒙古工業，甚相類似，大都對於牧畜之產物，加以手工，製

成品常用品以供蒙民之消費。

中國人在蒙古工業之詳細情形，殊難得確實之統計。茲據俄人之調查，民國八年（一九一九年）之夏季，庫倫及賣買城二地之中國工場及工人，約如下表：（註九）

（註九）見外蒙共和國下編頁七八。

	企業數	工人數	每企業平均工人數
羊毛皮製造業	九〇	一、八〇〇	二〇
木作	五〇	一、〇〇〇	二〇
製靴業	二五	五〇〇	二〇
裁縫業	四〇	三〇〇	七·五
鍛冶業	五〇	二〇〇	四·〇
製鞍業	六〇	一四〇	三·三
金銀細工業（銀裝飾品）	四〇	一〇〇	三·五

佛像師	四	一〇〇	二五
皮革業	四	四〇	一〇
共計	三六三	四、二八〇	一一·五

中國在蒙古之工商業，已略如上述，茲請進而一察中國人在蒙之農業。中國在蒙農事之開始，當溯十八世紀之初葉。爾時蒙人對於中國之主權，既已承認，中國乃從事於蒙古內地各處要塞（如鄂爾坤、帖斯、拜達哩克、科布多等）之修築，中國軍隊亦漸在此屯駐。於是爲供給駐兵食糧之故，軍隊駐屯地乃有官有農場之設置。由駐兵及所在地之蒙人從事耕作。清雍正七年（一七二九年）圖拉及鄂爾坤河畔，大麥小麥等之收穫，計二千八百四十袋；八年（一七三〇年）計七千五百五十袋；九年（一七三一年）計六千六百五十袋；十年（一七三二年）達一萬〇六百三十袋。農事之興，遂自此始。乾隆二十七年（一七六二年）乃又有科布多附近布彥岱河畔官有農場之創設。其他各地，亦先後傚行。至十八世紀之後半期，蒙古地方已歸平靜，北部蒙古之駐軍，先後撤退，中國在蒙創設之農場，乃全然成

爲廢墟。十九世紀之中葉，色楞格河之下流，及其支流各地，又開始中國之農墾事業，爾後逐漸興盛，伊羅河等流域中，乃漸有中國農民村落之創設焉。自是以迄於民國之紀元，中國人在蒙之耕作地面積達六七萬俄畝。（deciatine 一畝抵中國十六畝）北蒙事變既起，中國人之農業乃受一極大之打擊，或逃回或被放，數十年之經營，至此均付諸東流矣。（註十）

（註十）見外蒙共和國下編，頁九〇。

第三章　中俄在蒙古勢力之消長

第一節　清廷對蒙政策之嬗變

清之初興，懲於前代邊患之烈，對於蒙古，一惟以消極的征服爲依歸。故其所取之政策，亦不外於懲民與懷柔之二道，約而舉之，則如下列：

（一）利用喇嘛教　蒙古本事佛教，其信喇嘛，始自明季。清代特加獎勵，用示尊崇，於是喇嘛之教始盛，寺院林立，金碧輝煌，習梵唄，戒殺生，而英武之風，澌滅殆盡。喇嘛教大行於蒙古，始於十六世紀後半（即明萬曆四年一五七六年）活佛之出現，則始於十七世紀後半。（註一）蒙古諸部，雖久奉喇嘛之教，初未統屬於喇嘛。清初外蒙諸部，議投俄羅斯時，呼圖克圖（即活佛）勸之事清，清廷德之，特封爲大喇嘛。康熙中葉，每歲招活佛入京說法，乘黃輿，住黃幕，寵任備至。雍正五年，（一七二七年）又發國帑金十萬兩，建大刹於庫倫，以居活佛，使如達賴喇嘛治西藏故事。因清代獎勵喇嘛，故外蒙寺院之多，觸目皆是。一家有子二人，且必以一子爲喇嘛僧。迷信日深，丁口日少，人材不出，職是之故。魏源聖武記有曰：「蒙古敬信黄教，不獨明塞息五十年之烽燧，且開本朝二百年之太平，」從可見清代愚民政策之收效。且喇嘛所誦之經，胥係藏文，因喇嘛之力攻藏經，遂致棄其固有蒙文而不顧，則清廷之用意，誠深刻矣。

（註一）見矢野仁一著近代蒙古史研究第十七十八兩章。

（二）利用階級遺毒　蒙古受階級制度之桎梏最深，其平民謂之奴才，奴才分宜操作，世世服役於王公。奴才每有因不勝其苦，去而爲喇嘛者。民國成立以後，蒙古王公猶有著清時禮服，領頂輝煌，指頤使氣，儼如前清大員氣象者，亦可見蒙人階級制度遺毒之深。清廷利用此種弱點，故於尊崇喇嘛以籠絡教衆以外，對於蒙古王公，又極盡其優遇懷柔之能事，以爲擒賊擒王，蒙古王公果能貼耳服從，則蒙古平民，自不能復爲我患。故有清一代，滿蒙通婚，盛極一時，如蒙古科爾沁部左翼中旗之一旗，其婦女入爲清帝皇后者，前後凡三人，清室公主之下嫁該旗王公者，亦先後達五人。至於清室公主之下嫁蒙古各公主之子孫者，爲數更無慮數千。所謂「備指駙馬」之制度，（註二）即清廷對蒙婚姻政策實施之一道。康熙帝嘗謂「我朝恩施於喀爾喀，使之防禦朔方，較長城更堅矣。」（註三）可見當時清廷之躊躇滿志，亦婚姻政策收功之一證也。

（註二）詳見矢野仁一著現代支那研究。

（註三）見稻葉君山清朝全史第四十五章。

（三）隔絕漢蒙之接觸　清廷既以愚民爲其首要之政策，故對於漢人之與蒙人相接觸，防範綦嚴。禁止漢蒙之通婚一也；禁止蒙人用漢字姓名，禁習漢文，禁用漢字漢文作訴訟及請願之公文，即教授或代書漢文之人，亦嚴加處罰，所以塞民智而利牢籠，二也；清代對於內地商人，前往蒙古經商者，事先必須先得理藩院之許可，給予院票，並須經過種種檢驗之手續，居留期限，則以一年爲度。至於唐努烏梁海則絕對禁止漢商之前往。防漢人之久居不歸，因以教導蒙民，三也；對於漢民之開墾蒙荒，輒以有礙蒙民生計爲理由，而絕對禁止，四也。

凡此諸端，皆爲清初對蒙所取之政策，可見清代之防閑蒙人，初固無所不用其極。終清代二百五十年間，蒙古得相安無事，未始非此種閉鎖政策之奏效。然承平日久，防閑終疏，而康熙帝每歲一度之熱河巡狩，更開漢人以移殖蒙古之端。於是燕晉貧民，相率裹糧前往，貿易耕種者日見增盛。二百年來生聚日衆，或春往而冬歸，行止靡定；或築室而鑿井，形成土著。禁墾之令，亦漸等於具文，內地人民之雜居蒙古者，既日見增多，設治置官，勢乃不能再緩。同時俄國勢力日益南下，對於蒙古，窺伺漸亟。清廷感受壓迫，知禁墾愚民之不當，亦不得不漸注意於移民實邊。對蒙政策，於是一變。總自光緒二十三年（一八九七年）山西巡撫胡聘之首創蒙地放墾之議，以迄清末十餘年間，其對蒙之新政策與設施，可按年分述如次：

光緒二十三年（一八九七年） 胡聘之首創蒙地放墾之議。

光緒二十七年（一九〇一年） 張之洞劉坤一請改變對蒙政略。其奏有曰：「蒙民生計，以游牧爲主。但最近數十年來，蒙古益形貧弱，對於強隣東侵，實無防禦之力。不可不乘此時，講求變通之策。」

光緒二十八年（一九〇二年）　實行允許蒙古王公，放荒招墾。並由清廷特派大臣，督辦開墾事務。

光緒二十九年（一九〇三年）　設建平縣於土默特旗。阜新縣於喀喇沁旗。設遼源州於科爾沁左翼中旗。

光緒三十年（一九〇四年）　設大賚廳於札賚特旗，設洮南府於科爾沁右翼前旗。

光緒三十二年（一九〇六年）　左紹楨岑春蓂建議，改熱河、察哈爾、烏里雅蘇臺、庫倫、科布多、阿爾泰、西藏爲行省。改沿邊各地將軍大臣爲巡撫，兼加陸軍侍郎銜，嚴防邊疆。改理藩院爲理藩部。附設調查編纂兩局，着手調查蒙古之狀況，定牧政、開墾事務、礦產、森林、漁業、學校等調查綱領十四條。

設開通靖安（今洮安縣）二縣於科爾沁右翼前旗。醴泉縣（今突泉縣）於科爾沁右翼中旗。廣安縣於科爾沁右翼後旗。

光緒三十三年（一九〇七年）　開墾蒙古。

光緒三十四年（一九〇八年）　庫倫辦事大臣三多，派人調查車臣汗部土謝圖汗部。開墾事務，雷厲風行，不稍假借。設開魯縣於阿魯科爾沁東西札賚特三旗地方；林西縣於巴林旗；綏東縣於小庫倫及奈曼旗。

宣統元年（一九〇九年）　勅各部與將軍大臣等，協定施行開化蒙古之方法。

宣統二年（一九一〇年）　廢止開墾蒙地禁令，注意移民殖邊事務。

廢止漢蒙不得通婚之法律。

獎掖漢人赴蒙，尤提倡攜帶妻子。

准蒙人學漢文，用漢名，聘漢人爲書吏，用漢文爲公文。

庫倫辦事大臣三多，勵行新政，設衛生局，巡警隊，審判廳，商品陳列所。設安達武興二廳於杜爾伯特旗；肇州廳於郭爾羅斯後旗；鎭東縣於科爾沁右翼後旗。(註四)

(註四)根據矢野仁一現代支那研究及陳登元中俄關係述略。(民國十五年商務出版。)

凡此皆一反清初之政策，實爲清廷對蒙最後之努力。雖亡羊補牢，爲時已晚，然熱河察哈爾綏遠三地中之農業得有今日之興盛，張家口、歸綏、包頭之得成爲口北三大鎭，內蒙古之得免於赤俄之蹂躪，要亦未始非此最後努力之結果，則其功固有未可盡沒者。

第二節　俄帝國在蒙古勢力之進展

中俄關係，溯源甚遠。就有清一代而論，則康熙二十八年（一六八九年）之尼布楚條約實開兩國締約之端。尼布楚條約中規定兩國間通商之辦法，而未規定通商之地點。雍正五年（一七二七年）乃又締結恰克圖條約，劃定全蒙北部之國界，指定以恰克圖及尼布楚附近之孜爾喀涚，爲兩國互市之地，自此以外，概行禁止。（註五）是爲俄國與蒙古發生關係之肇端。下至咸豐十年（一八六〇年）二國又締定中俄續約，規定以喀什噶爾爲貿易之地，准設領事，給予地皮，以備建設房屋，設立塋墓之用。（續約第六第八兩款）交界各處，准許兩國所屬之人，隨便交易，並不納稅。（續約第四款）準俄商於往來恰克圖北平間途次，在庫倫與張家口間，販賣零星貨物；又許俄國在庫倫設置領事，給予地皮，以備蓋造房屋及餧養牲畜。（續約第五款）此外並規定俄領阿穆爾省及東海濱省之軍政長官，得直接與黑龍江及吉林將軍，往來行文。恰克圖之事，則由俄國邊界官員與恰克圖部員直接行文。（續約第九款）（註六）是爲俄國在庫倫張家口及喀什噶爾三處地方通商權利之獲得。而俄國在條約上之獲得最惠國待遇，亦即始於前二年（一八五八年，即咸豐八年）之中俄條約也。

（註五）原約見約章大全。

（註六）詳見國際條約大全卷三。（民國十五年增訂商務出版）

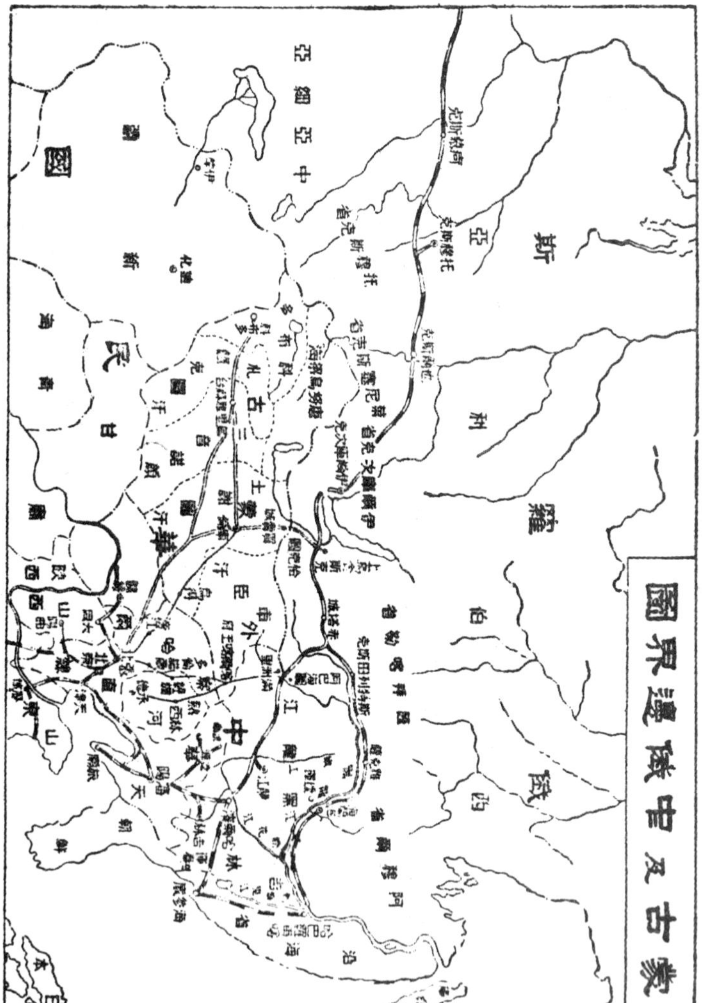

在恰克圖條約未訂以前，兩國國境之間，曾劃定一百華里爲無稅區域，恰克圖條約訂

立以後，此項權利，亦即取消。同治元年（一八六二年）二國間締結陸路通商章程於北平，昔日兩國國境之貿易狀態，又從而恢復。同治八年（一八六九年）又改訂陸路通商章程二十二款於北平，不特在兩國邊界百里以內之貿易，均不納稅（第一款），且進而加以擴大，凡中國所屬設官之蒙古各處，及該官所屬之各盟，亦准許俄商前往貿易，而不納稅。其不設官之蒙古地方，如俄商欲前往貿易，中國亦不加攔阻，惟須有本國邊界官之執照（第二款。）至俄商自俄運至天津之貨物，應納進口正稅，按照各國稅則三分減一。（第五款）俄商在張家口販買土貨回國，應納之出口稅銀，則按照各國稅則交一子稅。（即正稅之半）（第十四款）（註七）　至光緒七年之伊犁條約及續改陸路通商章程，除確認國境百華里無稅區域，及蒙古各地方無論已否設有官吏，均照舊認俄商有無稅貿易權外，更獲得下列各項之新權利：

（註七）原約見國際條約大全。

一、領事之添設　俄國除照舊約在伊犁、塔爾巴哈臺、喀什噶爾及庫倫設立領事外，並准在肅州（即嘉峪關）及吐魯番添設領事。其餘如科布多、烏里雅蘇臺、哈密、烏魯木齊、古城五處，俟商務興旺，得由兩國絡續商議添設。（伊犁條約第十款）於是俄國在蒙古所獲得之自購土地（根據同治八年之條約）或由中國官廳劃撥地基、建築住宅、商店、堆棧之權利（根據咸豐元年之條約，）又因之而增多矣。

二、無稅貿易區域及減稅貿易區域之擴大　俄國除依照舊約，在蒙古地方，無論已否設有官吏，均有無稅貿易權而外，并准俄民在伊犁、塔爾巴哈臺、喀什噶爾、烏魯木齊及關外之天山南北兩路，皆得暫不納稅。（伊犁條約第十二款）至於減稅之區，原僅限於自恰克圖、尼布楚二地輸入天津之貨物，至此陸路通商章程訂立以後，則凡運至肅州者，亦均照天津一律辦理矣。（章程第五款）（註八）

（註八）詳見國際條約大全。

綜觀上述，可見俄國在蒙勢力擴張之迅速。自雍正至爲光緒，爲時不過百載，而俄蒙關係，則已大變。昔日俄國勢力之所及，不過沿邊一帶之地，今則深入內地，西及於科布多，東及於甘肅。且因伊犂條約有科布多等五處，俟商務興旺，得添設領事之一語，遂致發生俄國不待中國承認科布多商務發達，強行設置領事；並在距科布多五百華里之承化寺，亦強迫設置領事之紛糾。而新疆全省且因此而寖假成爲免稅區域矣。俄國在蒙勢力之進展，其速度固大足驚人也。

第三節　中國在蒙勢力之崩頹與俄國在蒙之活躍

中國自中日戰爭以後，（一八九五年）深悟交通之不便，足以陷軍事於不利，於是竭力謀鐵道之建築。俄國乘此時機，陰誘比利時合股組織公司，投資京漢鐵道之建築。於是江北大幹線鐵道之建築權，遂落於俄人之手。英國恐俄人由此以蹂躪揚子江流域之既得權利，乃急與我國締結關外鐵道借款之契約，冀以此斷俄國東省鐵道與蘆漢正太鐵道之聯絡，對於俄國在中國北部之馳騁，予以重大之打擊。英俄利害之衝突，至是遂顯著不可再掩。於是遂有光緒二十五年（一八九九年）英俄外交之劇烈爭執。俄國對此，乃不得不謀補救之道。是年乃有著名的英俄協約之締定，規定以「揚子江流域爲英國之鐵道建築範圍；長城以北，則爲俄國之鐵道建築範圍，互相承認，不相侵害。」於是滿洲與蒙古，遂逐漸形成爲俄國之勢力範圍。故一八九九年之英俄協定，實爲俄國對蒙侵略之第一關鍵。

然「自從十九世紀中葉以後，以至日俄戰爭終了的時候，這四五十年間，也是俄國對於蒙古不注意的時期。因爲俄國自從十九世紀之中，到日俄戰爭，開闢西伯利亞，進行很快，俄國集全力經營滿洲高麗及沿海州一帶，以擴張海軍勢力。俄國實力膨漲，還是經營遠東，而其意不在蒙古。」(註九)　至日俄戰爭以後，俄既受挫於日本，對於滿洲高麗之侵略，至是已宣告絕望。俄國在遠東政策之進行，勢不能再循昔日日俄戰前之熟徑。於是「爲俄國計，只有兩個方法：或是仍然敵視日本，準備乘機復仇，以行其獨霸東亞的雄圖，或是和日本妥協，提攜並進，以期分割東亞大陸的勢力。」(註十)　據歷史之昭示，俄國當時所取之方略，蓋卽擇其後者而行之。故光緒三十三年（一九〇七年）有第一次日俄協約之成立，其目的卽在於彼此尊重領土與既得的條約上之權利，消除雙方誤解之原因，以從事於謀二國之棄怨而修好。是時日本方銳意於南滿之經營，會美國國務卿洛克斯（Krox）提出「滿洲鐵路中立」之建議，其目的實在於牽制日本在滿之活動雖提議終歸失敗然日俄二國因此而獲得一種教訓，知二國在滿之地位，時有受第三國襲擊之可能，欲免除此種危險，實非二國取一致步驟以抵制第三國之行動不可。宣統二年，（一九一〇年）遂有第二次日俄協約之締定。此協約實含有重大的政治使命，蓋其目的，卽在於防護日俄兩國彼此在滿之既得權利，與現存之地位，苟有第三國加以侵犯，兩國當協定一切必要的手段。自是以後，日本聯俄之傾向，日盛一日，在俄國方面亦已知日本勢力之不可侮，極願與日本妥協。日俄接近，於是已成爲實際的政治問題。故當一九一〇年第二次日俄協約締定之際，已風傳日俄二國另有密約之締結，其內容約定：「日本合併朝鮮，俄國不加反對，同時俄國在伊犂蒙古方面有何進行，日本亦應承認，而與以援助。」民國元年（一九一二年）日本之有名軍人政治家桂太郎有俄國之行，其帶有締結特殊協定之使命，蓋已成爲不可掩之祕密。其結果聞有第二次日俄密約之成立，約定以內蒙南滿劃歸日本之勢力，而北滿外蒙則劃歸俄國之勢力範圍。因此協定，俄國在蒙古之侵略，乃更得放膽進行矣。此爲蒙古問題緊張之第二關鍵。故自國際的政治關係而論，蒙古問題之嚴重，實拜英俄協約與日俄協約之賜也。俄國一方面以京漢鐵道之建築權爲魚餌，使英國對於俄國在蒙之侵略，不得不袖手而旁觀；一方面更以共同利益之危險爲言，以聳動日本之觀聽，使不得不與之妥洽，而任令稱雄漠北。俄帝國之外交手腕，誠不得不令人佩服也。

（註九）引燕樹棠先生語。見太平洋雜誌四卷七號中俄交涉問題。

（註十）見周鯁生中俄關係論。載東方雜誌第二十一卷第一號。

然俄帝國在蒙勢力之進展，初非一朝一夕之事，其處心積慮，固爲日已久，其進行方法之巧妙，亦每能令人入其牢籠而不自覺。則其手段之狡猾，更令我人思之有餘慄也。綜俄國之對於蒙古，其所取之政策，先以經濟勢力之擴張；繼以大規模之煽惑，終其結果，則歸宿於政治的侵略。茲略述其對蒙之手段：

一、利用喇嘛教　俄國所屬之布里雅特人，爲純粹蒙古種族，亦信喇嘛教。俄國利用之，以爲侵蒙之先驅，使與蒙人交好。更於塞勒金斯克東南，隣近中國國境之處，建喇嘛廟一所，由俄國政府任命「錫哷圖」（僧官官名）一人主持教務。其後教徒日增，錫哷圖多至三十四人。俄國政府更任命名爲班第達堪布喇嘛者一人，使總其成。咸豐三年（一八五三年），俄國政府規定該廟喇嘛之數，僅限三百人，後竟增至一萬五千乃至二萬人。民國二年（一九一三年），助成蒙藏協約締結之朵爾哲夫亦即布里雅特族中有名之喇嘛，而俄國勾結蒙藏之功臣也。（註十一）

（註十一）見矢野仁一現代支那研究頁三八〇。

二、利用活佛　光緒初年，活佛第八世格根，隨其父母同由西藏至庫倫，時年僅四齡。至十二歲，父死，母別居，其時活佛頗以孤苦爲憂，於是庫倫俄領事以歐洲新製各種機械玩具繪畫雛形等進，使爲隨時娛樂之具。（註十二）即此一端，可想見俄人對於活佛之籠絡，蓋無微不至矣。

（註十二）見陳崇祖外蒙近世史頁一八。

三、利用金錢　光緒二十六年（一九〇〇年）俄人開採土謝圖汗之金鑛，蒙古王公，羣起反對，俄國領事，乃用蒙語，巧辭演說，謂受俄保護，較屬於中國，尤爲有益，並以十萬金盧布，散於王公。蒙古王公，俱爲之心動，感激俄人之德意，拒俄之念，於是大衰。（註十三）

（註十三）見陳登元中俄關係述略。

至於中國之對蒙，則一以擾民爲能事。在上者於蒙情極爲隔閡，不知因勢利導，在下者亦乏連絡，於是蒙民不堪其擾，有相率逃避者。綜觀清廷措置之失宜，約有下列之四大端：

一曰用人之不當也。外蒙各大員，其位望之隆，事權之重，初不亞於明之九邊督撫也，乃道光以來，寄斯任者，非保舉之旗員，卽左遷之大吏。而庫倫大員一席，尤以美缺著稱。滿員營求者，非二十萬金不能得。其每年之進款，大約平均終在五十萬兩以上。地處遐荒，中央既無從稽考，歷任大臣乃得任意妄爲。夫以貪墨昏庸之流，寄此邊疆之大任，欲不誤國，尙可得耶？

二曰放墾蒙荒之失宜也。放墾蒙荒，原爲開發蒙古之要策，於漢於蒙，均能兩得其利。然清廷事前既未剴切曉諭，使蒙人洞知開墾之利；事後又不知善爲措置，致貽蒙人以杷人之憂。紛紛擾擾，不可終日。蒙人對此，一方面既以牧地日狹，又數千年來之土地一旦盡入漢人手中之慮，羣起而有襲殺墾務局官吏之舉，他方面又以種種捐稅，紛至沓來。蒙人疑懼交併，即無外誘，亦已難免於叛變，矧有俄人之作祟乎？

三曰革去喇嘛名號之失諸操切也。宣統二年，西藏達賴喇嘛，陰附英人，潛圖不逞，清廷聞訊，降旨革去喇嘛名號，以示懲儆，并命駐藏大臣嚴密拿辦。清廷此舉，實予庫倫活佛以狐死兔悲之感。而庫倫辦事大臣三多，且嘗以喇嘛拒捕，嚴行處罰。活佛說情，亦毫不假以辭色。此種雷厲風行之手段，在蒙實爲創見，以與俄國之優遇活佛，與之周旋者，相去何啻霄壤哉？

四曰創辦新政之出諸冒昧也。三多涖任未久，中央各機關，督促舉辦新政之文電，交馳於道，急如星火，於是兵備處也，巡防營也，木捐總分局也，衛生總分局也，車駝捐局也，憲政籌備處也，交涉局也，墾務局也，商務調查局也，男女小學堂也，風起雲湧，庫倫一城，一時驟增機關二十餘處，而一切開辦經常之所需，又悉數責令蒙古供給。蒙官取之於民，限期繳納，蒙民不堪其擾，則相率而出於一逃，此病民之一事也。當時參議官唐在禮，募兵建營於庫倫之東，招募蒙人，以充兵伍。往往強迫游牧之蒙人，棄其舊業。凡從事之初，又大興土木，踵事繁華，隨從之屬，又每趾高氣揚，不可一世，對於蒙民，凌虐備至。一時庫倫人心皇皇，側足而立，大有不可終日之勢。此病民之又一事也。故其結果；雖一事未辦，一卒未練，然而蒙人則已談虎色變，形勢洶洶，一若大禍之將即至者。

總觀上述，可知清廷此種干涉蒙事之政策，實爲蒙古問題發生之最大原因。此舉之根本錯誤，即在於不知收拾人心之爲急，而徒欲賴形式上之改革，極少數之軍警，以維持其事實上已失墜之統治權。迨其結果，則轉使俄人得藉詞以干涉蒙事，挑動中蒙之惡感，以促蒙人向外之念。俄蒙實際上之接近，此實爲其第一原因。

俄蒙接近之第二原因，則由於中國之驅民政策。蓋俄國自來即利用蒙人之貧困，貸以資本，而厚取利息，或以財產地皮等爲抵押，在經濟方面，蒙人久已隸屬於俄人勢力之下。有清末葉，庫倫一隅，俄商之數，已達三千六百餘人，此外尚有定期往來之隊商，每年亦在七八千人內外，其餘各地，俄商及遊歷探險隊等，每年平均總數，亦恆達五六萬人。(註十四)俄人在蒙古一帶之勢力，遂駸駸駕我而上。至於我華商之在蒙古者，則因資本缺乏，復無政府保護之故，其勢遂不敵俄人。政府所派邊吏，又歷任以搜括聚斂爲務，正供之外，加以各種雜項差徭。蒙人受其魚肉，道路側目，而一入俄籍，則悉免一切負擔，故當時蒙人之入俄籍者日以多，對於中國之感情日以壞，俄蒙之間，亦自此而愈形接近矣。

（註十四）見林唯剛俄蒙交涉始末。見民國元年出版庸言報一卷一期。

故蒙古之成爲問題，一方面固爲國際政治舞臺上自然之趨勢；然中國在此時既不努力以求挽救，反推波助瀾，實行驅民與干涉之二政策，則俄國在遠東之活動，即不受日本之打擊，或蒙古無俄人之利誘與挑撥，蒙古之終不得安寧，亦可斷言也。

第四章　俄帝國卵翼下之外蒙第一次獨立

第一節　外蒙古之獨立

光緒三十三年（一九一〇年）日俄第二次協約成立以後，日俄更進而締結第一次密約，竭力謀在東亞侵略之提攜。俄國對蒙之侵略，乃更得壹意孤行。以本國爲後援，慫恿活佛爲蒙古之君主，以斷中國之臣屬關係。同時中國在蒙之舉措，又適釀成蒙人惡恨華人之心理，外蒙獨立遂不可免，俄國對蒙侵略之政策，亦遂水到渠成矣。

宣統三年（一九一一年）六月，外蒙以會盟爲名，由杭達親王等召集四盟王公，密議獨立之事。全體贊成署名蓋印。杭達於是遂以外部大臣之名義，祕密赴俄，要求援助。適武漢起義，俄國乘中國鼎革之際，揮其軍隊絡繹入蒙。是年十月，蒙軍已布置就緒，蒙古諸人，乃聲言「革命黨人，已帶兵取道張家口來庫，希圖擾亂蒙疆。我喀爾喀四部蒙衆，受大清恩惠二百餘年，不忍坐視，我佛哲布尊丹巴呼圖克圖，已傳檄調四盟旗兵四千名，進兵保護大清皇帝，要求發給糧餉槍械，」與我開釁。隨卽驅逐清官吏，發布宣言，倡言獨立，其大致略謂「我蒙古自康熙年間，隸入版圖，所受歷朝恩遇，不爲不厚，乃近年以來，滿洲官員，對於我蒙古，欺凌虐待，言之痛心。今內地各省，既皆相繼獨立，脫離滿洲，我蒙古爲保護土地宗教起見，亦應宣布獨立，以期萬全。」於是外蒙四盟公推哲布尊丹巴呼圖克圖爲蒙古國皇帝，是年十二月，舉行卽位式，稱蒙古帝國，建共戴元年爲紀元。

當庫倫獨立之始，聚兵不過數千，且皆烏合之衆，然遣兵內犯，聲勢甚張，內蒙各旗，亦多有聞風響應者。庫匪乘勝四竄，節節抗禦我兵，然此非外蒙兵力之雄，乃俄將臨陣指揮之功也。蓋外蒙自知戰鬪無力，統帥無人，恆惴惴於我軍之大舉。俄人亦洞悉此點，故一方面對於我國出兵征蒙，竭力阻抑，（時民國元年三四月間）一方面則由蒙古聘請俄人廓洛維慈爲陸軍指揮官，訓練蒙兵，先以騎兵，漸及礮工輜重。（時爲民國元年三月）是年六月間，蒙古之哥薩克騎兵第一中隊，遂組織完成，爲時僅三月，竟擴充至四中隊。俄人同時更以軍械供給外蒙，元年春間，蒙古購自俄國之槍械，凡四萬枝，子彈四千箱，大礮八尊。兵力之外，所需軍費，亦由俄人借貸。蓋外蒙自獨立後，匪徒騷擾，商旅阻滯，雖欲抽稅，亦苦無從，故一方面對於內地僑商，有抽收每人年稅三元之舉，一方面又不得不向俄國借貸。於是陸續締定公債條約，民國二年（一九一三年）締結無利息公債十萬盧布，供組織軍隊之用，以蒙古國庫之收入及採掘特種礦物之收入爲擔保償還期限定爲十年；民國三年（一九一四年）成立無利息公債二百萬盧布以砂金之採集及蒙古之國庫收入爲擔保，償還期限定爲二十年；是年又締結三百萬盧布之無利息公債，限三十年償淸，以關稅及手續料之收入爲保證。其目的據協約第二條之規定，爲從事「於財政之改善國內設施之改善鑛山之經營畜牧之改良，在俄蒙教官指導下之軍隊的教練與維持之使用。」（註二）不過二年之時期，蒙古政府對俄之負債，已達五十萬盧布。而俄國財政顧問之聘請，亦卽規定於條約之中。據合同所載，外蒙所有款項用途，均須先經財政顧問之核准，方能發給；所借之款，不能直接交付外蒙，須先交財政顧問支配。該顧問并有在外蒙地方，自行辦理煤礦、電燈、電話及各項適當實業之權。合同以三年爲期，三年期滿，仍可續訂。於是聘俄人戈金爲財政顧問，自是以後，外蒙之財政大臣遂同虛設，一切財政上之實權，均操諸俄人之手矣。(註二)

(註一)見外蒙共和國下編，頁一八九。

(註二)詳見陳崇祖外蒙近世史。

民國元年二月，共和告成，聯合五族，組織民國，袁世凱乃致書哲布尊丹巴，曉以利害，勸其取消獨立。略謂「外蒙同爲中華民族，數百年來，儼如一家。現在時局阽危，邊事日棘，萬無可分之理。……各蒙與漢境脣齒相依，猶堂奧之於庭戶。合則兩利，離則兩傷。今論全國力量，足以化外蒙之貧弱爲富強，置於安全之域。舊日秕政，當此新基創始，自必力爲掃除。此外若有要求，但能取消獨立，皆可商酌。」(註三) 乃蒙人畏俄滋甚，寧可開罪於母邦，不敢爽約於鄰國，函電往返，卒無效果，蒙古問題，遂非口舌所能爭矣。

(註三)見陳崇祖外蒙近世史第一編，頁十五。

第二節　庫倫獨立前後俄國對蒙之要求

清光緒七年（一八八一年）之伊犂條約，以宣統三年（一九一一年）七月二十五日滿期，按約如欲改訂，應於滿期之六個月前，預先知照。我國以伊犂條約，損失甚大，如自由貿易免稅權，家屋建築權，土地所有權等，皆爲各國條約所無，亟應加以修改，此外俄人尙有種種逾越條約範圍之舉動，亦應於修改時加以限制。宣統二年（一九一〇年）外務部乃特設俄約研究處，將伊犂條約之應行修改及限制者，分別討論；又派部員二人，赴蒙視察陸路通商情形。俄人聞此，惕然心驚，以爲中國政府業已預備，將來提出正式交涉，必將不易對付。乃於宣統二年之十二月，提出對於蒙事之要求三十五款。以爲先發制人之計。俄國此舉，其目的蓋在於覘我國之態度及應付之手段。而當時清廷昏闇，對於國際大勢，曚無所知，以爲俄人特蒐集其歷年之積案，來相糾纏，故延宕如故，其毫無解決之決心及決裂之預備亦如故。於是遂有翌年（一九一一年）正月俄國提出自由行動之照會。（註四）其要求凡六款，綜釋照會之內容，第一爲俄界百里外自由徵稅問題，蓋俄國當時對於華貨之輸入俄國，皆徵收進口等稅，外務部曾提出抗議也。第二爲設置領事問題，蓋照約有科布多等處，俟商務興旺時，得設置領事之規定，俄既要求設領，又要求將科布多領事移至承化寺，其理由則以科布多辦事大臣，已移治承化寺，該處作爲阿爾泰道治貿易總匯之處故也。第三爲領事裁判權問題。第四爲土地與家屋所有權問題，蓋當時蒙古新疆之地方官吏，對此問題，其主張，每與俄領事不能一致也。第五爲自由貿易問題，蓋對於伊塔茶葉各公司及某項釐捐而發。總之，當時俄人所斷斷爭論者，無非條約之解釋問題。而我外部之答復，亦即解釋約文。俄政府不滿意，復要求將俄人於蒙古及關外各處貿易，毫無限制，並不納稅一節，切實聲明；科布多或承化寺設置領事，亦應備文聲明，即速允准實行；又應在光緒七年之伊犂條約擬改之處，互換意見以前，中政府對於此約，加以切實明晰之解釋。外務部覆文，於不納稅一節，爭之頗力。蓋依照條約，科布多三處，必俟商務興旺之時，始允設領；同時據該約第十二款之所載，伊犂等處俄商之免稅，至商務興旺時，即將免稅條文註銷。今俄既要求設領，則是該處商務已達興旺之境，商務既已興旺，則免稅條文，按約自當取消。二者斷不能並得。乃俄領強詞奪理，又以自由進行爲威脅中國完全允諾之手段。於是東三省各處，警電紛至，俄兵南下，喧傳全城。清廷張皇失措，而交涉卒歸屈服。於是此驚天動地之交涉，遂告一小結束。

（註四）要求原文見林唯剛俄蒙交涉始末。

是時中國已從事於在蒙練兵與移民，蒙民紛擾，不能安居，俄國乘此時機，乃又提出照會，謂「中政府近年以來，在外蒙一帶之舉動，俄政府頗視爲於兩國睦誼有危險之處，如練兵移民各節，中政府切須注意。此舉即蒙古人民，亦甚爲驚疑。現有喀爾喀各盟王公及庫倫喇嘛等，已四次遣人赴俄京，訴告中國官吏欺凌擾害之狀。俄政府因顧念中俄兩國極親睦之邦交，故不願出而干涉，已拒絕蒙古各代表之請。務望中國政府將對於外蒙所行政策之眞意，誠實相告。」——是實爲俄國直接干涉蒙事之開端。中國政府對此，不特不據理加以駁復，且反電飭庫倫辦事大臣，將新政酌量緩辦。中國政府當時之庸弱，誠令人可憐又可恨也。旋革命軍興，清室搖動，庫倫亦遂乘此獨立矣。

庫倫獨立以後，俄國即提出協訂五款之要求，（時爲淸宣統三年，即一九一一年，十一月十二日。）其重要者爲：中政府承認俄國自庫倫至俄邊境有建築鐵路之權；中政府須與蒙古訂約聲明一不在外蒙駐兵，二不在外蒙殖民，三允准蒙人之自治而受辦事大臣之管轄；中國所有治蒙主權，改隸辦事大臣，中俄交涉，仍由兩國政府協商。（註五）時淸廷以革命軍勢大，自顧且不遑，遂置之不問。

（註五）見劉彥帝國主義壓迫中國史。

迨民國成立，俄國又提出中俄協商蒙事之要求三項，即不駐兵，不殖民，與乎蒙古由蒙人自治，不得視爲行省，而干涉其自治之權。當時閣議以爲外蒙係完全中國領土，斷無聽令俄人干涉，反與蒙人訂約之理。中國政府苟自認在外蒙不得駐兵殖民及干涉內政，則是明白拋棄其宗主權，此後俄國且益有所藉口，而分我治理蒙古之權矣。故決議不與俄協商，以留將來抗議之餘地。而俄人自此以後，亦不再提調停外蒙事矣。

自庫倫獨立後，烏里雅蘇臺、呼倫貝爾相繼獨立。蒙古兵攻取臚濱，俄派兵助之。我國與俄屢次交涉，俄國堅稱嚴守中立，不肯承認。而一面又要求我國政府不得由中東鐵路運兵進勦呼倫，並不准於中立之中東鐵路界內，有華蒙交戰之事。且宣言路界內不得容留中國官吏，限期迫令出站。及中國派那彥圖王爲烏里雅蘇臺將軍，俄使又提出抗議，且復以自由行動相威脅。爾後伊犂新疆援阿軍隊，將合阿爾泰兵以進攻科布多，俄使又要求中國不得進兵。但俄國自身，則一面派遣軍隊，以保護商民爲藉口，陸續入奉天之洮南，一面又以防衛領署爲理由要求增設伊犂及喀什噶爾之領署衛隊。雖經我政府之再三抗議，均置不理。蓋俄人野心，固不限於庫倫之一隅，西起新疆伊犂，東迄黑龍江，節節布置，無一處不爭先着，一旦決裂，則東西兼進，殆操必勝之算。而猶復遲迴瞻顧，如不欲戰者，蓋當時一方面既限於列強均勢之局，一方面且欲以外交之手腕，不費代價而獲得相當之利益也。故徐待機會，再爲得寸進尺之舉。彼蓋無一日不注視中國內部之動靜，及列邦之態度爲進退，而我以無方針、無政策、無實力、無預備，孤立無援於世界之上之弱國，與此虎狼之邦相抗爭，又安得而不敗哉。

第三節　英日俄三國之分贓與俄蒙協約之成立

民國元年（一九一二年）七月，日本派桂太郎渡聖彼得堡，與俄政府訂立密約，劃長春以南之滿洲及內蒙古之一部分（自開原之北依長柵至寬城子間之東蒙古地域）爲日本之勢力範圍；長春以北之北滿洲，及其餘之蒙古地域，爲俄國所有，約互相援助，不相牽制。（註六）俄外相薩佐諾夫於該密約締結後，即於是年九月，訪英外相古烈於倫敦，許西藏之權利與英國，以交換蒙古，亦得英政府之滿足。至於法國，則在桂太郎返日以後，其首相即有俄京之遊，當時報章喧傳，均謂法國對英、日、俄三國，極願取一致之行動，則俄國此舉已得法國之同意，自不待言。三國分贓，既已各得其平，法國又從旁贊成之，美國則新總統威爾遜，方一反前總統張揚國是之政策，舉東亞之發言權，亦拋棄之，於是俄國之侵略蒙古，不復有掣肘之憂，乃得一意進行矣。

（註六）日俄第二次密約之成於桂太郎之手，殆已成爲確定的事實。乃據戴季陶先生近著日本論中桂太郎之一節中所記桂太郎對中山先生之言，竟否認此事，且謂此行在計畫日德同盟。使此記載而眞確，則日俄間有否第二次密約之存在，且成疑問矣。

俄國對蒙之侵略，既不復有後顧之憂，俄蒙協約，遂接踵而成立，其要旨：一、俄國扶助蒙古之自治及編練蒙古國民軍，不准中國軍隊入蒙境以及華人之移殖蒙古；二、俄國從此自蒙古獲得各種商業上之權利；三、蒙古自後與中國或他國訂約時，其所訂條約，不經俄國允許，不能違背或變更此協約及專條內各條件。其同時所立之俄蒙商務專條，則規定：

一、俄國在蒙有自由居住行動，及經理商務製作其他各事之權。

二、俄國在蒙有自由貿易之權。

三、俄國在蒙有設立銀行之權。

四、俄國在蒙有房屋地產所有權。

五、俄國可與蒙古政府協商，享用礦產森林漁業等等。

六、俄國得與蒙協商，設置領事。

七、凡有俄國領事及有關俄國商務之處，均可由俄國領事，與蒙協商，設立貿易圈。

八、俄國得在蒙古與辦郵政。設立郵站時，蒙古須指撥其需用之房屋。

九、自蒙古流至俄境之各河，俄國有航行之權。(註七)

(註七)約文詳見劉彥帝國主義壓迫中國史。

繼商務專條而起者，則有民國元年(一九一二年)開礦條約之締結，蒙古允許俄國自由開採境內之鑛產。礦務公司設於三音諾顏部分公司不限地點。公司資本由俄國官商籌集，蒙古亦得加入五分之二，但他國人則不得加入資本。並規定俄國自獲得採鑛證書後，無論何時，不失其效力。民國三年(一九一四年)又訂立鐵道條約，蒙古承認俄國在其領土內，永遠有鐵道建築權，鐵道路線及將來之鐵道計畫，由俄國政府與庫倫政府協同議定，此後庫倫政府即欲自行建築鐵道，亦必須先詢咨俄國，得其承認。此外又有電線條約之締結，俄國由此獲得從俄國伊爾庫次克省之孟達至烏里雅蘇臺間之電線架設權，全線所需之土地，由蒙古政府指定，租與俄國，同時并限制蒙古政府不得建設競爭線，或以其權利讓於他人，至於其他地方之架設電線，俄國亦因此約而獲得優先權。於是蒙古之二大命脈，交通與鑛產，均落於俄人掌握之中，蒙古所有仍不過一虛名而已。(註八)

(註八)詳見陳崇祖外蒙近世史第一編頁三五至三八。

第四節　中日蒙協約之締定與蒙古之取消獨立

自民國元年（一九一二年）十一月二日俄國與蒙古訂立俄蒙協約及商務專約以後，我國卽向俄使庫明斯齊提出抗議，然俄使之態度則極強硬而頑固，且謂中國苟承認俄蒙協約，則尙可訂立一中俄條約，否則俄國亦無訂立中俄條約之必要，惟有履行俄蒙協約而已。

是後陸徵祥繼任外長，與俄使繼續談判，往返數十次，舌敝口焦，始於民國二年（一九一三年）五月二十日，訂立中俄協定，俄國承認蒙古爲中國領土完全之一部分；除領事衞隊外，不派兵至外蒙，並不將外蒙土地，舉辦殖民。中國方面則承諾不更動外蒙所有之歷來地方自治制度，並許其有組織軍隊及警察專有權，並拒絕非蒙古人在其境內之殖民。同時并追認俄蒙商務專條之存在。然此草案，卒遭參議院之否決，任情反覆之俄人，亦乘機推翻草案而另提新條件四款。於是數十次會議之勞苦，乃皆等於泡影。是年十一月，經中俄再三磋商之結果，始訂立中俄聲明文件，俄國承認中國在外蒙之宗主權，中國承認外蒙古之自治權。此外，俄蒙商務專條則因此而正式成立，中國在蒙之移民，則反因此而受限制，中國所得，不過名義上之外蒙宗主權而已。是後孫寶琦又以照會聲明：一、俄國承認外蒙古土地爲中國領土之一部；二、外蒙古政治土地交涉事宜，中國先與俄國協商，外蒙古亦得參與。中國在外蒙之設施，於是又受一絕大之限制矣。

民國三年（一九一四年）中俄蒙代表，開會於恰克圖，對於交界問題，名義問題等，均有不少之辯論，先後開會至四十八次。民國四年（即一九一五年蒙古共戴五年）六月，始正式成立中俄蒙協約二十二條，約中要旨，中國承認蒙古有自治權，俄國承認中國在蒙有宗主權，蒙古亦承認中國有宗主權；外蒙政治上之條約，俄承認中國有締約權，經濟上之條約，則蒙古有自由與外國訂立之權，俄國在蒙有領事裁判權，中國在蒙有監視外蒙自治官府之權；中俄入蒙之貨物，均不得徵收關稅；凡外蒙政治問題，中國須與俄國商酌辦理。（註九）

（註九）詳見陳崇祖外蒙近世史第一編，頁五五至六二。

依此協約，則中國之所得，不過在蒙古之宗主權。然「宗主權三字，準國際實例上，意義殊不一致。如一九〇七年（清光緒三十三年）之英俄協約，英俄二國，認中國於西藏之宗主權，二國允不干涉西藏之內政，並不經中國，不與西藏辦交涉，此中國於西藏之宗主權，實有內政外交之一切主權也。又英國承認土耳其對於埃及之宗主權，則僅有其空名，埃及實不啻爲英國之領土。今此商訂中國於蒙古既不能干與其內政，又無監督蒙古外交上之專權。則其宗主權之範圍，從可知矣。且我國既承認俄蒙商務專條，而不收外交之監督權，以未開化之蒙人，豈能負重大條約上之責任，將來蒙古政治勢力，必全歸俄有無疑。民國開幕之初，卽損失重要之屏藩。而以後英國對於西藏完全照此辦理，日本對於東蒙完全視爲本國之勢力範圍，蓋皆由於民國元年日英俄三國密約，破壞中國領土保全之局勢，所由來也。」

(註十)

（註十）劉彥帝國主義壓迫中國史，下卷頁一一。

自此約簽定以後，中國卽遣陳籙爲庫倫大員，旋又派遣軍隊，赴蒙剿匪，俄人卽以越界背約爲名，提出抗議。翌年（民國五年）中俄蒙又成立自治外蒙古電線合同，蒙古亦遣使報聘中國。同時俄國又竭力運用其外交上縱橫捭闔之手腕，七月十三日，日俄遂有第三次協約之締結於俄京，以合力保持遠東長久和平爲目的，換言之則日俄協約之目的，卽在於兩國共同支配遠東之政局也。同時且尙締有密約，協定各同盟國之一方，被第三國攻擊時，他方應出而援助，講和亦共同行之。此盟約實可制中國之死命，日俄聯成一氣，寧不可以在遠東爲所欲爲哉？故自此以後，中國更日處於憂亡之境。(註十一)而外蒙問題亦遂日趨緊張，科布多城中中俄軍隊之衝突，亦卽接踵而起，使俄帝政府能繼續維持而不絕，則中國逼處日俄二國交相壓迫之強力下，前途之危險，眞不堪設想，中國之能否有今日，且將成爲疑問，蒙古問題，更不遑論矣。幸也民國六年（一九一七年）專事侵略之俄羅斯帝國，大革命暴發，中俄關係，自此變更，中蒙關係，亦遂於是而有轉機矣。

（註十一）參看周鯁生中俄關係編，（東方雜誌二十一卷紀念號。）

民國八年，北平政府特任徐樹錚爲西北籌邊使。同時，俄白黨領袖謝米諾夫，方謀以蒙古爲根據地，施種種之壓迫，外蒙王公，不堪其苦，乃有取消自治，歸附中央之動機，於時徐樹錚輕裝疾趨，巡至庫倫，庫倫父老，相率歡迎，同時活佛亦正式請求撤消自治。其呈文略謂「外蒙自前清康熙以來，即隸屬於中國。……嗣後訂定協約，外蒙自治告成，中國獲宗主權之名，而外蒙官府，喪失權利，迄今自治數載，未見完全效果。追念既往之事，令人誠有可歎者也。近來俄國內亂無秩，亂黨侵境。……以故本官府窺知現事局況，召集王公喇嘛等屢開會議，……咸謂近來中蒙感情敦篤，日益親密，嫌怨悉泯，同心一德。計達人民久安之途，各願撤自治，仍復前清舊制。……五族共和，共享幸福，是我外蒙人民所祈禱者也。再前訂中俄蒙三方協約及俄蒙商務專條，并中俄聲明文件，原爲外蒙自治而訂者也。今既自己情願取消自治，前訂條件，當然概無效力。其俄人在蒙經商事宜，俟將來俄新政府成立後，應由中央政府，負責另行議訂。（註十二）是誠吾人所欲言者，蒙人已盡言之矣。是後舊俄駐京公使，雖向北平政府，提出抗議，卒因無實力以爲後盾，終歸寂然。外蒙古之第一次獨立，遂隨俄帝國之傾覆，而宣告取消矣。

（註十二）見陳登元中俄關係述略頁一一三。

第五章　蘇俄侵略外蒙之成功

第一節　外蒙第二次獨立之經過

自直皖戰爭以後，徐樹錚之勢力，一敗塗地，此種消息傳至庫倫，外蒙對於中國，遂生攜貳之心。當時駐庫舊俄領事及白黨領袖謝米諾夫，均謀以外蒙為其根據之地，從事對於蒙人之煽惑，於是白黨竄入外蒙之第二次獨立，遂不可免。

民國八年（一九一九年）謝米諾夫利用蒙人之歸附，招集布里雅特內蒙古等處之蒙古代表，開會於替達，日人鈴井少佐亦參與其事。會議結果，決定北起貝加爾南迄西藏，西起新疆東達滿洲境內全蒙民族之結合，並決定建設大蒙古國。遂在達烏里地方，組織蒙古全體中央政府，暫設內務、財政、陸軍、外交四部，而統之以國務總理，以便號召而圖大舉。

九年（一九二〇年）九月，謝氏部下，得日人械餉之援助，遂有渙散而擾我蒙邊者。同時謝氏更遣日本浪人，在外蒙招兵二萬，以謀大舉。且有日人瀨尾榮太郎奉謝氏密令，協議奪取中東鐵路及援助外蒙獨立之謠傳。我國政府至此，乃不能無動於心，於是商得張作霖之同意，派張景惠爲援庫總司令。九月十六日，駐庫旅長褚其祥，因聞恩琴已率俄匪三千餘人，節節進逼，乃電請政府急派援兵，一面更飲禁倡議最烈之蒙古二王。十月之末，白俄匪軍，已近庫倫，我軍遠處漠北，防線既短，兵力又少，天氣嚴寒，兵士指裂，轉戰冰天雪地之中，凡三閱月。民國十年（一九二一年）二月三日，庫倫遂失陷。

恩琴既入庫倫，外蒙活佛，遂於三月二十一日，宣告第二次之外蒙獨立。然臨時政府，不久卽不聽謝氏指揮，謝氏乃又下令解散之。此輩青年志士，既不見容於白黨，乃相率去而與俄之赤黨聯絡。會當時遠東共和政府，亦以白黨近處肘腋，國本安危所係，極願起而援助蒙古青年，以削平俄蒙共同之危害。外蒙青年，既有赤俄爲其後援，乃開始攻取恰克圖，繼卽與布里雅特人相互聯合爲一體，召集蒙古民族會議於恰克圖，組織蒙古國民黨，招編蒙古軍隊，設立蒙古國民臨時政府，而與巴龍恩琴所擁立之庫倫政府，南北對峙。時民國十年（一九二一年）春也。是年之夏，更進攻庫倫，舉巴龍恩琴之羽黨，一舉而殲滅之。

是年（一九二一年卽蒙古共戴十一年）蒙歷六月初六日，組織正式蒙古國民政府，仍承認哲布尊丹巴呼圖克圖爲其君主，惟限制其權力，幾等於零。使徒擁虛名，以收拾各級蒙人之歸附。其組織除內務、外交、陸軍、財政而外，又添設一司法部，組成國務院，置國務總理以統率之。各部設總長一人，主事員一人，祕書一人，書記若干人。其內分司科者，則特設主事員以專理之。至於特別自成爲機關，而直接隸屬於國務院者，則有蒙古國民黨中央委員會，蒙古青年黨中央委員會、學術館、審查司、及國民合作公司中央委員會等。其他如教育司、警察司、則附設於內務部，稅務司則附設於財政部。此外尙有蒙古全軍參謀部，則統治全境軍事機密，設元帥一人，參謀長一人以統率之，其下又特設內防處，以防止內亂之發生。

第二節　外蒙獨立運動中之二大中堅

蒙古之獨立運動，蒙古國民黨與蒙古青年革命團，實爲其二大中堅。

民國九年（一九二〇年）白黨恩琴侵入外蒙佔領庫倫時，左傾派之蒙古人，皆相率遁入俄屬西伯利亞，蘇俄政府卽在上烏丁斯克伊爾庫次克等地，召集此種蒙古之亡命者，加以優遇，同時更使俄領內同種之蒙古人及布里雅特之青年，加入伴內，共同工作。不久卽產生「蒙古國民革命黨」，其後改爲「蒙古國民黨」，是爲民國十年蒙古革命之中堅。

「國民革命黨最初是由蒙古的貴族和喇嘛僧來主持的。這些貴族和喇嘛僧何以能主持國民革命黨，也是因爲蒙古的平民，大半缺乏智識，不能擔荷『組黨』的工作。所以蘇俄不得不暫時利用這般人，但因這般人思想很舊，不能把黨的進行向前去；容易發生反動；於是不久蘇俄又招集逃往俄國的一般蒙古下級官吏的子弟。他們都是青年，思想又很左傾。所以把他們集合攏來，組成幹部，這就是後來握有政治上實權的『蒙古青年革命團』。」（註一）

（註一）引楊幼炯蘇俄與外蒙中央半月刊第十八期，民國十七年三月一日出版。

民國十一年（一九二二年）前後，蒙古革命勢力愈益進展，平民階級之結合，漸就完成，其間曾受政治訓練之人，亦逐漸加多，於是資產階級之力量亦不必再有所加重。蒙古國民黨，遂於此時，如俄國三月革命後，列寧打倒克林斯基米留可夫之情形，開始黨內的掃除，將革命初期由從前支配階級出身之領袖，先後加以驅逐或屠殺，如蒙古國民政府最初之總理合圖（由喇嘛僧出身）內務總長彭次克圖爾弟，司法總長脫市脫和，均先後加以反革命陰謀之罪，而被槍斃，卽蒙古國民黨之創立者，一時曾任蒙古國民軍總司令之段曾亦復不能免於一死。於是蒙古國民黨內由貴族，資產階級出身之黨員，盡被排斥，赤化色彩遂日益濃厚。約計該黨黨員，在一九二一年初次結黨時，僅二十三人，同年末增至百五十名，一九二二年增至一千五百名，一九二三年達二千五百六十名，一九二四年達四千名，一九二五年達六千二百人，旋因黨內掃除之結果，減去三千二百人。黨員出身之階級別，則依一九二四年之調查，平民貴族與喇嘛出身者均有之，迨一九二五年從事黨內掃除以後，黨員全爲平民出身，於是遂完全形成一「赤色的黨」矣。

蒙古國民黨之黨綱，其內容幾全抄自俄國共產黨之黨綱，茲列舉如下：

「第一、蒙古國民黨黨員，須絕對服從黨規，嚴厲實行黨律。
第二、行極端的中央集權主義，黨之幹部，對於黨員，有絕對的權限。
第三、各機關各地方，隨處張示黨綱，以圖黨員的約束。
第四、對於新入黨的黨員，須經過一定的候補試驗時期；試驗時期之長短，視出身之階級而異，平民四個月，貴族與喇嘛僧則須八個月以上。

觀此黨綱，已可窺見蒙古國民黨之大概，與俄國共產黨，蓋已不復有若何差別矣。

民國十三年（一九二四年）蒙古國民黨之重要領袖林第氏，在蒙古國民黨第三次大會中，嘗演說「蒙古革命之前途」，其言曰：「蒙古國民黨的最終目的，是實現共產主義，我們要飛過個人資本的發達期，從遊牧狀態，直接衝入共產主義的社會裏去。如此我黨在蒙古的任務，首先要防止個人資本主義的興起，不能不常常地與他作戰。我黨現時經濟政策的根本，是要建設國家資本主義。因此我們要把貿易和工業，從個人手中奪取，納入『國家』及『生產消費組織』的手中。」（註二）　則蒙古國民黨之主義與政策，實即全俄國布爾塞維克派之主義與政策也。現在蒙古之政權，卽握於此以俄國赤黨爲後盾之徹底共產主義者林第輩之手中，則外蒙赤化之情況，亦不難想見矣。

(註二)詳見布施勝治者，半粟譯蘇俄的東方政策，頁一四八至一五四。民國十六年，上海太平洋書店出版。

「蒙古青年革命團」之組織，與俄國之共產黨青年團相同。蓋發動蒙古革命之國民黨，常爲舊思想所拘束，結果每趨於反動，於是由蒙古逃往莫斯科之蒙古青年，乃陸續歸來，而有蒙古青年革命團之組織。此種青年，大都爲蒙古下級吏員之子弟，平日備受上級官吏之壓迫與虐待，故最初卽有左傾之趨勢，既回蒙古，乃就恰克圖庫倫等處，糾集少年，組成一最激底之赤色青年團。

蒙古青年革命團不受蒙古國民黨之指揮，直接與蘇俄發生關係，立於蒙古政府與蒙古國民黨之後，處於監視與指導之地位，以防止蒙古政府與國民黨爲舊思想所拘束而有反俄之傾向。

民國十一年（一九二二年）一月，遠東青年大會開會於莫斯科，蒙古青年革命團曾遣派代表前往列席，報告蒙古政府之態度。同年七月，在庫倫開青年團第一次全體代表大會，通過宣言，說明該團之目的，在於「把蒙古國民從外國資本的壓迫下面救了出來，確定蒙古的獨立，然後由無產階級羣衆，建設一種使自己經濟及文化生活向上的政治制度，」一同時又聲明「本團對於國民黨，當與以援助，但本團務爲無產階級羣衆的機關，所以在組織上及政治關係上，務須確保本團完全獨立的地位。」（註三）可見蒙古革命青年團與蒙古國民黨實未有直接之關係，各自獨立，而不相統屬。

（註三）見楊幼炯蘇俄與外蒙。

青年團員，最初以下級吏員之子弟占多數，爾後由平民出身之青年，漸次增加。據一九二四年之調查，黨員中由遊牧民出身者占百分之九〇，出喇嘛僧出身者，占百分之八·五，由貴族出身者，則僅百分之一·五耳。團員總數，一九二一年八月，僅三十八人，一九二二年一月達三百八人，一九二三年七月達二千五百八人，一九二四年超過四千人，至一九二五年竟達七八千人，但因與國民黨同時舉行「黨內掃除」之結果，又減至三千人。團員中最初無女子之加入，至一九二四年，始有青年牧女三百人加入團中，至於今日，爲數更多。

第三節　蘇俄侵略外蒙之實況

綜觀蘇俄侵略外蒙之步驟，約有五端：

第一，以留學俄國之蒙古左傾青年爲中心，組織蒙古國民革命黨及革命青年團以此兩團體爲革命之主要機關。

第二，編成蒙古國民軍，與俄國之赤色軍協力撲滅白俄在蒙之勢力，而奪回庫倫。

第三，召集蒙古國民會議，建設蒙古國民政府。

第四，撤廢活佛，確立共和政府。

第五，斷行社會及經濟各方面之革新。

故蘇俄在外蒙獨立以後，其所採取之策略，實不外二種：一、在蒙古境內組織一強固之青年革命團；二、煽動蒙古與中國脫離關係，前者爲蘇俄對於蒙古一種重大之監視，後者則完全包藏禍心，認蒙古爲其囊中物矣。

蒙古國民黨與蒙古青年革命團之成立，實爲蘇俄第一種政策之收效。於是在策略上，乃不得不煽動蒙古與中國脫離關係。此種計劃之具體表現，可於蒙古政府後致蒙藏院之電文見之，其言略曰：「我蒙古政府實無隔閡之事，惟望中國政府早息內爭，共籌脫離列強侵佔之策，實行眞正共和，民國政治改良，以謀四萬萬同胞享受平安幸福，或實行民族自決辦法，亟待中政府明令宣布。若將此項明令頒發之後，我蒙古政府當派全權代表，馳赴中央，共議中蒙多數人民永享平安之計。」（註四）此語雖似正大，然其用意固咄咄逼人，中蒙關係，亦遂因此而成爲若卽若離之形勢。是後蘇俄軍官，且指揮科布多之蒙兵侵入我國新疆阿山道屬，北京當局雖與俄國一再交涉，而俄方竟諉爲不知，實則蘇俄之用意，在於擴大外蒙古之範圍，在蘇俄計劃中，初不僅謀將阿山道區各蒙旗，收歸外蒙，卽對於天山以北之迪化、伊犂、塔城等處，亦復虎視眈眈，謀收歸庫倫管轄，以加大蘇俄赤化我國西北之勢力。

（註四）見楊幼炯蘇俄與外蒙。

蒙古之赤化，初不限於軍事與政治，即在文化與經濟上，其所受蘇俄之影響勢力，亦復不小。即就貿易一項而論，蒙古所負於蘇聯者尤大。蒙古貿易年額現有三成在蘇聯貿易機關之手，有三成在蒙古中央生產及消費合作公司之手，其他之蒙古與外國機關，僅合百分之四十。蒙古之生產消費合作公司，大都取法於蘇俄。此種機關，現在在蘇俄所派遣之貿易顧問員指導之下，已開設者達一百二十餘所。而蘇俄對於蒙古最大之侵略，則在於交通方面。兩年以前，喧傳蘇俄與蒙古已成立一種鐵道七線布設之契約，(註五)雖信否不可必，然蘇俄在蒙有敷設鐵道之計劃，則爲不可掩之事實。一如民國十五年四月間，報上喧傳俄國在蒙決擬敷設全蒙鐵路，由俄出資三千萬盧布，先建由庫倫至恰克圖一段，以與西伯利亞鐵道相銜接。此外尚有庫烏、庫科、庫桑(由庫倫至桑貝子旗)及庫薩軍用輕便鐵道(由庫倫至薩拜多廟)四線。(註六)去年之冬，又有俄蒙訂立借款築路條約之喧傳，其所擬定之路線，共爲六條，共長二千八百里，一自外蒙古塔什干至新疆省迪化，二自迪化經烏里雅蘇台而達庫倫，三自蘇俄阿爾東鐵路之斜米帕拉廷斯科站至外蒙古之科布多，四自阿爾東鐵路之必斯克站至烏里雅蘇台，五自西伯利亞鐵路之庫爾圖克站經必斯克至烏里雅蘇台，六自西伯利亞鐵路之上烏金斯克站至恰克圖。（註七）則前說亦不爲無因矣。

（註五）所謂七線，即一由上烏丁斯克至赤塔，二由庫倫至烏里雅蘇台，三由烏里雅蘇台至必斯克，四由烏里雅蘇台至科布多，五由科布多至斜米帕拉廷斯科，六由科布多至烏魯木齊，七由烏魯木齊至土耳其斯坦之烏爾魯塞。見半粟譯蘇俄的東方政策頁一八六。

（註六）詳見民國十五年四月二十五日申報及四月三十日華北新聞。

（註七）詳見民國十六年十一月十三日申報。

去歲（一九二七年）蘇俄在革命十週紀念日舉行之重要會議中，已通過之議案中，其第二條有云：「於今春中東理事會所決定敷設之中東路培養線以外，更敷設一，從穀類產區之三吉達於本線之線，共五百十俄里；二、至蒙古之幹線展長三十俄里；三、連結安達與蒙古之架線，延長百三十俄里。」（註八） 據今春世界新聞社之披露，則由赤塔經庫倫至張家口之鐵路，正在建築中，由亞知恩斯克經烏里雅蘇台至庫倫之鐵路，將於今年起工，由古非利亞至買賣城之鐵路，亦正在興築中。同時蘇俄政府且與外蒙訂有鐵路協約。（註九）由此更可見蘇俄對於外蒙經濟侵略之積極進行矣。

（註八）見楊幼炯蘇俄與外蒙。

（註九）見民國十七年一月六日時事新報。

在文化方面，蘇俄對於外蒙人民智識之啓發，與共產主義之宣傳，其活動尤爲積極。外蒙政府會組織自然地理學會，蘇俄政府予以援助，派柯資諾夫爲顧問，起草會則草案，對於會務進行，有直接過問之權。又在蒙古發掘漢人墳墓，發見多數古代武器家庭用具及碑碣等，此外尚有文學紀錄，於歷史研究上，皆有重大之價値。此等物品，皆爲俄人運至莫斯科。旋因蒙人起而反對，發掘事業，於是停止。然蘇俄在外蒙之文化侵略，已漸次收穫效果。蒙古青年因受蘇俄之宣傳，多熱心傾向於共產主義。由蘇俄留學回來之蒙古青年，其宣傳共產主義，尤爲激烈，且多組織赤化學術團體，以從事活動。蒙古之首都庫倫，尤爲盛行。

第六章　外蒙古之現在及將來

第一節　外蒙之國際的地位

蒙古對於中國與俄國，其實際的關係，固已略如上述。然以蒙古現狀而論，其國際的地位，實有不得不加以注意者。

蒙古自民國十年（一九二一年）革命，宣言獨立以後，蘇俄政府不旋踵即予以承認。且派遣全權代表，於是年十一月，締結俄蒙修好條約於莫斯科。此約要旨約如左列；（註一）

一、蘇俄承認蒙古國民政府爲蒙古之唯一的合法政府。

二、蒙古承認蘇俄爲俄國之唯一的合法政府。

三、兩協約國負有左列之義務：

（註一）見昭和三年支那年鑑頁三一七。

（一）兩締約國無論何方之領土內，不許有「以反抗他方或顛覆其政府爲目的之團體及個人」之存在；同時不許「以與他方戰爭爲目的之軍隊」在自國國民內動員或募集義勇兵。

（二）不許輸入武器，或促其領土內通過於「與締約國直接簡接爲戰鬬行爲之團體。」

四、蘇俄派全權代表駐蒙古首都，派領事駐科布多烏里雅蘇台恰克圖及其他之都市。

五、蒙古派全權代表駐蘇俄首都，派領事於與蘇俄政府協定之俄境各地方。

六、俄蒙間國境，由兩國間特定之委員會定之。

七、各締約國居民，居留於締約國他方之領土內，享有最惠國國民之權利與義務。

八、各締約國之司法權，無論關於民事或刑事，在其領土內，適用於締約國他一方之國民。但不適用體刑。

九、兩國間輸出或輸入之貿易，須納法定之關稅；但關稅率不得超過「由其他最惠國國民所徵之關稅。」

十、蘇俄政府無償的以存在蒙古境內之電信局及電信裝置，讓與蒙古政府。

十一、特行協定俄蒙間郵電之交換，及經由蒙古電信問題之解決。

十二、蒙古國民政府，對於在蒙古境內所有土地及建築物之俄國國民，宜與以適用於最惠國國民同樣之土地所有權及賃借權；但俄國國民對此，宜負擔徵納法定租稅及賃貸費之義務。

由此協約以觀，則蘇俄政府實已明白承認蒙古之為獨立國矣。於是蘇俄駐蒙代表，遂不旋踵而派遣。迨民國十三年（一九二四年）王正廷與俄使加拉罕再三磋商，卒以蘇俄對於外蒙之權利不肯放棄，（註二）而告中輟。收蒙問題因之而擱置一時。（註三）爾後顧維鈞氏長外交，運用其敏捷之手腕，卒於五月三十一日締定中俄協定十五條，（註四）其中第五條，規定「蘇聯政府承認外蒙為完全中華民國之一部分，及尊重該領土內中國之主權。蘇聯政府聲明：一俟有關撤退蘇聯政府駐外蒙軍隊之問題，卽撤兵期限及彼此邊界安寧辦法，在本協定第二條所定會議中商定，卽將蘇聯政府一切軍隊，由外蒙盡數撤退。」然則蘇俄對於中國，已明白取消蒙古獨立之承認矣。然俄國政府，對於民國十年（一九二一年）所締結之俄蒙修好協約，初未取消。蒙古亦未嘗絕對否認中國宗主權，惟蒙古對於由俄蒙協約所生之對俄國交，則絲毫不受中國政府之支配。故中蒙俄三者間之關係，由法理上加以解釋，實曖昧而不明，苟由事實上加以觀察，則蒙古雖名爲中國領土，實際已無異於蘇俄之一聯邦矣。

（註二）見國務院十三年三月二十日報告中俄交涉爭點通電，刊二十一卷九號東方雜誌附錄。

（註三）見收蒙問題又熱鬧起來了，東方雜誌二十一卷八號時事述評。

（註四）見中俄協定之正式公文，東方雜誌第二十一卷十三號。

民國十四年（一九二五年），蘇俄外交部長齊齊額林，在蘇俄中央執行委員會中有曰：「吾人承認蒙古國民共和國爲中華共和國之一部分，但同時以充分的程度，承認蒙古共和國的自治權，使中國不得干涉蒙古內政，使蒙古得執行完全獨立的外交。」（註五）夫既云不許中國干涉蒙古之內政與外交，則蒙古已爲一完全獨立之國家矣。蒙古既爲一完全獨立之國家，一方面又爲中國之領土，此其矛盾，初無異於在活佛君主制度之下而建立一共和政府也。再進一步言之，蒙古苟得脫離中國而爲獨立國，則其成爲俄國之屬領，自更輕而易舉。此卽俄國之第二種政策，嗾使蒙古脫離中國之實施也。

(註五)見半粟譯蘇俄的東方政策頁一八一至一八二。

第二節　外蒙之政治現狀

外蒙政府之組織，已略如上述。蓋莫非鈔襲蘇俄之成文，而逐漸形成爲蘇俄之一屬領也。

民國十三年（一九二四年）蒙古大國民議會開會於庫倫，制定新憲法，其內容如左：（註六）

(註六)見同上，頁一六八至一七一。

一、大國民議會休會期間，國家之主權，以小國民議會行使之。小國民議會休會期間，以小國民議會之幹部及政府代行之。（第四條）

二、國家最高機關之行政權，列舉如左：

（一）在國際關係上代表國家；

（二）外交通商及其他各種條約之締結權；

（三）劃定國境及宣戰媾和權；

（四）募集內外債，及指導對外貿易權；

（五）規定國內商業，及國外經濟之計劃權；

（六）租借權之讓與及取消權；

（七）軍備之建設及指導權；

（八）規定金融及度量衡權；

（九）租稅及預算之確定權；

（十）關於土地利用一般原則之規定權。（第五條）

三、共和國憲法之變更由大國民議會行之。（第六條）

四、大國民議會由農村都市人民及軍隊選舉之議員數每年依選舉區之人口比例定之。

五、大國民議會之常會由小國民議會召集一年一次；此外由小國民議會或大國民議會議員三分一以上之要求或選民三分一以上之農村之要求得臨時召集之。（第九條）

六、小國民議會監督最高政府機關，實行大國民議會之議決及憲法。（第十二條）

七、小國民議會由大國民議會選舉之，（第十條）對於大國民議會負責任。（第十一條）一年須召集二次以上，（第十三條）每期選出由五名而成之幹部及政府閣員。（第十五條）

九、政府擔任一般國務，以內閣議長及副議長軍事及經濟會議議長，及內務，外交，陸軍，財政，司法，教育，經濟各部部長及會計檢查院長組織之。

十、凡由自己之勞動而生存十八歲以上之國民全部，及國民革命軍之兵士，皆有選舉及被選舉權。

十一、商人，以前之貴族，喇嘛僧，及不從事於勞動者，皆無選舉權。（第三十五條）

十二、蒙古共和國之國旗，爲赤色旗而附以國徽。

以上所述，皆爲蒙古憲法之要點。苟以之與蘇維埃制度相比較，則所謂大國民議會，實等於蘇維埃聯邦大會；小國民議會，等於蘇聯之中央執行委員會；蒙古國民黨之立於政府及議會之後而握有政治上之特權，亦無異於俄國共產黨立於蘇聯政府背後，而握有實權。至於國旗之採用赤色，更作爲蒙古赤化最顯著之表徵。

大國民議會同時更通過一「蒙古勞動國民權」之宣言，其中要點，一、蒙古主權，屬於蒙古之勞動國民，而以國民議會，及由該議會選出之政府行使之；二、土地森林水澤及其他之地壤，皆爲勞動國民之公產；三、廢止取消在一九二一年革命以前所締結之一切國際條約及借款，以及對於外國人所負之個人債務；三、外國貿易皆由國家營業；四、編制蒙古國民革命軍，以保護勞動國民權；五、將宗教自國家分出，以確保勞動者良心的自由；六、言論機關皆委於勞動者之手，以確保勞動者表示意思之自由；七、供給勞動者以集會場，以保證勞動者一切集會之自由，八、予勞動者以關於組合上必要之物質及其他的援助，以保證勞動者組合之自由九、普及勞動民衆之免費教育，以謀增進勞動者之智識，十、全國國民，不問民族宗教與性別，皆一律平等；十一、廢除舊王公貴族之稱號及其特殊權利；十二、對內建設社會主義，對外以尊重全世界被壓迫民族及革命勞動階級之利益爲目標。

此種宣言，與民國六年（一九一七年）十月，俄國蘇維埃政府之宣言，亦復何異，且就取消個人債務一點而言，其激烈殆更甚於蘇俄也。

第二節　外蒙古之經濟現狀

欲明外蒙古之經濟現狀，當先瞭解外蒙古之國富及其收支。據最近俄人之調査，外蒙古之國富，約如左列：（註七）

（註七）見外蒙共和國下編頁九四。

	數量	價值
駱駝	三〇〇、〇〇〇	二三、〇〇〇、〇〇〇盧布
馬	一、五〇〇、〇〇〇	三八、〇〇〇、〇〇〇盧布
牛	一、四〇〇、〇〇〇	四二、〇〇〇、〇〇〇盧布
羊及山羊	九、五〇〇、〇〇〇	二九、〇〇〇、〇〇〇盧布
共計	一二、七〇〇、〇〇〇	一三二、〇〇〇、〇〇〇盧布
衣類	—	三六、〇〇〇、〇〇〇盧布
住宅（包含都市建築物家具及家財）	—	二〇、〇〇〇、〇〇〇盧布
勞働用具	—	八、〇〇〇、〇〇〇盧布
佛器佛具	—	六、〇〇〇、〇〇〇盧布
共計	—	七〇、〇〇〇、〇〇〇盧布

廟及寺院（建造物佛像佛具及其他）——三五、〇〇〇、〇〇〇盧布

那依夫煤礦——三、〇〇〇、〇〇〇盧布

其他（銀貨幣貴重品及其他）——一〇、〇〇〇、〇〇〇盧布

共計　四八、〇〇〇、〇〇〇盧布

三項總計　二五〇、〇〇〇、〇〇〇盧布

總計外蒙古之國富，僅二萬五千萬盧布，實不得不謂爲貧弱。至於國民之收入，則牛馬駱駝之屬，共計一、九一九、〇〇〇頭，價值一千四百萬盧布；牧畜產物，如肉乳皮毛之類，共值四千二百五十萬盧布；鹽礦以及獸獵等等之收入，則共一千八百萬盧布；三者合計，約值七千四百萬盧布，占國富總數百分之三十，而畜牧方面之收入，又占國民收入總數百分之七十六，可見蒙古之經濟，牧畜實爲其命脈也。（註八）

（註八）見外蒙共和國下編頁九六。

國民收入之狀態，已如上述，至其消費，則約如左數：（註九）

（註九）見外蒙共和國下編頁九七。

食糧	五一、〇〇〇、〇〇〇盧布	6.71 %
衣服	八、五〇〇、〇〇〇盧布	11.2 %
住宅家具及家財	八、五〇〇、〇〇〇盧布	11.2 %
勞働用具	二、〇〇〇、〇〇〇盧布	2.6 %
關於宗教之費用	一、五〇〇、〇〇〇盧布	2.0 %
對於國家之費用	五、〇〇〇、〇〇〇盧布	5.9 %
合計	七六、〇〇〇、〇〇〇盧布	100 %

故蒙古每人之比例，約如左列：（註十）

（註十）見外蒙共和國下編頁九七。

國富　四六一盧布

收入　一三七盧布

支出　一三五盧布

剩餘　二盧布

由此可見蒙古人貧困之一斑矣。

外蒙國民政府之收入，蓋以稅務爲其大宗。庫倫之稅務總司，在民國十三年（一九二四年）時，每日收入平均達銀一萬餘兩。烏里雅蘇台、科布多、恰克圖等二十餘處之稅務司，每月收入亦達萬兩。即就牲畜捐一項而論，每年約可收入二百餘萬兩，幷其他雜項所入合計之，每年約有一千餘萬元之收入。（註十一）

（註十一）詳見東方雜誌二十一卷第四號外蒙古問題一文。（民國十三年商務出版。）

茲請再進而一覘外蒙各種基本產業分配之現

蒙古之牛車運輸

九十一

狀。

牧畜一事，實爲蒙古人惟一之業務，然亦委之自然，而尠有加以保護或改進者。外蒙所飼育之家畜，約分駱駝、馬、牛、羊及山羊五種，全境有駱駝三十萬頭，馬百五十萬頭，牛百四十萬頭，羊及山羊九百五十萬頭，合計一千二百七十萬頭。外蒙每人所有之平均家畜數，則如左列：

	馬	駱駝	牛	羊及山羊	合計
車臣汗部	一·九	○·二	一·六	一一·六	一五·四
土謝圖汗部	二·九	○·七	二·三	一四·二	二○·一
三音諾顏汗部	二·三	○·四	二·五	一四·五	一九·七
札薩克圖汗部	一·七	○·三	一·七	一五·六	一九·三
科布多管區	二·一	○·五	一·七	一四·二	一八·六

回部及庫蘇古爾湖地方之布克圖格根臣民	一·七	〇·四	一·七	九·七	一三·四
外蒙古全部	二·一	〇·五	二·〇	一三·三	一七·八

家畜之主有者，以平民爲多，約計平民占全數百分之七·九一；王公占三·九，寺院占一七·〇。

(註十二)詳見外蒙共和國上編頁二八八。

此外牧畜產物則有肉、脂、牛乳、羊毛、駱駝毛、馬毛、馬皮、牛皮、駱駝皮、羊皮、山羊皮等等。

獸獵殆亦爲外蒙毛皮之主要收獲，一九〇六年至一九〇九年間，獸獵甚爲旺盛，然不久卽陷於沈滯狀態，至於今日，則爲數甚微。至於漁業則僅限於庫蘇古爾湖畔，且創始不久，成效難言。

外蒙之輸送方法，全係原始狀態，車道甚少，渡河之設備，可云全無，輸送方法，或以牛馬，或以駱駝，平均每一布度俄里需運費〇·一八哥比。（一盧布等於一百哥比）國民恃此搬運之業，年可收入一千萬盧布以上。最近則交通逐漸改良，庫蘇古爾湖已有汽船盪漾於其中，庫倫張家口間之汽車定期運輸，亦已開始，現有中外商人之汽車一百餘輛，往來通行，頗爲便利。庫倫北至恰克圖七百餘里，現亦有汽車通行其間。自恰克圖北至上烏金斯克，四百里間，夏秋二季，且有輪船通行。外蒙電報，亦已架設，以庫倫爲中心，南線自烏得與中國電線相聯，北線自恰克圖與蘇俄電線相聯，東線通車臣汗部之汗府，西線亦已從事架設。此外庫倫、恰克圖、烏得、車臣汗府之間，已設置電話，且有徐樹錚鎮守庫倫時代所立之無線電臺，世界各處之消息，亦常得之，其交通視前蓋已改進多多矣。（註十三）

（註十三）見外蒙民國一文。

至於商業則仍在混沌狀態之中，無一定之貿易單位，羊、磚茶、元寶以及中俄兩國之銀貨與紙幣，皆常用爲貿易之單位。自民國七年（一九一八年）起，俄國紙幣嘗暫時爲中國紙幣所壓倒，爾後兩方之競爭，極爲劇烈。

貿易總額約五千萬盧布，其中蒙人約占五分之四。輸入之主要物品及價值如次：

茶　　四、五〇〇、〇〇〇盧布

麥粉	三、二〇〇、〇〇〇盧布
織物	三〇〇、〇〇〇盧布
穀物	二、二〇〇、〇〇〇盧布
烟草	九〇〇、〇〇〇盧布
酒精	五五〇、〇〇〇盧布
砂糖	一五〇、〇〇〇盧布
佛具	四五〇、〇〇〇盧布

其主要輸出品則如左：

家畜	九、六五〇、〇〇〇盧布
羊毛	一、八〇〇、〇〇〇盧布
其他毛皮	二、五〇〇、〇〇〇盧布
馬毛馬尾	五〇〇、〇〇〇盧布

駱駝毛	三五〇、〇〇〇盧布
羊毛皮	三七〇、〇〇〇盧布
皮革	四〇〇、〇〇〇盧布
獸獵物	五〇〇、〇〇〇盧布

其貿易市場，則以庫倫烏里雅蘇臺及科布多爲其中心。庫倫現有中國商店四百家，俄國商店五十家。烏里雅蘇臺有中國商店十六家，俄國商店五家。科布多則有中國商店十七家，俄國商店十二家。

外蒙古之工業，尚未發達，僅庫倫附近有煤礦一處，民國四年，始被發現，現在俄國專門家指導之下，從事採掘。工人四十，每年可得良質之褐炭十萬布度。此外，尚有俄人經營之砂金採集地，俄國洗毛場百所，俄國皮革工場二十所，中國人所經營之工場，大都在庫倫，約有五百餘所，惟規模皆不甚大。

至於農業，則甚幼稚，其已開墾者，僅及可耕之地之百分之一。主要栽培物，有小麥、稗、燕

麥、大麥、野菜之屬，然從事墾殖者，大都爲中國人，至於蒙人，則不多見。(註十四)

(註十四)詳見外蒙共和國第三章產業。

第四節　外蒙古之社會現狀

蒙古人本爲篤信喇嘛教之民族，滿清時代，利用其弱點，以愚弄蒙人，故對於喇嘛，非常崇視，且尊哲布尊丹巴呼圖克圖爲國師，並規定蒙古一家中之有兄弟二人，其一必爲喇嘛。自宣統三年（一九一一年）外蒙獨立以後，哲布尊丹巴且儼然成爲皇帝，政府之一切設施，均操諸喇嘛僧之手。迨民國十年（一九二一年）外蒙古國民政府成立以後，哲布尊丹巴乃成爲徒擁虛名之君主，其原有之辦事衙門，亦僅限於管理喇嘛教所屬之廟寺事務，與政治完全脫離關係。至於蒙人對於活佛，及其他喇嘛之關係，則聽其自由信仰不加干涉。然外蒙喇嘛教之勢力，實已因此而一蹶不振，蓋一方面喇嘛教既已喪失其政治上之勢力，同時又因外侮之蹂躪，與乎國民黨青年團等之大聲疾呼輸入國民之常識，而打破其迷信。喇嘛教徒於是一面受生活艱難之壓迫，一面又受破除迷信之影響，二者交相逼迫，喇嘛僧乃不得不棄其宗教生活而返其原來國民之面目矣。

外蒙政府對於教育，亦頗知注意。國府組織中，雖無教育部獨立之設立，然亦嘗設教育司而隸屬於內務部，據民國十三年報上之披露，庫倫已設有速成國民大學一所，學生約四十餘。中學校一所，學生約六十餘人。小學三處，學生約二百餘。其餘分設各旗者，尙有十八處，人數約八百餘。凡此皆民國十年（一九二一年）外蒙國民政府成立後之所創設者也。（註十五）此外尙有陸軍學校一所，專爲蒙古青年受軍事訓練之用。最近蒙古學生，多赴莫斯科留學，由蒙古政府派遣者。每年約二十八人。然此等學校，皆由蘇俄主持設立，教員盡屬俄人，課本均係俄語，將來外蒙青年，其不爲蘇俄順民者幾希，此則不能不令人惄然也。（註十六）

（註十五）詳見外蒙民國一文。

（註十六）見十五年三月十六日申報對俄外交大會對外蒙問題之通電及十五年四月十八日世界日報最近庫倫實地調查。

外蒙古之庫倫都城中，電燈電話，均已按置，惟皆爲俄人所辦，收費極昂。視張家口電燈之收費，約貴一倍。

第五節　外蒙古之將來與我國應付之方策

總觀上述，中國之與蒙古，無論政治上，歷史上，經濟上，均有密切之關係。中國與蒙古，實如脣齒之相依，合則兩美，離則兩傷，固顯而易見也。蒙古自受近代「民族自決」主義之影響以來，輒思脫離中國，以爲如此可以致獨立之途。殊不知扶助弱小民族，原爲我國民政府已定之政策，初不待於蒙人之要求。先總理之言曰：「中國古時常講濟弱扶傾，因爲中國有了這個好政策，所以強了幾千年。……如果中國強盛起來，……我們要先決定一種政策，要濟弱扶傾，纔是盡我們的民族的天職。我們對於弱小民族，要扶持他，對於世界列強，要抵抗他。」(註十七)與蘇俄外假扶助弱小民族之名，實行其侵略之技者，迴不可同日而語。周佛海君有言曰：「從民族主義的觀點看，蒙古和西藏要求獨立，我們也是承認的。但是要看俄人援助蒙古究竟是以俄人爲主體，或以蒙古爲主體，英人援助西藏，究竟是以英人爲主體，或以西藏爲主體。如果俄人幫助蒙古獨立，是以俄國的利益爲前提，英人鼓動西藏脫離中國，其動機在謀英國的利益，那便不是援助而是侵略。同時，受人援助的民族，也不應因此犧牲了自己民族的自決。」（註十八）周鯁生君亦曰：「當然因爲俄國亞洲領域和外蒙壤地相接，關係密切，中國在這方面，也無妨依特殊協定，爲俄國國民謀經濟上交通上之便宜。至於政治上，則蘇俄政府決不許在這方面行其干涉也。猶之中國之不可干涉蘇俄亞洲大陸領域內的事情一樣。這層中國必須堅持到底也。」（註十九）

（註十七）詳見民族主義第六講。

（註十八）見周佛海民族主義之科學的說明，新生命第一卷第三號民國十七年三月一日出版。

（註十九）見周鯁生中俄關係論，東方雜誌第二十一卷第一號民國十三年一月出版。

蒙古問題之所以緊張，蘇俄赤化之所以成功，探其原因，約有三端，一爲社會及政治狀態上之關係，二爲經濟上之關係，三爲地勢上之關係。

蒙古之社會及政治狀態，其組織之簡單，已如上述。一言以蔽之，則少數王公喇嘛支配多數遊牧人民之專制統治體也。自清朝數百年來，均採取愚民政策，蒙古人於是完全與世界文化相隔離，錮閉於黑暗之域。但黑暗之域，一方面實爲新思想最易摻入之地。蓋既無智識，則其毫無抵抗能力之頭腦，對於新思想，自無抉擇批評之力。急進思想在蒙傳播之迅速，實由於此。

蒙古人民之最大多數，爲遊牧之民，絲毫無「土地所有權」之觀念。「土地所有權，」實爲行施共產主義最大之障礙。蒙古土地，廣漠異常，蒙人所有，不過所謂「蒙古苞」之皮革幕舍，與乎牛馬羊羣而已，故蒙人欲實行共產，僅需將家畜等物，平均分配而已足。此又蒙古經濟狀況助長共產主義實行之一因也。

就蒙古之地勢而論，對於蘇俄之侵略，亦有極大關係。蓋蒙古南部，以大沙漠與中國相間隔，而其北方，與西伯利亞接壤之地，則反交通便利，且西伯利亞境內，又住有與蒙人同種之布里雅特人，蒙人之易爲俄人所誘惑，殊亦勢所必然也。

吾人鑒於過去之失策，對於蒙古，應取之道，當亦略可想見。目前急圖，第一須先詳細考查外蒙之情形，第二須與蒙古人民結成更爲親密之關係，用武力壓迫，固非其道，卽專與蒙古王公接洽用羈縻政策，以牢籠蒙人，亦復無濟於事。

蒙人郭道甫氏嘗曰：「蒙古與祖國（卽中國）有歷史地理種族之關係，最深亦最密切，故時時盼望祖國早有鞏固之政府。」（註二十）最近外蒙古扎薩克代表烏珠扎布來京請願籌畫蒙疆施政方針，並請積極北伐，以救蒙民。其請願要點凡四：「一、將外蒙依總理元年演詞改建行省，與內地各省同等待遇，擬就山脈天然界線，劃爲庫倫、烏粱、漠北、薩克四省；二、將日本帝國主義圖蒙之陰謀，及赤色帝國主義侵略之實況，報告國民政府，請速派兵間道入蒙，以固邊圉而拯蒙民；三、請中央極力消泯『族』的界限；四、請派員入蒙，宣傳主義。」（註二十一）從可見蒙人內嚮之殷。故目前惟一之要圖，尙在於建立強有力之中央政府，全國統一，國富民強，則外蒙問題，亦不難迎刃而解也。

（註二十）見郭道甫演說詞，民國十二年十二月十四日申報。

（註二十一）見民國十七年四月八日新聞報。

至欲底外蒙於永安，以爲我北方之屏藩，則治本之道，要不外於移民殖邊與開發交通之二端。請先言實邊政策。

外蒙面積，約計一百二十五萬平方俄里，合一百四十二萬平方公里。（註二十二）除沙漠高地而外，類皆適於農業，或耕或牧，各得其用。現在外蒙之農產品，雖種類甚少，但其原因，實由於本地之缺少需要，而非關於土地與氣候之不良。試言土壤，則大部分係眞土，或含砂礫之眞土，極富有有機物質，頗適宜於各種穀類與蔬菜之種植。隣近恰克圖與烏里雅蘇臺一帶，盛產森林與野蔬，卽可爲其明證。至於氣候，則蒙古以居地較高，較爲寒冷，據俄人之調查，有如下列；（註二十三）

平均温度（攝氏）	一年平均
	一百三

（註二十二）見外蒙共和國第一章國土。

（註二十三）見外蒙共和國第一章國土。

	七月	一月
庫倫	一七・六度	冰點下二七度
烏里雅蘇臺	一九・二度	冰點下二四度
科布多	一七・〇度	冰點下二二度

至於雨量則甚尠有，庫倫每年僅一百一十粍，冬季無故河流之灌漑不便。然杭愛山以北之地，則氣候溫和，水之供給亦富，肯特山以西，氣候亦較爲固定。故自杭愛山以北，肯特山以西，連綿而達庫倫至科布多孔道之一片大地，實一極佳之農區也。（註二十四）

（註二十四）見高祖鼎王肇英譯自英文經濟月刊之蒙古的經濟近況，刊於十二年十二月二十三日申報星期增刊。

外蒙之畜牧，大略已如前述。然蒙人但知墨守舊法，一任其自然，而不加改進。冬季無避寒之所，家畜每不免於凍死。所用飼料，僅賴曠野之牧草，至若乾秣，則毫不設備。每年增加之牲畜，爲數極微。然蒙古爲一最適宜之牧場，則初無疑義。先總理嘗謂：「阿根廷爲供給世界

蒙古牧羊圖

（採自安特魯蒙古遊記）

肉類之最大出產地，而蒙古牧場，尚未開發，以運輸之不便利也。阿根廷既可代美國而以肉類供給世界，如蒙古地方能得鐵路利便，又能以科學之方法改良畜牧，將來必可取阿根廷之地位而代之。「衣」料之所需，（註二十五）且羊毛皮革之屬，又均爲吾之「衣」料之所需。苟能本總理之志願，而見諸實行，則蒙古對於吾國經濟上之供給，實非淺鮮也。

（註二十五）見孫中山先生實業計畫。

且蒙古除畜牧而外，礦產亦甚豐富，與安嶺及阿爾泰山之附近，有金銀銅鐵等礦，庫倫附近，有豐富之金鑛，已開採者，凡十八處。清宣

蒙古牧牛圖

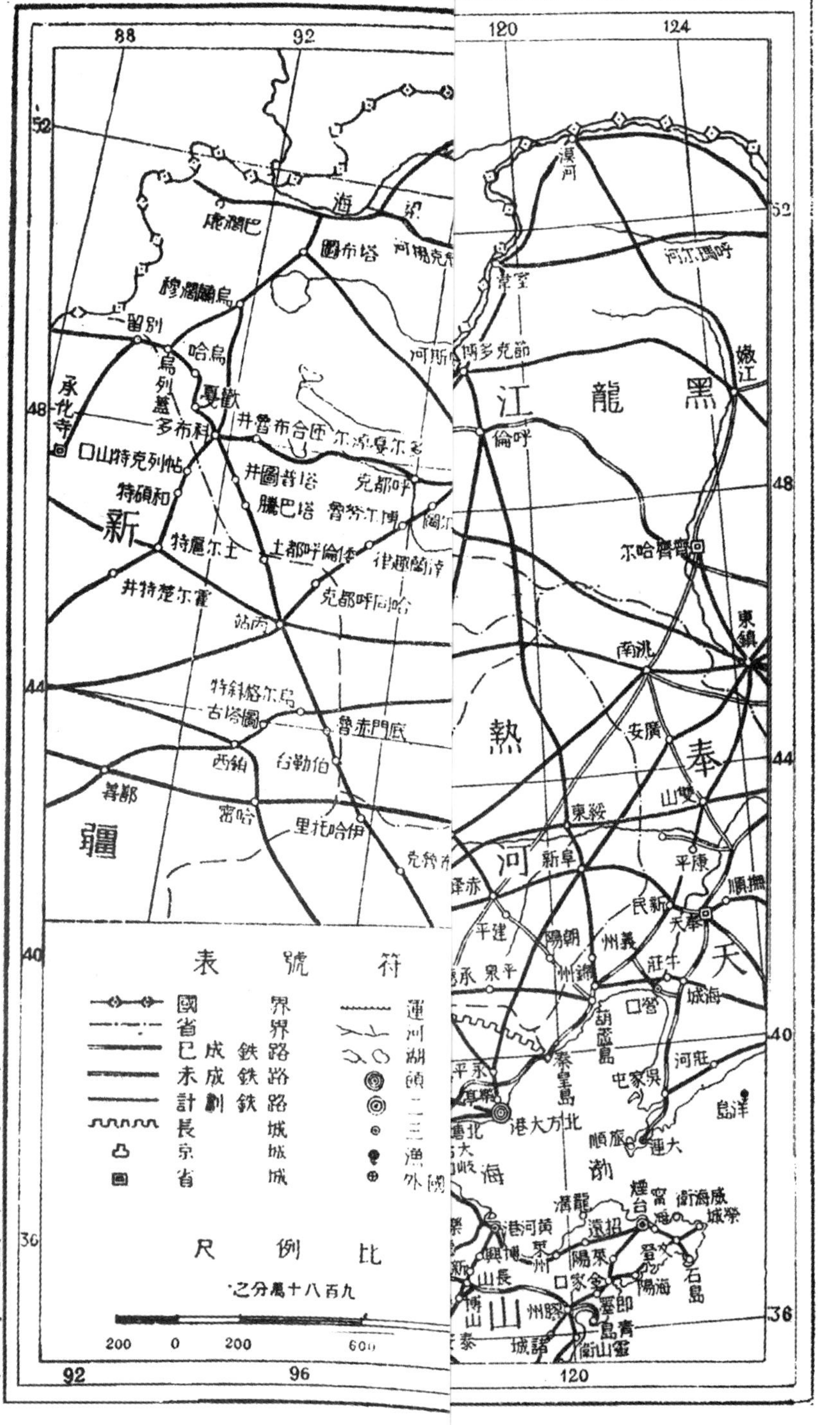

本圖完全根據建國方略製繪

統二年（一九一〇年）時，沙金產額，達五萬六千餘兩。此外又有鄂爾多斯部之鐵，喀喇沁部之鉛，陰山及阿拉善地方之煤，石棉，大理石，花崗石等（註二十六）。

（註二十六）詳見謝家榮第二次中國礦業紀要，頁一五九至一六四，及黃著勳中國礦產第二編，頁三四。

綜觀上述，蒙古實業之大有開發之希望，且急待國人之開發，蓋可不言而喻，而開發蒙古富源之唯一方法，卽爲移民實邊，此先總理之實業計畫中，所以諄諄以從事於蒙古之灌溉與殖民爲言也。

欲開發蒙古，其必須同時並進者，厥爲交通。先總理之西北鐵路系統，籌之至審。此外各鐵道協會，西北籌邊使公署，全國道路協會等，亦均有所計劃。誠以交通之便否，不僅關係於實業之興發，對於國防，實亦具有重大之關係。俄人嘗譏中國爲有國土而無國防之國家，然京蒙相距數千里，中亙沙漠不毛之地，旣無鐵道之敷設，行旅且感不便，遑論行軍。故馮玉祥氏之西北邊防計畫中，亦嘗以此爲言。略謂：「古者行軍，先取地理，今則交通與軍事，相爲表裏，互爲體用。……請先言交通：第一當敷設鐵道，現在西北方面，已敷設者，不過京綏一線，計長僅一千餘里。原議之張多、張庫、庫恰、各路，因工程浩大，款額過鉅，均未舉辦，實爲歷年國防不振之原因。今則情見勢絀，迫不及待，敷設之事，自難再緩。第二當擴充汽車。張庫汽車雖已通行，但沿途無護路軍隊，其效用不免減少。將來交通頻繁，軍運過多，亦非現有之汽車所能勝任。至於庫北方面，如重要之恰克圖，東面之車臣汗以達滿洲里，西面之烏里雅蘇臺科布多以達新疆，再則如寧夏、蘭州、承德、赤峯之間，均尚付諸缺如。自應急起直追，趕速興辦。」（註二十七）今則俄人已先我而爲之，外蒙問題苟再久懸而不決，則將來俄蒙交通日便一日，此一片大地，恐終非我所得而有矣。雖然，亡羊補牢，猶未爲晚，及今而急起直追，前途正未可知。是則有視於政府當局，與我國人之努力如何矣。

（註二十七）見東方雜誌第二十一卷第十三號。

第七章　唐努烏梁海及科布多問題

第一節　唐努烏梁海地理概況

唐努烏梁海位於外蒙古三音諾顏汗部札薩克圖汗部及科布多之北，廣二千餘里，袤八百餘里。東西北三面，均鄰俄國。北面叢山壘嶂，高聳入雲。夏季泥水載途，冬令風雪迫人，故爲中國天然之障界。俄國帝政時代，嘗竭力設法，就山南建立城池，修築土路，天然形勢，遂被打破，清政府亦不加問聞。其地種族，稱烏梁海，蓋突厥與蒙古之混合種也。性質暴殘，勇敢善戰，用之得宜，則可一以當百。其言語除庫布蘇庫爾湖烏梁海與外蒙同化外，餘皆與外蒙不同，而與回回語大致相類似。其中之陶蹟旗，語言尤與各部特殊。據海人自稱，其祖先原爲元代之一軍，自徵布哈爾（今爲俄屬）南歸，始居於此，相沿至今。或謂系出明代直隸邊外之兀良哈裔，然其言語，既屬土耳其語系統，則殊不足徵信也。居民亦以遊獵爲生活，然與專事遊牧之蒙古生活狀況，則又微有不同。其地遼闊，凡有山之區，卽有森林參天，禽獸五金之屬，所產更夥。據俄人調查烏梁海境中金鑛一項，凡七十餘處，俄國帝政時代，俄人開採之金鑛，已達二十四處，則其富饒，亦可想見。有水之處，則可通舟筏，苟稍加疏濬，卽汽船亦不難行駛。魚族繁多，足資生養，且可引水灌田，就水煮鹽。平原土厚草肥，宜耕宜牧。俄人之孑身來此避難者，居之二三年，每致小康，則其地利之厚可知也。或謂外蒙古之有烏梁海，猶福建之有臺灣，惜地處荒遐，國人稀有注意者耳。（註一）

（註一）見黃成垿唐努烏梁海述略，民國十三年四月九日時事新報。

相傳十七世紀之中，葉阿勒坦汗曾在葉尼塞河上流烏魯克穆河之流域，建立王庭，臣禮於俄皇，苗裔所屬，目爲彼國領土之一部，不欲編入外蒙古。然實則阿勒坦汗之通俄，其目的不過在於牽制準噶爾部，至於俄國，亦不過因此而取得若干珍奇之貢物而已。欲以阿勒坦汗之曾經入貢，卽認爲俄國主權之所屬，蓋欺人之言也。況明崇禎八年（一六三五年）俄皇使使持節阿勒坦汗幕庭，阿勒坦汗不肯對俄皇執行臣禮，並對俄使所持俄皇詔書中有臣僕之語，提出抗議。崇禎十一年（一六三八年）俄皇使者再來，阿勒坦汗對之，更非常怠慢。下及阿勒坦汗之子，對於俄使，且有「吾父之執臣禮於俄，有無其事，余不得知。縱令有之，余自幼未聞囑咐，無從表示同意，絕無以此相繼之理」之語，則明末烏梁海與俄國之關係，亦從可窺見一斑矣。

第二節　唐努烏梁海與中國政制上之關係

明末清初，俄人對於烏梁海，即存覬覦之野心。自雍正五年（一七二七年）中俄恰克圖條約訂立以後，聲明烏梁海人自劃定國界以後，永歸中國，不得再向俄國進貢。當時幷明定以薩彥嶺爲兩國之境界。於是薩彥嶺以南之唐努烏梁海，始明白規定爲我國之領土(註二)

(註二)詳見矢野仁一現代支那研究頁二五八至二六〇，蒙古問題概說第二節。

前淸制度，唐努烏梁海向歸烏里雅蘇臺將軍管轄，而烏里雅蘇臺之商店，亦多設分號於烏梁海，故二者間之關係綦密。烏梁海全境中，凡四十六佐領；其中屬於烏里雅蘇臺將軍直接管轄者，凡二十五佐領，屬扎薩克圖汗部者五，屬三音諾顏汗部者十三，屬庫倫活佛之門徒者三。其重要部落凡五，卽陶蹟，沙爾基克，馬提，阿拉及克木奇克是也。陶蹟族居於貝克穆河之上流，南至窩克穆河西至烏忒河。沙爾基克族居於窩克穆河以南，迄於愛里格斯河（烏魯克穆河之南支）一帶。馬提族居於貝克穆河之北支流烏忒河及烏傑克河之間。阿拉族居於烏魯克穆河之南北兩岸，東鄰沙爾基克族及馬提族，西則與克木奇克族之領域相接壤。克木奇克掩有克木奇克河之全流域，人口之多，為各族冠。（註三）清末將烏里雅蘇臺將軍所轄之烏梁海二十五佐領，改編而為五旗，卽唐努烏梁海三旗，奇木奇克烏梁海一旗，庫布蘇庫爾湖烏梁海一旗是也。民國元年（一九一二年）八月公布蒙古待遇條例，裁撤烏里雅蘇臺將軍，設副都統以管理唐努烏梁海五旗事務。

（註三）見矢野仁一現代支那研究頁二六三至二六四。蒙古問題概說第三節。

唐努烏梁海在清季歲貢貂皮五百七十四張，親至烏里雅蘇臺將軍轉解。烏里雅蘇臺將軍，則每三年親查卡倫一次，所有往來路程，及需用各品，均由烏梁海各總管承當。民國成立，此例卽廢。

民國元年（一九一二年）外蒙獨立，唐努烏梁海被俄人所佔據，於時沙爾基克旗烏梁海暗投外蒙札薩克圖汗庫布蘇庫爾湖烏梁海，則編入外蒙土謝圖汗爲一部。民國九年（一九二〇年）陳毅爲庫烏科唐鎮撫使，管理庫倫、烏里雅蘇臺、科布多及唐努烏梁海各部民政事務。又就唐努烏梁海設正副參贊各一人。

第三節　唐努烏梁海之被攘與收復

俄人之覬覦唐努烏梁海，遠在淸初。至於淸末，國勢日弱，俄人乃有焚燬察布齊雅達壩界牌之案。該界牌在唐努山脈之西端，俄蓋欲以山脈爲界，舉唐努以北，攘爲己有也。前淸政府，迭經交涉，迄不能決。宣統三年，外蒙變亂，俄遂乘機強佔，勾誘唐努旗人阿官得木齊爲之作倀，追奪各總管印信（該印係乾隆年製銀質方式）另換給俄文印信，並勒令全體海民投遞俄文書，主其事者，爲廓木薩爾之司員馬利切夫。（此人深通蒙文，嗣於民國七年與華對抗者，卽係此人帶兵敗後，聞爲俄赤黨所斃。）海民被逼，率以不諳格式爲辯。然俄人駐兵開屯，初不復問海人之願否。海地土人，均遭蹂躪，華民商業，悉被驅逐，縱肆貪殘，無理已極。俄蓋欺我邊遠，素無兵力，又有外蒙居間阻隔，不能與之爭也。

民國四年，（一九一五年）外蒙官府，派遣向駐烏梁海之嘉汗尊呼圖克圖，與俄領交涉，迄無頭緒。是年六月，中俄蒙之恰克圖協約成立，特任陳籙爲都護使，充駐紮庫倫大員。陳使抵任，卽根據恰克圖協約第七條：「如得外蒙古自治政府同意，得在外蒙古他處，添設佐理專員」之規定，與外蒙商確，擬就唐努烏梁海添設佐理員，當得外蒙官府之同意。五年（一九一六年）十二月，乃脊駐烏里雅蘇臺佐理專員，兼管唐努烏梁海事務。

民國六年（一七一九年），俄國大革命成功，自治蒙古中之俄國勢力，漸趨衰弱，然仍嚴兵守卡，不許華人入境。大員貿然巡入，恐生枝節，延末實行。是時白俄就衰，赤俄侵入海地白俄，驅逐殆盡。旋赤俄敗退，白黨復入，盤鋸海境，其凌虐海人，更甚於前，幷有馬隊扼守唐努山南汗達海圖要口。經駐蒙大員籌商再三，決派遣大軍進攻海地。幸海人嫉俄如仇，各旗皆傾心向內，我國始得以武力收復時民國八年之六月也。計自建議設官及籌畫進兵以來，閱時四載始得告成。九年（一九二〇年）二月，庫倫都護使陳毅，呈報收復唐努烏梁海情形，其文略曰：「……查海地豐腴，實爲蒙疆之冠，且形勢橫亙烏科北面，實爲西北要塞。俄人視爲天府，負嵎抵拒，不肯少讓。不但海民受害，華商失業。其處心積慮，實欲憑藉唐努，居高臨下，爲異日進窺烏科之計。蒙疆罔闢危險，而我卄新一帶，亦將受其影響。幸賴中央始終主持，指示方略；華蒙官吏士卒，嚴冬冒寒，不避險遠；海人嫉俄甚深，同心効順。備嘗種種困難，卒告成功，收回八九年已失之領土。自建議設官，及籌畫進兵以來，四閱寒暑，始告結束，不可謂非國家之福也。惟俄舊黨素懷侵略野心，此時雖國亂勢衰，難保將來不復生覬覦。俄官餘孽，聞尚有數百匿居東北陶蹟旗樹林之內。紅白兩黨；更迭窺伺，在在可虞。目前兵力，實屬太單，非尅日拔派重兵，扼要駐紮，不足以臻穩固。應請飭由籌邊使速籌辦理，不令再有疎虞，以鞏邊局。俟實力充固，再委籌善後事宜，海地庶可永安，無憂外侮矣。」一（註四）

（註四）原文見陳崇祖外蒙近世史第二編，頁一五二至一五八。

烏梁海收復以後，政府乃派遣嚴式超爲駐紮唐努烏梁海佐理專員，其所陳善後辦法，亦以募兵之舉爲當前要務。略謂「克木奇克旗爲烏梁海精華薈萃之區，地廣人稠，土饒鑛富。俄人圈佔有年，對於生計上一切之經營，盤根錯節，日漸垂成。正視斯土爲世外桃源，可以引避國亂。一旦爲我所得，暫雖棄守，其日夕竊圖反取，必如我前之對彼者，此固不待智者而知。況克木畢其爾根據尤固，設竟聚衆而來，我區區數十武人，勢難力守，則又奚取前之所得？厥故如斯，自非厚集兵力，不足抵禦。顧海境遠處蒙邊，中央鞭長莫及，尤緩急所不能濟。目前維持之法，舍就地募兵，莫挽危急。查克旗居多獵戶，素強馬上功夫，復善射擊，由我派官募而訓練之，克望立成部伍，即使交涉，亦可藉爲後盾。而地方人民，因自衞計，亦斷無不樂從其事。基礎既固，再圖進取，或不難收事半功倍之效也。」（註五）

（註五）原文見陳崇祖外蒙近世史第二編，頁一五九至一六四。

第四節　烏梁海國民共和國之組織及現狀

民國九年「一九二〇年」間，唐努烏梁海與俄白黨開戰，白黨方敗走，紅黨又由烏素呼圖（卽上述俄帝政時代在薩彥山南所建之一城）羼入。嗣聞庫倫被白黨攻陷，烏里雅蘇臺科布多等處之白黨，於是聞風蠭起。華官逃避出走，白黨乃會同蒙古分兵兩路，進取唐努，以圖收復海人。海人因與白黨結怨甚深，乃出死力以相對抗，三數日內，卒將所有白黨驅逐淨盡。但一方面又恐庫倫白黨乘隙復仇，中國又隔絕，緩急不能救應，於是不得不與紅黨聯合，冀圖暫維現狀。不意紅黨一入海地，其干涉擅斷，初亦不亞於白黨。一患方去，一害又至，烏梁海內部政權，至是又復落於赤俄之手，烏梁海一區，遂又儼如俄國屬地矣。

民國十三年（一九二四年）十月，烏梁海人更倣效外蒙，建設烏梁海國民共和國，其組織採用蘇維埃制度。政府當局皆爲國民黨黨員，黨之組織與主義，亦均與蘇維埃俄羅斯之共產黨相似。設中央執行委員會，年開大會一次，在大會閉會期中，則由國民政府內閣執行政務。內閣閣員七人，由國民黨中央執行委員會提出。國民無分男女，凡年滿二十歲者，皆有選舉之權。蘇維埃俄羅斯對於烏梁海之赤化，至是乃完全告成矣。

唐努烏梁海國民政府，每年政軍兩費預算五十萬元，全恃當地捐稅及關稅收入，以供開支。境內尚無流通貨幣，亦無一定單位，有以小麥爲貨幣者，有以獸類爲貨幣者，蓋猶未脫以物易物之風也。近由蘇俄國家貿易處撥交國民政府金盧布六萬元，備供製造飛機之用。

民國十四年（一九二五年）以來，俄國對烏梁海，更竭力招致。十五年（一九二六年）頃，俄國與烏梁海之關係，益形密切。觀新疆督辦楊增新屢以蘇俄合併烏梁海之事實，報告於北京政府，從可窺見。當時并有密約之締結，約中要旨，具如下列：

一、唐努烏梁海之各旗內，俄國得駐紮軍隊，但其數不得超過唐努烏梁海之兵數。

二、王侯之尊稱，均永遠保存，世襲如故。

三、唐努須聘請俄國人爲政治顧問，以整頓內政。

四、凡外交事宜，均由俄人擔任，唐努不得與他國自由締結條約。（註六）

（註六）見東亞同文會調查編纂部發行之支那年鑑頁三一八。一九二七年發行。

是則舉凡唐努烏梁海之內政外交均完全入於俄人之掌握，烏梁海至此，名為國民共和國，實際則已不啻蘇俄之一屬邦矣。

現在唐努烏梁海境內，約有俄人一萬二千，藉其國家貿易處之勢力，已將唐努烏梁海之各種商業自華人手中奪歸掌握。民國十三年六個月間，由俄運海之貨物，已值四十五萬金盧布。以首都六萬人口作比例，則此地商業亦不能謂不盛矣。不過自俄境米奴辛斯克至刻拉斯耐（烏梁海國民共和國之首都。）苟取道葉尼塞河，為程雖僅六百俄里，然在米奴辛斯克上流二百俄里之內，俱為急流，奔騰澎湃，不易行舟。至於陸路，則所經山路，每多崎嶇危峻，森林叢密，積雪難化，且往往須上升至高達一萬一千英尺之高峯，其困難蓋可想見。故在每年三月，葉尼塞河開凍期至六月底止，以及自十月至十一月間，俄國與唐努烏梁海之交通，蓋惟有依此險狹之山徑，賴冰鞋駝背之力，以達其目的耳，舍此以外，則別無他道可循矣。

邇者俄國擬建築二百俄里之長途汽車道路，以聯絡自刻拉斯耐至科布多之烏蘭闊穆及世所鮮知之外蒙大湖庫布蘇庫爾湖之交通。使果成功，則此後俄境貨物之運往烏梁海，固無論時間與運費，均將節省不少，卽在科布多烏梁海諸地所得之皮毛原料，亦可藉此運至葉尼塞河，而順流以達於下流之都會，以轉裝赴歐之海洋大輪或西伯利亞火車，以運銷於四方，如是則蒙古內地與唐努烏梁海之貨物，均得直接循此途以入歐美矣。唐努烏梁海對俄之交通，日便一日，則唐努烏梁海之經濟地位，日高一日，而俄人在海之經營與侵略，亦且日甚一日。俄國既得此寶藏，寧肯拱手而讓人，此後中國欲以口舌折衝於壇坫之上，而收回唐努烏梁海，亦且終成夢想矣。

雖然，唐努全境，峻嶺迴環，巨川縈繞，人性強悍，出產豐富。與俄與蒙，均有夙讎，對於主國，始終傾向。今日之親俄，一方面固惑於俄人之甘言利誘，他方面亦由於與中央距離太遠，有子處遐荒，孤立無援之苦。設國自治，豈其本意。我國國民革命一旦成功，內謀建設，外禦列強，更因海民內傾之意，乘機而善導之。則棄俄而來歸，亦並非不可能之事。願我同志，其善圖之。

第五節　科布多問題

科布多居外蒙之西部，南接新疆，西鄰俄國。其種族曰額魯特，西人稱爲克爾馬克(Kalmuck)，爲元代衞亦剌，明代瓦剌之苗裔。亦稱西蒙古人，與喀爾喀蒙古之東蒙古人本不同種，且世有仇隙。科布多阿爾泰兩地，即爲兩族爭雄之地。

清乾隆二十年（一七五五年），征服準噶爾部，伊犂全境，於是隸滿版圖，清朝對於科布多阿爾泰，亦始有確定之主權。乾隆三十六年（一七七一年）遊牧於窩瓦河流域之土爾扈特部率衆來歸，居於伊犂。至於清季，科布多管轄區域之內，共旗十六，總管四，初皆統屬於科布多參贊大臣，而受節制於烏里雅蘇臺之定邊左副將軍。光緒三十一年（一九〇五年）科布多辦事大臣錫恒巡視阿爾泰地方以後，奏設阿爾泰獨立軍鎮，於是科布多與阿爾泰遂實行分治，改科布多辦事大臣爲阿爾泰辦事大臣，管理新土爾扈特等三部十旗之地，東西二千餘里，南北一千八百餘里，東與東北連外蒙科布多，西北鄰俄羅斯，西南接新疆塔城。民國成立，改爲阿爾泰特別區域，歸阿爾泰辦事長官管轄，八年（一九一九年）改爲阿山道，隸屬於新疆省。

辛亥外蒙獨立之變，科布多受創至鉅。爾時科境駐兵，數不及三百，雖經科布多參贊大臣溥潤，招集科旗蒙兵，所得亦僅千人。是時庫倫烏里雅蘇臺恰克圖等處之蒙匪，均已蠭起驅逐華吏，而科布多尚困守孤城，以待援兵，支持年餘，卒不免於被陷，於是駐科俄領，即乘機驅逐溥潤，逼中國駐軍及僑民離科。參贊衙署蕩焉無存，商市房舍半付刦灰。政府雖與俄國嚴重交涉，俄政府竟以科已失守，應認爲俄屬之詞爲答。蓋俄之於科，交通稱便，貿易甚盛，其由葉尼塞河通道而來者，每歲貿易額約三十萬盧布；其由鄂畢河來者，約百九十萬盧布。有此兩大流域之貿易關係，俄國寧肯放棄不加侵略哉。（註七）

（註七）見陳崇祖外蒙近世史第一編，頁二十九。

民國九年（一九二〇年）二月，都護副使駐紮科布多佐理專員洪楨，報告科布多所屬各旗王公歸附情形。其文曰：（註八）「……科布多管轄區域，在有清之世，計旗十六，總管四，統隸於參贊大臣治理之下其部落總名曰賽因濟雅哈圖，其族姓則各別爲五曰杜爾伯特、曰輝特、曰札哈沁、曰額魯特、曰明阿特。茲五姓者，以杜爾伯特爲中堅，其土地較各族爲特廣，其人民特衆，其勢望亦爲特隆。故自辛壬變革以來，識者覘科屬蒙旗之向背，輒於杜爾伯特卜之也。自科屬五姓併入外蒙後，庫倫官府，以四總管所領之地，改爲四旗。……實則該五姓與土、車、三、札四部喀爾喀族，按之歷史，考以世系，原不同宗，且九世之仇，迄今猶在心目。：：以杜爾伯特與喀爾喀比較言之，則風氣此厚而彼薄，人心此純而彼雜，然而財力則喀富杜貧，不相侔也；人力則喀強杜弱，又懸絕也。以厚薄純雜之歧出，乘貧富強弱之差也，以故辛亥外蒙宣布獨立，庫、烏、恰等處驅逐華官後，科城尙孤守一載有餘。……喀軍之破科也，科屬王公中廿心附逆者，僅一二人，其餘或實出脅迫；或寒蟬無語，聽客所爲；而其衾影中，則靡日不引領南望，以爲朝局稍定，其庶幾撫我乎？詎乙卯恰約，我以俄蒙爭執，承認科布多爲自治外蒙區域，科屬王公聞之諱嘆，安國自驚，黎弁失望，情極可憫，於是科布多在約文上，又入外蒙範圍矣。……現在外蒙自治，瞬將宣布取消，從此單極以外，淳維之裔，率土來歸，無思不服。

遠之追李唐之遺軌，近之紹清代之宏規，坐金牀以望太歲，星拱中華，祀瓣羗而問大神，巫誇漢盛，此誠可爲我大總統馨香慶賀者也。」觀此可知科布多向內之心，實甚誠切，惜我國內亂連年，自顧不遑，科布多雖有歸誠之願，亦終等於泡影，勢不得不加入外蒙民國矣。

（註八）見陳崇祖外蒙近世史第二編，頁一六四至一七五。

王雲五主編

萬有文庫

第一集一千種

蒙古問題

王勤堉著

發行兼印刷者　上海寶山路　商務印書館

發行所　上海及各埠　商務印書館

中華民國十九年四月初版

The Complete Library
Edited by
Y. W. WONG

THE MONGOLS QUESTION
By
WANG CHIN YU

THE COMMERCIAL PRESS, LTD.
Shanghai, China
1930

B一一九分

萬有文庫

第二集七百種

王雲五主編

蒙古問題

張印堂著

商務印書館發行

萬有文庫

第二集七百種

總編纂者

王雲五

商務印書館發行

蒙古問題

張印堂著

現代問題叢書

成吉思汗陵寢

平綏路所經過之御河谷

張家口之大境門

張家口北南天門張庫道中之轎車

萬全壩東北之墾地

豐鎮北之莜麥田

岱哈海之鹽灘

集寧之街市

集寧北霸王河漢化蒙人之牛車

集寧北之馬牛羊羣

集寧北馬漣灘附近之村落

集寧車站

二蘇木海西之鹽湖及牧場

十八台之春雪

十八台之火車站

十八台春雪中之大禾堆

十八台附近春去秋來之農夫

卓資山南漢化蒙人之居處

卓資山車站南之莜麥大麥田

卓資山附近之馱運

綏遠公路上之工兵

歸綏北蜈蚣壩道中之運駄

歸綏城北大青山南之田野

歸綏新舊城間之馬路

磴口民生渠閘

磴口黃河岸之碉堡

磴口民生渠口淤塞之情形

包頭南海子之運羊毛船

包頭五原間之公廟子長途汽車站

包頭南海子之船隻

五原之運羊毛汽車

五原縣新灶火渠

公廟子大草原中之茇茇草

五原北舊黃河岸之豐美草地

五原屯墾鄉之頁暄鄉公所

頁暄鄉之菜園

序

商務印書館爲編纂萬有文庫乃以撰著現代問題叢書內之蒙古問題一書見命。著者以執教繁忙，無暇兼及，曾經再三請求收回成命，終以不獲邀准，在情不可却情形之下與素日對於蒙古問題興趣之激盪，而同時又感覺目前「蒙古問題」確屬嚴重，中外人士無不正在注視其演變中已成遠東國際問題之重心，於我國家前途影響至鉅，探討蒙古問題實爲我輩識者對於國家應盡的一份責任，所以毅然接受囑託，執筆爲文，至於能否裨益於讀者，殊未自信。查已問世之蒙古中西文獻爲數甚夥，惟多偏重敍述，或關蒙古歷史之嬗變，或關蒙旗之分佈，或關蒙族之風習，或關蒙古與國際間所訂之條約，或關盟旗行政之組織，或關近代外蒙獨立之經過，或關內蒙自治之運動及其組織，種類不一，記載詳盡，茲已無復重述之必要，其於蒙古有關之各種基本問題加以澈底討論者，則尙不多見。著者有鑑及此，不以書名題目之重複爲嫌，乃將凡與蒙古有關之一般資料盡力搜羅，除兩次親往內蒙躬自調查之外，更與同好者及從政於蒙古政治經濟及教育工作之漢蒙人士，如德王及其部屬，數次之會談研討，期以捉得眞相。此書之著作，要以「問題」二字爲着手起點，研究蒙古目前政治、經濟、社會等各項基本問題，所有評論皆根據地理之基礎與歷史之背景加以闡明，更以第三者之立場爲批評一切之態度，期望不偏不倚，以切實際並應需要爲原則，而供關心邊疆與從政蒙古之漢蒙領袖之參考，俾使各種問題因之將來得以逐漸改善以至圓滿解決，不再成爲問題，此乃著者之本意及所抱之期望也。此書應用之參考文件已附錄書後以備檢閱之用。書內照片，係經著者與國立清華大學地學系同學親自拍攝者。關於新疆地名，蒙清華大學袁希淵教授多所教正，至爲感謝，又書中地圖係經清華大學地學系白福祥君於假期內代爲繪製者，著者在此一併誌謝。

民國二十六年一月二十八日著者自序於北平國立清華大學

目次

蒙古問題

導言

蒙古原爲外蒙東部鄂嫩河與鄂爾渾河二流域之遊牧民族名。自十二世紀末以來因成吉思汗崛起，與元代之樹立，蒙古一名始具政治之意義，但以蒙古爲國號，僅用於對外，對內及中國均不用之。

在地理上，蒙古一名乃指中亞高原而言。凡西起葱嶺，東至內興安嶺，北與西北至阿爾泰、薩彥及外興安嶺之一部，南達長城經行之燕山、六盤與祁連山，西南至阿爾金崑崙山脈之一帶地方，總稱蒙古高原。此區域東西長約一萬二千里，南北寬在九千里，面積約廣一千八百萬方里，拔海平均多在三千呎以上，實包括外蒙古、烏梁海、察、綏、寧及新疆之一部。就歷史言之，蒙古人之發展，在全盛

蒙古問題　二

時代，如成吉思汗盛時，幾席捲亞洲全部，凡東起於黃海，西至東歐之多腦流域，皆爲蒙古帝國之範圍，其疆域之大爲歷來所僅見。今蒙古人之政治活動，僅限於數個組織散漫的部落，分散於蒙古高原之內外。其中集體稍強者，有「外蒙古共和國」、「烏梁海共和國」、察綏寧之內蒙自治之蒙旗，及日人卵翼下「僞滿洲國」之興安蒙古自治等省。惟嚴格言之，當今蒙古之政治意義，僅指外蒙之四汗部及科唐兩地而言，因其餘諸地業於民國十七年改爲省治。惟今日蒙古民族之人數，雖不過五百萬，但其分佈地域仍屬廣遠。除蒙古高原之內外蒙人外，尚有遊牧於青海柴達木盆地之霍碩特蒙古人，黑省呼倫貝爾區之額魯特、巴爾虎等蒙人，及新省天山北路之霍碩特之巴圖塞特奇勒圖部與土爾扈特之烏納恩素珠克圖部蒙人，其遠散於國境以外者，除東歐與中亞諸國之喀勒馬克蒙族外，尚有俄屬後貝迦爾與伊爾庫次克兩省區之貝雅圖蒙人（又稱佈里雅特蒙人）爲數亦多。而俄屬喇嘛教徒竟達五六十萬之衆，盡屬蒙古族。蒙古民族大別分爲三派：曰喀爾喀（K-halka）或東蒙古人；曰喀勒馬克（Kalmuck）或西蒙古人；曰貝雅圖（Buriat）或北蒙古人。喀爾喀蒙人佔外蒙及內蒙東部居民之大部分，於蒙古各派中爲比較開化之一族。喀勒馬克蒙人佔科布多新疆、寧夏及青海諸區居民之大部分，文化較低，此外貝雅圖蒙人多散牧於呼倫貝爾區與貝迦爾及伊爾庫次克省區。故苟以民族的意義而論，蒙古一名包括區域之廣大，且又出於其政治範圍之外。

蒙人文化，尤高下不一。吾人常好以遊牧生活及崇信喇嘛教爲蒙古民族之文化特徵，但稽諸事實，則又不然。如內蒙東部之哲、卓、昭諸盟及察哈爾左右八旗與綏省之土默特諸部之大多數蒙人已均專恃務農爲業，其固定生活與漢族移民並無差別。若言蒙人皆篤信喇嘛教，亦不能一概而論，如在清初準噶爾部酋長噶爾丹率兵侵入外蒙時，外蒙喀爾喀蒙人以怨外寇爲患及活佛專橫，竟自願徙牧于不奉佛教之俄屬西比利亞境內。至康熙三十二年（一六九三）噶爾丹爲聖祖所敗後，昔日投奔俄境之喀爾喀蒙人，始各率部返還原地。現喇嘛教在外蒙之失勢，姑且不論，即內蒙青年對於喇嘛教之堅持反對態度者亦爲數不少。加之近年蘇聯文化與日本文化又多隨其政治勢力之擴張，逐漸侵入蒙古，使蒙古人之生活思想大受影響。

蒙人所以缺乏精密健全之政治組織，乃與其地理環境及遊牧生活有關，但所受外界的侵略，亦影響極大。如蘇聯之在外蒙與烏梁海、日本之在東蒙是。今蒙人處於日俄二大勢力間，其地位之困難，可以想見。然在論就民族意義，或以政治意義言，蒙古與中國本部關係之深切，實爲不可掩蔽之事實。以前者言，漢蒙雜處，已有悠久之歷史，由後者言，則蒙古之南部自經漢族移民努力墾殖以來，早成中國之內地，非爲以前土地荒蕪之外藩。故今日蒙族與漢族，實誼同脣齒，而蒙古高原，則爲中國抵禦外寇之天然屏障。今日蒙古在中國政治軍事上之重要，既遠非昔比，是以我人對於年來強鄰之進窺蒙古，實難坐視也。

第一章　蒙古問題之地理因素

第一節　蒙古政治發展之地理障礙

蒙古爲一內陸高原，平均海拔在三千呎以上，周圍環山嶺，重叠綿連，海拔在五千呎至一萬呎以上不等，此高原雖爲一界限分明之地域，但其內部則缺乏一種政治中樞。蒙古四周山地，或因地殼變動，或因風雨侵蝕，多被河流切割，傾向四方；東南面經中國本部注入太平洋之河流，有克魯倫（黑龍江水源之一）、上都河（灤河上游）、洋河（永定河上游）、大黑河（黃河支流）等；西北經俄屬西比利亞注入北冰洋者，有烏魯克木河（葉尼塞上流）、色楞格河與鄂爾渾河（勒納河上流）等。此等谷地，遂成蒙古高原外向或內侵之自然孔道。高原中部有廣闊戈壁沙漠之分布，東起興安嶺，西至葱嶺，綿延一萬二千餘里，南北最窄處亦寬約三百里。戈壁本爲蒙古高原間之寬闊低地，或岩石暴露，或沙丘石塊被覆，旣乏自然雨水，又少湖河，可以灌漑，因而草木不生，人獸絕跡，形成蒙古南北之自然分野，此內外蒙之所由分也。再漠南北各部之自然景況，亦非同一。漠南草原爲陰山劃分爲二。山南多爲陷落所成之山間盆地與谷底平原，以洋河谷、豐鎭高盆地、歸綏平原、後套平原、寧夏沃野等爲重要土地肥美，灌漑便利，爲漢族移民會聚之所。山北多爲高原草野與半沙漠水草區，故豐盛貧瘠，參差不一。如鄂爾多斯、阿拉善、塔里木諸地，皆各成一區，而各區中又可更分爲荒山、沙漠、草原、水草區、鹽荒、鹼地及可灌漑之肥美田野等。漠南內蒙之政治組織，在各省治下，除已墾土地設有縣治外，尚有蒙人自治之盟旗組織。近年因外患之壓迫，漢蒙人士雖同感內蒙蒙人自治政治統一之必要，但因蒙旗部族之分散，與地理環境之阻隔勢，故難能使其實現。自民國二十三年蒙政會成立後，以各部位置之不同與內部聯絡之困難，故又有錫盟自治委員會、烏伊盟自治委員會、阿部蒙人自治委員會等之設立，以分掌察、綏、甯蒙人自治之政務。惟內蒙自治政務之不統一，仍以由於外界分化影響所致者少，而由於地理環境者多。蓋在近代文明國家中，其民族之團結與軍政之統一，須有極單純地理區之基礎外，尚須有敏捷之交通方可。以蒙古地土之廣遠，人口之分散，交通之困難民智之幼稚，內部之互相傾軋，以及外界之煽惑，無怪其形勢益爲複雜也。漠北蒙古分有外蒙烏梁海、準噶爾、呼倫貝爾等區，而外蒙除四汗部外，又可因地理之差異，將科布多另劃爲一特別區。漠北蒙人因與蘇俄接觸較早，民智略開，其民族自治與統一之觀念，較漠南蒙人爲強，但終未能脫離外強之束縛。攷其原因，亦有由其地理環境所造成。如據有烏魯克木河盆地之烏梁海，海拔約在一千六百呎以上，比西比利亞高七百呎，但比外蒙高原尚遜千餘呎，葉尼塞河發源於此，西北向西比利亞有自然之傾斜，爲西比利亞平原與蒙古高原之變換區，以介於薩彥與唐努兩山之間，地勢多山，植物暢茂，且多森林，實爲西比利亞自然林之一部，與外蒙他部之乾燥草野迥乎不同，是以歷來與外蒙古分離。烏梁海南面有唐努山，東西長約一千五百里，形成外蒙古與烏梁海之自然分界，惟其東面有寬約三百六十里之通蒙古高原自然缺口，故其居民與外蒙古亦具深切關係，但因環境各異，故常與外蒙分立。科布多及準噶爾兩區與外蒙之關係，亦與烏梁海同。二者均屬盆地形勢，各成一區。前者爲唐努及阿爾泰二山所形成，後者乃介於阿爾泰、天山之間，東面雖皆開向蒙古高原，但均爲戈壁所隔，故於政治組織上則皆獨成一區。因此漠北蒙古各地，或分區自治，或隸屬鄰省，其政治之不統一，與漠南蒙古同。

蒙古高原雖面積遼闊，縱横約一千八百萬方里，但其人口，總計不過五百萬，其中有半數分佈於淞遼盆地中，餘則散處高原各部，交通艱阻，民智未開，故欲求其精誠團結，政治統一，困難可想。現在蒙人政治組織之保存較完整者，僅可於蒙古高原數個內地流域之盆地間見之。如漠南陰山南北之錫、烏、伊、阿諸部盤踞之地，漠北之科布多與準噶爾盆地之一部是也。其四周自然開向外界之邊緣腴地，早有他族所侵入，在東南兩面者已多爲漢族移民所佔，西部爲中亞回族所侵，北部外蒙之四汗部及烏梁海區則多受俄人控制。近年日人又自東蒙西進，大有囊括內蒙全部之勢。況蒙人本以遊牧爲生，居無定所，組織散漫，我人欲其精密團結，政治統一，不獨爲地理環境所不許，抑且與其生活慣例相違背也。有人懷疑此說，以爲往時何以成吉思汗與忽必烈既能樹立空前絕大之元朝蒙古帝國，威震全球，今其後裔尙不能統一蒙古，此何故耶？此無他，地理環境與國際間政治背景之複雜使之然也。

第二節　蒙古居民之種族問題

現在蒙人爲數總計不過五百萬，其在外蒙古者約一百萬，內蒙之察、綏、寧境者一百萬，其在東北省（興安省）境者二百萬，其餘之百萬則散處新、青及俄屬中亞與西比利亞等地。由此觀之，蒙人數目之少尚不及上海一市人口之多，而大如中國其他諸省總面積之蒙古高原，現有居民不過二百餘萬而已。蒙古人口與蒙古高原面積兩相比較，其人數之少，眞似若無人。蒙古高原四圍，雖有極明顯之自然界限，然以與外界有不少的自然通路，因而蒙族徙居蒙古高原範圍以外之人數，竟佔其人口之大半數，而異族移入蒙古高原境內者，竟數倍之。是以蒙古居民極屬複雜，不但移居外界者已爲他族包圍成爲「少數民族」，即其留居蒙古高原境內者，幾亦有成爲「少數異族」之勢。因之蒙古居民之種族問題，現已非常嚴重。此問題可分兩方面言之：（一）蒙人遊牧範圍與政治界限不同。恰克圖條約（雍正五年即一七二七年訂）雖以薩彥山脊爲俄蒙之界山，但遊牧本無定居，常逐水草徙移，如遊牧範圍係限於一國統治之疆域內，自無問題發生，如越入鄰國境內，難免引起政治糾紛。如科布多蒙古商人多家居俄屬托木斯克省(Tomsk)之畢依斯克城(Biisk)。烏梁海牧人每年夏季則多喜移居於薩彥山之北麓俄屬境內，致啓俄人侵吞烏梁海與科布多之心。俄屬貝迦爾省區與外蒙接壤，交通原甚便利，居民大部爲同種之貝雅圖蒙古人，與外蒙古時相往來，關係至密。一九二一年外蒙古二次之獨立運動，及外蒙共和國之成立，全爲貝雅圖蒙人所造成，是以外蒙之脫離中國受外蒙古以外之蒙人煽動影響實大。(二)外族之侵入蒙古及其壓迫蒙人問題。蒙古旣感地廣人稀，又乏政治經濟實力以自行發展，外族之侵入自所難免。除漢族移民由東南二面之節節前進外，西南之藏族西番人與西北之回族之啓爾寄斯(又稱吉利吉思人)及北來之斯拉夫族俄人，皆在向蒙古推進中，因種族之不同，語言不一，風俗習慣與信仰均亦各異，而生活能力又皆非蒙人可比，是以蒙人一遇外族，除屈服混居受其同化外，卽被驅逐後退，將其牧場拱送他人。其與外族同化者，除東南部漢化之哲盟、卓盟、昭盟、察哈爾八旗及土默特蒙人以外，在青海泊附近之土爾扈特蒙人，已多與西番藏人混血雜居，在準噶爾盆地之準噶爾蒙人，及烏梁海之杜爾伯特與科布多之土爾扈特及杜爾伯特等綽羅斯蒙人，因與啓爾寄斯人生聚一處，不獨受其物質文化之影響，且常爲啓爾寄斯人所驅逐。如科布多盆地之南部、烏梁海之山地及準噶爾盆地之西南部已爲啓爾寄斯人所佔。啓爾寄斯人與蒙古人雖同以牧畜爲生，但其社會組織，生活習慣，宗教語言，迴然不同。啓爾寄斯人皆崇信回教，身體強健，活潑尙自由，人皆平等。與懦弱迷信喇嘛與重階級之蒙人不同。是以凡啓爾寄斯人與蒙人相遇之地，蒙人常爲所驅逐。近數年來自俄屬中亞移入之啓爾寄斯人年有增加，或爲俄人所促使，或因氣候之漸漸乾燥，總之中亞之啓爾寄斯移民運動大有繼續推向新疆、蒙古之勢。不但釀成回蒙二族之爭，且因之常引起漢回與中俄國際之政治糾紛，蓋彼等常假蘇俄國籍之名，橫行新蒙一帶，我國邊防當軸，不可不早爲注意之。

第三節　蒙古位置關係在我國防上之重要

蒙古在地理上乃爲我國西北部之一大高原區，東起興安嶺，西至葱嶺，北達阿爾泰與薩彥山脈，南邊長城經行之燕山、六盤與祁連山，西南則至崑崙，包有外蒙古的唐努烏梁海、科布多及察、綏、寧與新疆諸省。在此高原區內，有戈壁沙漠，故又可劃分爲漠北與漠南二自然區，漠南東部又爲陰山山脈（包括陰山、大青、狼山及賀蘭等山）分爲二部，其西部新疆則有天山山脈橫亙其間，分爲南北二路（或南疆北疆二區），總稱之爲蒙古高原。東西長約一萬二千華里，南北寬在九千里，面積之大約一千八百萬方里，幾佔我國全部之半。按此劃分我西北國防上的自然屏障內外共有三條，卽阿爾泰山系，戈壁沙漠及陰山山脈是也。

但自民國十三年外蒙古及烏梁海宣告共和脫我自主以來，我國在西北的政治勢力，現在所能達到的最外界綫，卽退至戈壁沙漠；而近來在此漠南的內蒙蒙人因受他人之煽惑鼓動，又多已採行地方自治或爲半獨立之狀態，於是我西北的阿爾泰、戈壁與陰山的三道自然防綫，已失其二，現在所餘的，惟有最內的陰山山脈一綫而已。是以我西北最內之陰山山脈屏障，已成爲我國防的最外綫了，其重要可知。

查陰山山脈的北部，仍多爲蒙古牧場，南部則多已變爲農區，包有察南張家口以西之洋河谷平原、綏遠之歸綏平原、後套平原及寧夏沃野等區，爲察、綏、寧三省政治之中樞重地，與經濟發展最盛之區。在此區內蒙人並不多見。此新闢的農區，雖然位於在歷史上分隔漢蒙兩族的長城以北，但此界限，已不能適用於今日，此正如我近代墾殖後的東北四省，與昔日的滿洲一樣的不可同日而語。長城沿線所經的燕山、南口、管涔及六盤諸山的地勢，的確險要，但今日祇能視爲北部內地防綫之一，絕不可作我西北對外的國防綫，因爲在此線外的居民，文化，都是與所謂我「本部」的中國無有絲毫的差異。是以蒙古高原上的陰山山脈實已成了我退而不可再退之西北最後的國防綫了，當此邊疆多事與外患煎迫最急的時候，固守此僅餘之一綫國防，實爲我國當前最大之急務。

蒙古居民因地理環境之關係，既已散漫無際，故其政治亦缺乏組織，惟其所居地位恰處蘇俄與中國二強大民族國家之間，自不易杜絕外人之侵入，加之四周皆有自然孔道開向各方，如沿色楞格河自庫倫經買賣城可北通後貝迦爾省之上烏丁斯克（Verhne Udinsk）及俄屬遠東各地；西北自烏梁海沿烏魯克木河（Uru-kem）經沙賓達巴隘口（Shabeen or Shabin Daba Pass）穿薩彥山可直達西比利亞西部之敏努辛斯克城；（Minusinsk）西自科布多經畢依斯克隘口（Biisk Pass）過阿爾泰山可達俄屬中亞之塞米拍拉丁斯克城；（Semipalatinsk）更自準噶爾（Dzungaria）西行過塔勒奇隘口（Talki Pass），過天山西部，而至伊犁及中亞各地；東則有貝爾（Buir）、達爾(Dali)及多倫(DoloN-Nor)諸路可入我東北四省；南則有張家口、得勝口、殺虎口、橫城等地可通華北，出入自如。以前所以未被任何強國所吞佔者，乃因其向爲東亞諸強族爭逐之區，位置雖當要衝，然而距外強大國中心邈遠，交通困難，地土又多磽薄，大部不宜於發展固定生活，故雖爭奪不斷，而少有作永久佔據之計劃者，故能幸免永久宰割。今則不然，交通便利，蘇俄南侵，日本東進，極爲便利，苟蒙古一旦爲任何強鄰所霸佔，而將其軍事行動之大本營，則首當其衝者，非我國而誰？

蒙古雖以乾燥沙漠與半沙漠之荒原草野佔其大部分，然其沿邊地方不乏肥美草地，其他自然富源亦多，所以致啓強鄰之垂涎，加之蒙古高原在軍事上極爲重要，實中國北部之自然屏障。此高原東西綿亙不下一萬里，北則環抱俄屬西比利亞，南則翼護中國，東則又鄰接東三省，形成中國邊防最長之側面。外蒙既失，漠南內蒙一帶，定必告警，故此高原淪於異域，則敵人可以隨時南犯。證諸歷史，此高原之重要，確有「得之則強，失之則亡」之勢。如趙武得之，則攘地雲中，下略西北；秦始皇得之，則築城置郡，威鎮匈奴；漢武得之，則北徙王庭，安靖邊塞；北魏得之，則稱強於華北；唐得之則降服突厥、回紇，以安西北；明得之則設三衛以控蒙疆；滿清得之則入主中原。今日入鑑諸歷史，洞悉蒙古地位在中國國防上之重要，所以入據東北四省後，又有西侵之意。蒙古在日俄間所處之地位，亦有舉足重輕之勢。苟蒙古爲日人所有，則日人可直搗蘇聯之後方，不獨使西比利亞東部諸地陷於包圍之中，卽俄屬中亞各地亦將大受威脅，苟蒙古爲俄人所有，俄遂無後顧之慮，而可專注力於遠東。是以日俄雙方遂莫不欲積極拉攏蒙古矣。蒙古高原地勢空曠，對於新式陸空軍事行動，非常便利，又爲東亞與歐西陸空交通必經之自然捷徑，祇此一點，中國亦不能坐視其爲任何外強所掠據，況其在我國國防上，又具有握生死關鍵之重要乎！

第四節　蒙古經濟發展之地理基礎及其限制

我人已知蒙古政治發展，居民分佈及軍事重要，如何爲地理所支配矣，但是若再進而攷究其經濟發展所受之地理限制，當更明顯矣。一區的繁榮或一個地方的荒蕪都不是偶然的現象，大概與其地理的環境都有深切的關係。蒙古人口之稀少，農業之不振，物產之不豐富，居民之無定所，村落與城鎮之疎寥，交通之困難，商業之不發達，皆是受地理之限制。現在我人舉幾件事實來看，蒙古是一絕大內陸高原，拔海多在三千呎以上，四周都有更高的山嶺，又位於冷温帶，所以氣候是極端大陸氣候，夏温溼，冬乾冷，終年雨量除四圍高山外，皆在十五吋下，而內地大部爲無雨沙漠。雨水缺乏爲蒙古各種經濟發展之最大障礙，廣平高原地勢，本極便於交通，但是常因井泉缺少（如沿張庫路或綏新路的大部，每隔一百五十至二百餘里始見一淺涸之鹼水井），卽以駱駝之最耐乾渴，都感覺困難；來往汽車須自帶水料以免汽缸缺水炸裂之危險！泉水較多之處，多限於四周有雨的高山附近，所以地勢愈高，草木愈豐盛，如在天山、阿爾泰及薩彥山一帶優美之草地，多在山上，如在準噶爾盆地拔海在六千呎以上之山上，在七千呎至八千呎高處，尙有針葉的常綠樹林，在六千呎以下之地多爲半沙漠草野及沙漠地，所以居民的分佈多限於高原四周山地附近，如戈壁四周，塔里木盆地四周，準噶爾四周及科布多四周，村落皆成環形，但在多雨生草的山地，因地勢陡峻，土壤磽薄，不便耕種，因而農業不振。大部的耕作限於自山上瀉下之可以引用灌溉之河流的附近，如沿陰山、賀蘭、南山、天山、阿爾泰等山麓之水草區。此類的水草，乃生長於夏季，爲時又很短促，漠北僅二三月，漠南亦不過四閱月，一至較長的冬季，草木就都因乾冷枯槁死。此時牲畜只能靠着零星乾草，及吸用其本身脂油以度那嚴寒的冬季，因此凍餓死的很多，所以農牧生活因一年之中發展的時期有限，且又很艱苦。夏季有限的雨水又極不可靠，分佈亦至不均勻。所以大部蒙人遂以牧畜為生，並且是遊牧生活，居無定所，因此在蒙古高原內部都無大城鎮。如外蒙都市，庫倫之意義，是木柵之意，言其原來亦不過是一個牧畜牲口之欄圈而已！況蒙古氣候近代確有漸乾之趨勢，如乾涸湖盆地「柴達木」地下埋沒有廢棄建築遺跡，以及湖之舊岸綫痕跡到處都可看到，在羅布諾爾(Lob Nor）之四圍，美人亨丁頓氏(Huntington, E.)曾發現舊岸綫五條，最高者高出現在之水面一百呎，英人畢理士氏(Price, M.P.)在烏梁海之烏魯諾爾(Uriu-Nor)亦見有很多岸綫痕跡，高出現在湖面三十呎，著者於二十五年夏曾同清華大學地學系地理組同學去綏遠考察，至豐鎮西涼城東之岱哈海(Daikha Nor)亦曾發現其舊岸綫共有五條，最高者比現在之湖面高出二百零二呎，此都是證明蒙古氣候有漸乾的變化。所以有人相信蒙古遊牧之不振，文化之衰微，民族之退化，大都由此而來，此種變化若是繼續不變，將來對于蒙古一切的經濟發展，及整個蒙古民族的前途，是何等的黯淡！因為蒙古自然的環境是如此的不良，所以更需人工的改善。蒙古將來經濟發展的地理基礎，首在牧畜。但蒙古的自然環境既不是常年天然的良好牧場，更非理想的農業區，蒙古的經濟基礎究竟在那裏呢？發展蒙古的牧畜事業，當採用混農制及選擇畜種和改良畜牧方法。混農制的意思，卽是把原有的畜牧業與新興之農業混而並重之。所有牲畜要加意豢養，於冬季無草之際，當儲以粮秣，備以棚欄，以免凍餓。此外當選擇良種，以供繁殖，藉以得一更爲適合蒙古環境的畜類（詳見本書第七章），但對此混農事業的發展，若非特別提倡與辦之，前途並不甚樂觀，因爲蒙古人畜牧之頑固性與漢族殖民之務農習慣，皆是不易改變者。往時在蒙古農牧似乎勢不兩立，以言農牧合作，談何容易。但是我人可以斷言，除非採用混農制，則蒙古將來之經濟發展是不能達到盡美盡善之地步。此是我人應當注意者。

第二章　蒙古問題之歷史背景

歷史之演變至爲複雜，其變化雖然無窮，但常具其有條不紊之理在。「歷史重演」之說，雖未可斷然置信，但歷來中國之盛衰，常視塞外異族之強弱而定。外族盛時雖不統一，亦時有侵入華北之虞，如秦漢之匈奴，晉之胡亂，及南北朝魏宋之爭，南宋之金夏等，如統一之權勢浩大，其影響也必深；如元朝蒙人之入主中原，史跡至明，殆不可掩。昔日之往事雖不能盡爲來事前車之鑑，但其互爲因果之處，實所難免。故當今之問題皆具有深遠之歷史背景，目前的蒙古問題當亦難以例外。

第一節　蒙人驚世之餘威

蒙人之強悍善戰，是古今舉世皆知之事實。成吉思汗之侵金、掠燕、伐夏，所戰皆克。據載，當其攻取西夏城邑，居民雖多鑿洞穴以避其鋒鏑，但幸免者百無一二，白骨蔽野，慘不忍睹，更舉大軍西征，滅西域諸國。自一二一一至一二二三年中，漢、回兩族爲其殺戮者爲數約一千八百五十餘萬，後世祖（忽必烈）承太祖之業，遣兵南下滅宋，而淮蜀人士被其虜爲奴隸者甚衆，復降交趾，掠印度，下中亞波斯諸邦，易如刈草，更遠征東歐，侵入俄、波、匈諸國，在一二二四年一役，俄亡六王，七十侯，兵十之九，歐洲大震，乃飽載而還，其燒殺暴虐之行爲，誠屬歷來所僅見。故蒙人之可怕，在東歐人腦海中印像之深刻，甚至見於祈禱文中，彼等每值禮拜祈禱，必念唪「感謝上帝拯救我們逃出蒙人暴虐之恩典」（From the fury of the Mongols, Good Lord deliver us）。是以直至今日，歐西人常以韃靼（Tartar）一名詞表示兇猛暴虐之意義。況蒙人滅宋以後，其君主又多約不以漢人爲相，且橫徵暴斂，征伐不息，在蒙人觀之，雖曰富強，但外族人民實多塗炭。自喇嘛教輸入蒙古與滿清柔化蒙人以來，因經數百年之羈縻薰染，蒙人之強悍天性雖似良馴多多，但一旦蒙族再起，以後焉敢保其無如昔日之兇暴。是以世界各族今日之注視蒙人，猶多惴惴不忘其昔日之殘暴者，深恐或可厥起。況昔日受其影響最甚、而今日與之關係最密切之中國乎。因今日蒙古諸問題之發生，與此餘燼或將復燃之歷史上的恐懼一點，當不無關係，且今日外強煽惑，蒙人自治之風日熾，與蒙族大結合運動傳聞正盛之際，中蒙問題更當審慎處理，以免貽鷸蚌相爭之害，致雙方俱爲漁人肉。查自民元以來，我國乃爲五族共和之國，對蒙族自亦平等待遇，毫末歧視，漢蒙情誼，本爲睦敦，如純爲行政方便計，分區自治，繼續內向，自無問題可言，如徒受外強之慫恿驅使，作敵人侵我之先鋒，不獨危害國防，實自戕也。望我五族同胞速醒，互爲諒解，幸勿輕舉妄動，以免漁人坐收其利。

第二節 滿淸之分化漢蒙

滿淸入關以後，除以愚民爲其首要政策外，對邊區諸族專事分化之，於漢蒙兩族之關係，防範尤嚴。故一方除用種種方法柔化蒙人，使對淸廷勿起紛擾外，另一方則窮其策略，使漢蒙兩族之關係疏遠，並使蒙人專助滿人與漢人對抗，以保其帝王地位。其柔化蒙古之方法，除以喇嘛教柔化之外，又常利用財力誘惑王公，並以滿蒙互通婚姻等方法聯絡之，如蒙古科爾沁部左翼中旗之一旗，其婦女入宮爲淸帝皇后者，前後凡三人，淸室公主之下嫁該旗王公者，亦先後達五人，至於淸室公主之下嫁蒙古王公者，更不知有若干數。所謂「備指駙馬」之制度，卽淸廷對蒙婚姻政策實施之一道。康熙帝嘗謂：『我朝恩施於喀爾喀，使之防禦朔方，較長城更固矣。』故定有年班，使蒙古王公來京覲見朝貢，藉與恩賞封俸。如蒙人每次所貢不過極輕微之綿羊、湯羊、乳酪、奶油、燻猪等物，及所謂九白之貢（指白馬八匹及白駝一峯），而政府除封爵陞級優遇之外，又厚賞俸銀緞疋，更賜以美麗珍貴之珠寶，即如每一頭等王公，則得年俸銀兩千五百兩，緞四十疋，即一扎薩克旗長至少每年可得俸銀百兩，緞四疋。綜之政府擔負決非輕微，而並未自蒙人取得何項利益以資抵補損失。察其用意不外以懷柔蒙人而已。此外則又大事分隔離間漢蒙兩族之關係，其法不一，要之禁蒙人習漢語，用漢文及與漢人通婚姻，保護蒙古遊牧，禁止漢人去蒙開墾，並嚴限漢人去蒙經商，居留期限則以一年為度，至於唐努烏梁海部，則絕對禁止漢人前往經商，用此等等方法杜絕漢蒙兩族接觸之機會。察其用意，亦不外隔絕漢蒙之關係，使蒙人不解漢語，對漢人毫無同情心，而專與滿人同仇敵愾而已。清廷於此兩點，大體可謂成功。自一六八九年多倫會議，蒙古王公歸服中國以來，清廷統轄蒙古二百餘年，其間蒙人對清背叛者先後僅有兩次：一在康熙帝時，漠南察哈爾部，乘吳三桂之亂而揭叛旗。一在乾隆帝時，漠北土謝圖汗部有一郡王，乘伊犁及阿穆爾散納之亂，而揭叛旗。但兩次叛亂，均由蒙人自有兵力得以從容平定之，未勞清廷之一兵一卒。其大部蒙人之所以如此之忠誠者，蓋皆由滿清素日之柔化政策所賜。迨至清末外患日迫，日俄之侵略我滿蒙日急之際，清廷始恍然大悟其分化漢蒙失策，乃感邊疆空虛之可危，雖於光緒二十三年（一八九七）山西巡撫胡聘之已首創蒙地放墾之議，但至光緒二十八年（一九〇二）始實行允許蒙古王公放荒招墾，並由清廷特派大臣督辦開墾事務。此舉本非清廷所願爲，故對漢蒙關係不予積極提倡聯絡之。迨後外患之壓迫與日俱增，而內部革命運動又開始活動，清廷見大勢已去，亡在旦夕，故不得不遽然革新以維國命，卒於宣統二年（一九一〇）宣告廢止開墾蒙地禁令，取消漢蒙不得通婚之法律，並准蒙人聘漢人爲書吏，學漢文，用漢名，並以漢文爲公文之文字。自是以後，始注意移民實邊之重要，因而乃漸獎勵漢人赴蒙開墾經商，對攜帶妻子眷屬者尤提倡並獎勵之，因之漢蒙關係始漸接近。無如爲時已感遲晚，加之不幸新來之日俄外強，又繼滿清分化政策力事離間我五族之共和，是以民國以來，政府雖極力主張五族平等及互相協和以圖共存，惜今日漢蒙之間猶多猜忌，不能諒解，對此狐疑，與向日滿清分化漢蒙之政策不無關係也。

第三節　蒙人之自相紛擾

蒙人的政治組織，因草原的地理環境及牧畜生活的關係，向爲散漫的部落。自十二世紀以來，太祖成吉思汗（一一六二——一二二七）建一空前的蒙古大帝國，及至世祖忽必烈又入主中原，樹元朝帝國（一二八〇——一三三六）以來，雖可謂盛極一時，但其政治統一之光榮的歷史總計不過五十餘年。至一四七〇蒙酋達延汗死後，蒙古統一之政治即不復見。蓋此後蒙古乃爲其九子分爲九部，後因互相爭雄，紛擾不已，於是蒙人統一之現象不可再覩。直至十七世紀末，漠南各部蒙族則多歸順中原，而漠北四部則仍頑頡不屈，於是蒙古遂有內外之分。在內蒙西部，甯夏、甘肅邊外之阿拉善、額魯特部及額濟納、土爾扈特部，與其在外蒙西部遊牧於科布多、阿爾泰諸部之蒙人，又皆屬內蒙古與外蒙古以外之別種，爲元代衞亦喇，與明代瓦喇之苗裔，稱爲四衞拉特（準噶爾、和碩特、杜爾伯特、土爾扈特）或額魯特者，又總稱之爲喀爾馬克人。故蒙人之分，實可分爲三大部，除北部之外蒙（喀爾喀蒙人），與南部之內蒙人外，尚有西部之喀爾馬克蒙人三分鼎立，互相爭雄。淸初準噶爾部酋長噶爾丹，起兵侵入外蒙，喀爾喀四部不能抵抗，乃率部徙牧俄境。至康熙三十二年（一六九三）親征噶爾丹後，昔日徙牧俄境之喀爾喀蒙人始各率部返牧原地。至科布多與阿爾泰兩地向爲喀爾喀與喀爾馬克蒙人互相爭雄長之地，即一部之中因部落重分各有其汗，亦時立於反對地位。如自十六世紀末，內蒙一部在政治上已形成兩大集團，郭爾羅斯、呼倫貝爾、阿魯科爾沁、四子部落、茂明安、烏喇特等部，都隸屬於科爾沁部，部長奧巴爲阿岱後裔；敖漢、奈曼、巴林、克什克騰、烏珠穆沁、浩齊特、蘇尼特、鄂爾多斯、土默特等部，都隸屬於察哈爾部，部長林丹汗爲達延汗後裔。是以哲盟諸部，自明永樂帝時即與察哈爾部各樹一幟，因而內蒙一區，東西之分於此已見萌芽。後因林丹汗以元之嫡裔自稱可汗，主張彼有統治蒙古全部之權。至巴林、札魯特歸附科爾沁部，敖漢、奈曼投降滿洲，烏珠穆沁、阿巴噶則逃歸漠北喀爾喀部，察哈爾部遂呈勢單力薄，於是淸太祖乘機出兵，與科爾沁等部組織聯軍，於一六二一年會盟西喇木倫河，經經棚出師多倫北之達爾泊，以攻察哈爾之後路，林丹不支，率所部人畜向西逃竄，於是察哈爾部遂爲滿淸所克。繼則東蒙翁牛特部，助太宗窩闊台之子孫平定內蒙各部後，致使康熙得以征服外蒙喀爾喀四部及科布多地，至乾隆年間，烏梁海諸部亦來歸化，於是蒙古全部盡入滿清之手。由此以觀，內蒙政治之不能統一，非始自今日，自元以來，蒙人卽不能統一自治，且各部落除互相傾軋，更有協助滿清外族攻其本族者。邇來日本鑑於此種歷史之事實之片面，自九一八以來，故在其製造之僞「滿洲國」下特設興安省，爲在滿洲蒙人自治之區，公然大事煽動全部蒙人聯合一致脫我自立。殊不知內蒙東西兩部自元明以來，早卽立於反對地位，今若誘而強合之，勢所難成。內蒙各部之統一自治，本爲我現政府立國所倡五族共和平等自治之原則所嘉許，但一旦爲外強所據，勢必步滿清入主中原之後塵，作侵略我國之根據，情況顯然，我國豈能坐視置之不理。在此歷史重演之中，至其禍福利弊關係至要，惟望我漢蒙兩族共鑑之，以免同爲他人俎上之肉也。

第四節　蒙人獨立運動之起因

蒙人之獨立運動，由來已有二十餘載，中間暴發數次，要者，有清末外蒙之第一次獨立運動，與民國十年外蒙之第二次獨立運動，及民國二十二年內蒙之自治運動。每次運動之口實，雖略有不同，但若細察之，其起因可別之爲四：（甲）外強之煽動，（乙）王公之投機，（丙）喇嘛之疑忌，（丁）新政之失措。

（甲）外強之煽動　蒙古之獨立運動，係外人煽動所成，實爲不可掩之事實。當清末造，以政府欲圖變法自強，故高倡恢復利權，蒙古王公政權限制，削減喇嘛利益，從事殖民實邊，施行新政，祇以措施稍急，致釀成蒙人之反感。俄人以良機不再，遂效清朝前代之懷柔蒙古政策，誘惑蒙古王公，使叛離中國而傾向俄國。至其煽惑蒙人之手段，多不勝舉，極盡卑鄙逢迎之能事。如爲蒙古王公等建造新式房屋，餽送禮品，或以財利誘之，或與之互通婚姻，此外並利用俄屬貝雅圖蒙人前往諂媚活佛，交好蒙人，藉爲俄人博愛爲懷廣大之宣傳，以資竊取蒙人之同情心而傾向俄國。因貝雅圖人語言、宗教與我蒙人並無隔閡，溝通感情自易，故外蒙古之背我親俄而獨立，一經宣佈，即已達水到渠成之勢。此蓋俄人之懷柔政策運用成功，因其潛勢已早深入蒙古民間，非偶然也。查俄國之用意，首在使外蒙脫我自主，後藉以實施其各種經濟之侵略，是以遠在清末暴發以前，於一九一〇年十二月，俄國即照會清廷內開「中國不准干涉蒙古政治，更不許中國對蒙古用兵」等。當宣統三年（

一九一一）六月在武昌革命起義之前，外蒙因受帝俄之煽動，庫倫活佛（哲布尊丹巴呼圖克圖）卽已宣佈外蒙獨立，且派親王杭達多爾濟以外部大臣名義專使去俄求援，俄政府於翌年（一九一二）十一月十二日，除派兵遣將及供給車輛輜重外，遂公然承認外蒙獨立，並早於一九一二一月二十三日，俄國外交部長卽聲稱爲俄蒙政治的關係，拒絕承認外蒙仍爲中國領土之一部，經數度交涉，卒於一九一五中、俄、蒙三方訂立恰克圖條約：『俄國承認中國外蒙爲中國領土之一部，外蒙承認中國在外蒙之宗主權，中國承認外蒙古之自治權』自此以來中國在外蒙僅僅享有宗主權之虛名而已。及至一九一七年，俄國內部赤黨革命興起，影響漸及於西比利亞，外蒙軍備勢單力薄，不足以事防護，一般蒙民且感獨立以來自治之政令較前尤屬嚴酷，加以中國商人撤退後，俄商並不能代而供給蒙人所有之需要，因之日常生活頗感不便，遂要中國政府出師鎭攝，電訊頻馳中央爲地勢之必要，於是派兵增防，並於民八六月十三日，又特派徐樹錚爲西北籌邊使，統治邊務以固國防。當時俄國舊黨謝米諾夫（Semenov）雖力誘蒙人擬以蒙古爲其活動之根據地，幸蒙人深悉非倚中央實不足以圖自立，於是外蒙王公與外蒙活佛於民國八年十一月十七日，首先請求撤消自治，外蒙於是復歸政中央。乘俄國勢力一時之衰弱，取消自治雖暫告成功，孰意於民國九年日本竟以抵禦赤黨美其名，出師西比利亞，助俄白黨謝米諾夫之部將恩琴（The Mad Baron Urgen Sternberg）率部侵入庫倫，並特派大山中佐偕同熟悉蒙情說客四十八攜帶鉅款，分往蒙古各地遊說王公供給軍政等費，接濟軍火，助其恢復自治，於是民國十年三月二十一日外蒙古又宣告獨立。至民國十三年遠東共和國政府併入蘇聯後，外蒙古政府亦遂完全入於蘇聯支配之下。中國在蒙勢力自此乃一無所有。再自「九一八」事變以來，內蒙因受日人之引誘，致有一部分王公要求自治之舉，觀此可知，內外蒙屢次獨立及要求自治，皆不外受外人煽惑所致，而蒙人本身絕無組織政府要求改善蒙古治政之意也。

（乙）王公之投機　查蒙古王公向倚恩俸度日，因中央之優待養成怠惰惡習，只知糜費不事生產，虛耗無度，常致舉債爲生。迨至清末，每一王公對我華商之積欠常多至數萬或數十萬者，如宣統二年（一九一〇）庫倫大臣三多報告：僅土車二汗所屬庫倫活佛之沙畢那爾喇嘛旗，借欠華俄商家不能償還之款，已達百餘萬兩，其他王公幾無一不欠債者。生活窘迫，乃別謀動計；如土謝圖汗親王抗達多爾濟以曾欠華商鉅款無力償還，即鼓其垂暮奄奄餘氣，舉叛旗，倡獨立，藉以政治的革命逃避一切債務。適帝俄又專以財利誘惑，如光緒二十六年駐庫俄領馬勒夫（Count Muravi-叶）曾以十萬盧布散給土汗之王公，藉使蒙人服允俄人自清廷所獲得其境內之金礦開採權。值此蒙人生計內窮外窘交加之際，遇俄人之財利誘惑，促其獨立，蒙古王公昧於財帛，竟視為良機，故抱何樂而不為之意旨以應付俄人。此後俄國甘願無利息的借貸與外蒙，以作軍政之活動者多次：如民二、三兩年中外蒙自俄借得無利息之公債三次，計五百一十萬盧布之多，供給蒙古軍政之用，蓋以蒙古國庫之收入及鑛權為擔保，償還期限有十年與三十年者不等。

（丙）喇嘛之疑忌　查清初諸帝，向以優待喇嘛教為懷柔蒙古國策之一，此後因擬實行政教分離，待遇喇嘛不若昔日之優厚，道光十九年（一八三九）第五代活佛入京陛見時，道光帝對之不甚優渥，庫倫活佛因清廷待遇冷淡，遂停止入京覲見。因之外蒙喇嘛亦從此而生離心。至宣統二年，西藏達賴喇嘛陰附英人企圖不軌，清廷聞後降旨革其喇嘛名號以懲戒之，並令駐藏大臣嚴密拿辦，庫倫活佛聞之，遂興兔死狐悲之感，於是疑忌俱生，乃起獨立運動之念。其怨恨滿人官吏之虐待可由外蒙獨立時庫倫活佛哲布尊丹巴札飭三多之文字見之：『爲札飭事，照得我蒙古自康熙年間隷入版圖，所受歷代恩遇不爲不厚。乃近年以來，滿洲官員對我蒙古欺凌虐待，言之痛心。今內地各省既皆相繼獨立脫離滿洲，我蒙古爲保護土地宗教起見，亦應宣佈獨立，以期萬全。現由四盟公推哲布尊丹巴呼圖克圖爲大蒙獨立國大皇帝，不日卽御極，庫倫地方已無需中國官吏之處，自應卽時全部驅逐，以杜後患，合行此飭三多。』

（丁）新政之失措　清末因外患之壓迫，對蒙實行新政以來，王公喇嘛權削損，如有潛圖軌外行動者，查出無不嚴行處罰，是以王公喇嘛因而被捕獲者時有所聞。此外，並又積極提倡移民實邊，迫令蒙人放荒招墾，措置不無操之過急之處，致蒙人怨恨疑懼而生背叛獨立之意念。

清末我革命雖告成功，但以國力不充，對邊區諸地未能鞏固防務，駐軍稀少，每遇內亂或外患均無實力以抵禦之。如當外蒙第一次背叛宣布獨立時，駐庫倫三多將軍政略雖高，然苦無實力以作後盾，故蒙人叛旗一揭，卽奔忙逃命，避於俄領使館，實有情不得已之苦衷。查當時駐庫倫之中國警衛僅三百人，駐烏里雅蘇台者祇五十人，駐買賣城（恰克圖）者僅三十人，駐科布多者無。在面積偌大、邊防如此嚴重之外蒙古，駐兵總計不過三百八十名，其防務如此之空虛，故外蒙僅以新經俄人訓練數不足千之兵士（駐庫倫之蒙古騎兵六百與活佛之親衛二百合計不過八百名）一舉叛旗，而我卽束手無策。査當時在外蒙駐有之俄兵總計不過七百名，散駐於庫倫、科布多、烏里雅蘇台等地。但在臨近外蒙之西比利亞各要鎮均屯有重軍，在恰克圖與上烏丁斯克（Verhne-Udinsk）二地各一萬五千名，在赤塔與伊爾庫次克兩地約十五萬人，總計不下十八萬，皆都劍拔弩張嚴防待發。人之謀我也如是之急，而我則千里遠隔，置若罔聞，邊陲重地，視若無物，則疆土焉有不失之理。

今我內蒙目前局勢之險惡，實有過於昔日外蒙獨立時所遭遇者，何以見之，蓋內蒙全部之背叛獨立雖尚未見諸實現，但其自治之旗幟已揭，且內蒙東部之昭、卓二盟既已淪陷於外強鐵蹄之下，所餘西部之錫、烏、伊三盟及阿拉善旗地又爲外強之實力所潛入，正在節節前進不遺餘力的作其煽惑侵略運動，如我再不集全國之力，火速充實察綏邊防，嚴予防範，欲其不蹈外蒙之故轍，又何能也。

第三章　蒙古問題之國際背景

查清末以來，日俄之放膽侵略蒙古，致使蒙古問題而嚴重化，其與國際之政治關係非常重要，故欲明瞭蒙古問題之眞像，於其國際之背景不能不探索之。蒙古問題之國際背景極其複雜，要之不外俄人之操縱外蒙，與日人之蠱惑內蒙。但英法諸強對日俄在我蒙古之作祟亦不無慫慂之嫌。如早在一八九九年（光緒二十五年），爲免除英俄在華利害之衝突，乃訂英俄協約，規定以『揚子江流域爲英國之鐵道建築範圍，長城以北則爲俄國之鐵道建築範圍，互相承認不相侵害。』於是滿蒙逐漸形成爲俄國之範圍（指日俄戰前而言）而俄國始放膽侵略。日俄戰後，日人又與法人訂日法協訂，日本承認法國以我廣東、廣西及雲南爲其政治經濟之勢力範圍之要求，而法國則准許日本在我福建、滿洲及蒙古得以自由行動。惟近數年來，蒙古問題之複雜化與嚴重化，全爲日俄兩方所煽惑，殆無疑義。查內外蒙政治黨派之分歧，幾盡爲日俄二強所鼓動，如外蒙政治初分兩派：一為外蒙國民黨；一為外蒙青年革命黨。前者由王公及喇嘛所組成，後者乃由青年知識分子所組成。兩黨主張不同，國民黨在「外蒙是外蒙人的外蒙」主義之下，力主反俄親華，目的在大中華民國之下建設一外蒙自治區，與中央政府政策同。青年革命黨，係共產黨派，其各部指導人物均係俄人，願受第三國際之支配，故力主親俄反華，目的在與蘇聯打成一片。兩派主張適居相反，故往往勢若冰炭，不能相容。一九二八年十一月間，蒙人為解決兩黨衝突起見，召集臨時國民大會，結果國民黨勝利，於是青年黨勾結軍隊中之俄籍顧問軍官等，煽惑軍隊叛亂，迫國民黨領袖巴圖爾吉辭職，以青年黨首領鏗頓繼任中央執行委員長。自此以後，國民黨要員或被暗殺，或則逃亡，外蒙大權於是全歸入親俄赤化之青年黨掌握中，外蒙遂不復容我過問，而處於相反地位。

近年日本對我內蒙自治運動之導演，何嘗不然。內蒙自治運動初本一致，更為中央政令所嘉許，分區自治，原為近代國家最良之政治，中國地廣人衆，同種異族，自所難免，五族分治共和，向為我中華民國立國之信義，故對蒙人之自治運動，中央莫不力助成功。不幸日人乘機煽動，利誘一部之青年蒙族同胞脫我自主，致政黨分歧，有親華反日者，欲在中央領導下維持內蒙自治者，有背我親日者願與中央完全脫離關係而獨立自主者，因而內蒙自治團體分裂，危險萬狀，將有爲日人吞併之虞，望我內蒙領袖速醒自覺，萬勿再爲第二溥儀，以免置內蒙全體同胞於死地，值此一髮千鈞，危機迫在眉睫之際，絕不容片刻之猶豫也。關於蒙古問題國際背景之詳情，茲分述如下：

第一節　俄蒙之勾結

俄蒙勾結之原因，肇端於日俄戰爭。蓋日俄之役，予俄人之最大教訓，即遠東黃族人之可怕。是以大敗于日本之後，乃感覺中國若一旦興起，或將如日本之可怕，甚或過之。適清末變法圖強，駐庫倫大臣三多正施行兵備，致招俄人之猜忌，將來中國若得勢於蒙古，成爲強鄰勁敵，必將不利俄國，況在蒙古之漢族移民，及華商經營能力，皆遠非俄人可比，於是乃阻礙中國在蒙古之發展，並使蒙古成爲中俄間之一緩衝國，或扶而完全佔據之，此種主張幾成爲俄國之傳統政策。俄國之陰謀，在俄人眼中已成俄國當時之話柄，如俄國"Novoye Vremya" 報告於一九一二年五月，公然主持以蒙古大戈壁爲俄國之自然疆界（The Novoye Vremya declared in may 1912 that "Russia, in spite of her history of a thousand years, is still on the road to her geographical and political boundaries, "and again, 'The desert of Gobi is a better frontier of Russia than the present one" Ref also price, M.P. Siberia, p.266)。爲達此目的起見，俄人乃大事宣傳蒙人被中國同化之危險，結果在庫倫造出一背我親俄之黨派，促成外蒙背叛運動，向俄求援，脫我自主。俄人則趁歐西列強正注力於巴爾幹及近東諸問題無暇遠顧之時，更乘我革命運動未成之際，於一九一一年（宣統三年）七月照會我國要求：（一）保持蒙古內部現狀（卽准蒙人自治）（二）中國不准在外蒙殖民，（三）中國不准在外蒙駐兵，（四）中國在外蒙改革事須先與俄國商酌。因我政府未允其要求，外蒙乃向我宣佈獨立。一九一二年九月俄國特派前駐華俄使（M. Korostovetz）至庫倫，而於是年十月承認外蒙獨立，並於十月二十一日訂有俄蒙協定，約定俄國擔保外蒙獨立，並允協助外蒙國軍與我對抗。民國成立因正忙於革命運動元氣未復，除以政治手腕交涉外，別無善法。故先有袁世凱總統電覆哲佛示以利害，勸其取消獨立，哲覆電詞氣強硬，但態度無定，因其覆電中曾有『必欲如此（指取消獨立而言）卽請商之鄰邦（當指俄國）』之句。後袁復以電覆哲佛略謂：「利害休戚，皆所與公，竭誠相待，無不可以商榷，何必勞人干涉，自棄主權。蒙與內地宗教種族習尚相同，合則兩利，分則兩傷，已派專員前來面商各節」。哲佛立覆一電則謂與其派員來庫，徒勞跋涉，莫若介紹鄰邦（當指俄國）商榷一切之爲愈也。由此觀之，外蒙獨立乃由俄國所造成，當無疑義。後因中蒙交通斷絕，乃不得已於一九一三年十一月五日與駐京俄使訂立協約，俄國承認外蒙爲中國領土之一部，中國則承認外蒙古爲自治政體。繼於一九一五年（民四）六月中、俄、蒙三方在恰克圖成立協定，規定外蒙古承認中國宗主權，中俄二國承認外蒙自治，俄國承認外蒙爲中國領土之一部分。一九一七年俄國革命發生後，我國遂乘機於民八六月十三日特派徐樹錚爲西北籌邊大使收復蒙古，哲佛並於是年十一月十七日聲言請求撤銷自治，至十年春，俄人白黨悍將恩琴得日人之接濟，率領所部白軍及貝雅圖蒙兵攻佔外蒙諸地，對我居留軍政商民大事摧殘殺戮，橫遭蹂躪，並於民十年三月二十一日迫哲佛樹立政府，向我宣佈二次獨立。後蘇聯革命成功，赤化運動漸漸東侵，蒙古青年因不堪恩琴等白黨之暴虐，於是乃與白俄將領絕裂，避往俄屬西比利亞，利用民族自決之潮流，招集中國內外蒙古及俄屬貝雅圖蒙族代表於俄境大烏里（Dawur）

地方組織蒙古國民黨，聯俄赤黨與之對抗，先後在恰克圖設蒙古臨時政府，繼則攻入庫倫，剷除白黨後，於一九二四年六月十日組織正式蒙古國民政府。外蒙古國民政府自成立以來，名義上雖非爲蘇聯之一，然而實際上已全入赤俄之掌握。現在外蒙古政府各部及各機關無不聘有俄籍顧問與諮議，國務會議，或局部會議，無論何項政務，均須先取得俄顧問同意，方能發令施行，卽軍事教官及學校教員亦多屬俄人。各種實業要皆藉俄國之資力與人力方能開發之。自九一八日本侵佔我東北以來，俄人則又藉防範白黨勦捕匪類，及保護俄蒙治安等爲名，於外蒙各要塞地方屯駐赤軍，封鎖外蒙，儼然成其囊中私物，他人不得問津，卽其宗主我國，亦不得聞問。所謂一九二五年中俄協定之蘇俄政府承認外蒙爲中華民國之一部，及尊重該領土內中國之主權，信義安在。

第二節　日蒙之勾結

日本公開干預蒙古問題，始於日俄戰爭以後。一九〇七年五月九日，日俄爲私分我東三省爲其勢力範圍，訂立密約，因日本拒絕內蒙列入談判範圍之內，蒙古問題遂成日俄雙方爭執之焦點。

一九一五（民國四年）日本向中國提出之二十一條要求其中關於南滿及東蒙之第四條，即要求東蒙爲日本之政治經濟勢力範圍。民八年巴黎和平會議後，列強爲援助中國各項經濟發展計，組一國際銀行團（International Consortium），專管列強在華投資事業，以免中國之企業爲任何一國所霸佔，機會均等，利益平分，本爲解除國際糾紛之正道。孰料日本表示不滿，公然聲稱滿蒙爲日本一國之政治經濟勢力範圍，反對任何其他國家之干預，即英、日、美、法四國所組之國際銀行團，對蒙古一區亦不願其問津。歐戰後日本曾實力協助俄人白黨謝米諾夫利用民族自決之美名，招集貝雅爾及內蒙古等處之蒙古代表，開會於赤塔（Chita），時日人鈴井少佐亦參與其事。會議結果，決定建設大蒙古國，北起貝加爾，南迄西藏，西至新疆，東達滿洲境內；並聯合中國內外蒙古、俄屬貝雅爾等處蒙族代表在俄境大烏里地方組織蒙古全體臨時政府，以便號召。一九二〇年謝氏部下因得日人餉械之接濟，與日本浪人之援助，在外蒙招兵二萬以圖大舉侵擾外又有日人瀨尾榮太郎與謝氏密約奪取中東路等陰謀，卒於一九二一年二月三日白黨恩琴率匪徒三千餘人攻陷庫倫，並於同年三月二十一日促庫倫活佛宣布第二次之外蒙獨立。後因外蒙青年因不堪受謝氏恩琴等之蹂躪，遂與之絕裂，乃另組蒙古國民黨，並聯俄赤黨先在恰克圖設蒙古臨時政府，與之對抗，並於一九二一年春逐出白黨，攻入庫倫，組織蒙古（外蒙）正式國民政府。日人協助白黨俄人企圖蒙古之陰謀，卒未得逞。此舉雖未成功，但日人企圖蒙古之心念非特未予稍減，反愈堅強，是以九一八事變，日人在東北特設一綏衛地名興安蒙人自治省，下分東西南北四興安省區，協助蒙人自治與保衛僞「滿洲國」，及免除日俄直接衝突而設。但察其用意並不在此。蓋興安省區地廣人衆，蒙族居民尤夥，位置重要，且與內外蒙直接接壤，大可作其西侵之根據地；以蒙人自治之美名以號召蒙衆，使內蒙叛我獨立，使外蒙與俄脫離關係，於是則蒙古全部乃成僞「滿洲國」第二，變爲日本之政治經濟勢力範圍，從此日本在遠東遂不致受俄國之襲擊。自東北經興安一帶西侵蒙古，及我中原一路，本爲滿清侵入中國時所取，今日人因欲實現其大陸政策，故遂抄襲舊法，侵入蒙古，以威脅中俄。身居宗主之我國，值此國力未充之際，視之固無可如何，惟首當其衝，且與蒙古又有利害關係之俄國，是否能緘默坐視，殆又爲一問題也。

第三節　日俄諒解與蒙古問題

自十九世紀末，俄國政治勢力伸至遠東以來，日俄衝突之險象遂之而生。惟爲免除日俄之正面衝突計，兩國政治當軸乃有日俄妥協之議，藉以提攜並進，分霸遠東。査此說之倡始遠在日俄戰爭之前。當魯森公爵（Baron Rosen）使日時，於一八九七年曾上書於俄國外交部長（Count Muravieff）奏議以日俄提攜諒解爲安定東亞之絕善條件，並親往晉謁俄皇，懇請照允，並申明俄國負責指導整頓編組高麗軍隊計劃之危機。同時駐俄日本代理大使桂太郎與當時之日本外務省長西春彥亦倡日俄急應諒解之說。西春彥並曾擬一書面建議，日俄應同意俄國在滿洲與日本在高麗之地位，及行政之政策，使各不干涉。惟以俄國政府拒絕俄國在高麗所受之限制，於是此議卽作罷論。數年後，於日俄戰爭暴發前，日本伊滕公爵復倡日俄諒解，且聲言寧願犧牲英日同盟之議，而以日俄同盟代替之，但爲日政府所不許。在一九〇〇年，繼魯森之駐日俄使伊斯瓦羅斯克（Alexander Iswolsky），日俄戰後代俄與日本訂立朴次茅斯條約（Treaty of Portsmouth）之魏特

(Witte)均爲竭力提倡日俄妥協者，終因未見實行，始有日俄戰爭慘劇之發生。及至日俄戰後，兩國政府乃自醒悟，知日俄兩國既皆需要發展于亞洲之東北部，與其互相敵視，何如捐嫌修好，以期共同發展，況日俄爭逐之地本非己有，因關兩國在東亞之權力利害，更應互相尊重各不侵犯，是以日俄妥協實爲急務，因此乃有光緒三十三年（一九〇七）七月十七至三十日之第一次日俄協約，該協約將日俄在我東北之勢力範圍劃淸，而以西自俄鮮國界之東北隅起西行經琿春沿鏡湖(Pirton)北岸至新水站後沿松花江至嫩江，再沿嫩江北行至綽勒河口(Tola R.)再沿綽勒河道西行至東經一二二〇處止之綫爲界，北爲俄國勢力範圍，南爲日本之勢力範圍，並聲明互相尊重雙方既得之條約權利。惟當日俄訂此密約時，日本雖認外蒙爲俄國勢力範圍，但對於內蒙則不願討論，蓋日人早已視內蒙爲其禁臠，他人不得問津矣。此時，美國國務卿諾克斯(Knox)又有「滿洲鐵路中立」之建議，以遭日俄共同反對失敗。至宣統二年（一九一〇），日俄兩國感覺二國在滿之地位，時有受第三國威脅襲擊之可能，爲免除此種危險，兩國實有取一致步驟以抵制第三國之干預行動的必要。於是宣統二年（一九一〇）六月二十一至七月四日遂有第二次日俄密約之協定。其內容大意謂：「日本合併朝鮮時，俄國不加反對，同時俄在伊犂及蒙古（指外蒙而言）方面有何活動，日本不但予以承認，並將加以援助。」日本助長俄國對我蒙古之侵略，殆事實也。後我革命成功，日俄恐我革新運動一旦波及滿蒙一帶，必將不利日俄兩國，於是民國元年（一九一二）日本潛派著名軍人政治家桂太郎往俄京，於是年六月二十五至七月八日與俄外相薩佐諾夫（Sozonoff）在聖彼得堡訂有第三次日俄密約，劃長春以南之滿洲及內蒙古之一部分，即自開原之北依長柵至寬城子（長春）間之東蒙古地域爲日本勢力範圍，長春以北之北滿，及其餘之蒙古地域爲俄所有，並約定互相援助，各不牽制。俄外相薩佐諾夫締結密約後，即於是年八月三十一日訓示駐庫倫俄國領使轉知外蒙政府，俄國援蒙之槍械祇作保衛外蒙與西蒙而用，不准用於內蒙古，此爲日俄正式分割我內外蒙古之起始。因此協定，日俄在我內外蒙古之侵略，乃更得放膽活動矣。至同年十一月十二日俄進而承認外蒙獨立。歐戰起後，其他列強因頻頻戰爭，無暇顧及遠東問題，日本乃乘機大肆活動，於民四一九一五年，向我提出二十一條要求，迫我政府承認其由日俄諒解在我滿蒙所得之地位與權利，更於次年（一九一六）六月二十至七月三日在俄京與俄再訂第四次之日俄密約協定。「日俄彼此擔保不加入不利於同盟之任何一國之政治活動，若遇各同盟國之一方，在遠東之權利地位被第三國攻擊時，他方應出而援助之。」日俄兩國並約定不准在華之任何政體對日俄兩國有不利或敵對之行動存在。此種日俄攻守盟約，不獨使日俄可以在遠東爲所欲爲，共同支配遠東之政局，更可制中國於死命。

第四節　英俄諒解與蒙古問題

自十九世紀末，列強分割我中華爲其勢力範圍以來，各強彼此莫不暗中勾結，互相慫恿，以肆行其宰割政策。英俄爲免除在華之利害衝突計，乃於光緒二十五年（一八九九）訂有英俄協約，規定以「揚子江流域爲英國之鐵道建築範圍，長城以北，則爲俄國之鐵道建築範圍，互相承認各不侵害。」於是我滿蒙始形成爲俄國之勢力範圍。後英人侵略我西藏漸深，因蒙藏關係之密切，對俄國之窺伺蒙古乃深感憂慮。蓋蒙藏之宗教文化不但相同，且西藏之達賴喇嘛，亦爲蒙古之最高活佛，況蒙藏宗教與政治鮮有分別，在蒙藏任何一方之優越勢力，皆可波及對方，故英俄雙方爲免除正面之衝突，皆欲分別維持其在蒙藏之勢力均等地位。清季有阿格班・多哲夫（Agban Dordjief）者，爲俄屬貝雅圖蒙人，曾奉俄人之命，潛赴西藏，佯爲研究喇嘛宗教，實則作政治活動。一九一二年俄人以與日人所訂之第三次日俄密約（見前）成立，又於是年遊說英人，許以西藏之權利，而以英人承認俄國在蒙古之權利與地位爲交換條件。英人同意後，俄因後顧無憂，乃在我國大施其侵略政策。多哲夫抵藏後，頗見幸於達賴，至民元十二月（一九一二）達賴乃遣其代表西藏赴俄，以作政治聯絡。多哲夫途過庫倫，乃與活佛協商蒙藏政教事務，並主張蒙藏互相提攜以抗中國，旋蒙藏兩方遂於是年（一九一二）十二月二十九日在庫倫訂立蒙藏協約，除互相承認蒙藏獨立，貿易互惠外，並結盟以抗我國。

第四章　蒙古之社會組織及民族復興問題

自明以來，蒙古民族卽漸衰微，不但成吉思汗勇武善戰之能力，早已喪失，卽其遊牧之強悍精神，亦消滅無餘，致一般蒙衆委靡異常，毫無近取心念。昔日威震全世之蒙族，今則竟爾一蹶不起，杳若無聞，一墮而爲世上最衰弱民族之一，殊爲痛惜。蒙族之英明少年，雖時而有聞，惟其絕大多數之民衆，確皆貧弱無比，愚莽不堪，無生氣，不遠慮，需要簡單，無富奢慾望，不知衞生，不知耕作，視工藝、貿易爲下賤，祇知靠其天然散漫的牧畜，以維其怠惰無比的安閒生活，生死聽天，不知前進，其整個民族之衰頹象徵，觸目皆是。而其最著者，莫過於其人口逐漸減少，如當乾隆年間烏斯巴（Usiba）率額濟納、土爾扈特蒙族自中亞遷回西蒙新疆時，最初人數尙有十六萬衆，至伊犂，因人多不堪跋涉之苦，已減至七萬，復分爲五族，散布於蒙新一帶，其中一組移居額濟納河畔者，數約萬餘，及至今日，爲時不過二百年，攷其散居寧夏西境弱水（卽額濟納河）一帶之額濟納土爾扈特人家，總計僅九十七家，每家人數平均僅四五口，蒙族之日趨衰微，及人口之大見減少，殆無異議。雖也有人歸咎於蒙人所受濡染之喇嘛教，如魏源謂之『專佞喇嘛，習梵靈，懈武事』，（見魏源：綏服外蒙古記）並曰：『蒙古敬信黃教，不獨明塞息五十年之烽燧，且開本朝二百年之太平』。蒙族之日就衰微，與其迷信喇嘛教，固非無因，惟與其社會之組織亦至有關，是以欲謀蒙古民族之復興，非改良社會之組織不可，茲將其關係犖犖大者分述如下：

第一節　蒙古之封建制度與民族復興問題

蒙古今日之社會組織，仍未脫離封建制度窠臼，所以在政治上，宗教上，或經濟上，有階級之分甚多。統治者有王公、貴族及免除封建役務之自由人，被統治者有牧人及奴隸，被統治者人數很多，約佔蒙人全數百分之七十四。例如在外蒙古直接隸屬於活佛的奴隸，不下十五萬之多。一般的民衆中，主奴界限之劃分，十分嚴明。在蒙古通行之喇嘛宗教方面，階級之區分，尤屬重多，就其職權而言，可分爲次述諸級：

（甲）上級之佛爺喇嘛，並通稱活佛，在西藏者曰達賴及班禪，在蒙古者曰呼圖克圖。惟以西藏之達賴班禪爲最高，呼圖克圖次之，庫倫之呼圖克圖，稱哲布尊丹巴呼圖克圖，握有外蒙最高之政權（現外蒙已無此制）。

（乙）曰札薩克喇嘛，在內蒙古統轄各旗寺內外之土地人民，亦握有政教兩權，無異於札薩克（旗長）。

（丙）廟喇嘛，奉佛於寺院之中，並司民間婚喪等祭禮事。

（丁）大喇嘛，爲一寺之座主，統轄全盤事務，多爲王公之子弟充任之。

以上四種爲上級之最高貴喇嘛。下級：

（甲）黑喇嘛，爲俗人之寡夫寡婦，老後剃髮，專誠皈佛，不習經文，不用袈裟，日常手捻佛珠，口宣佛號而已。

（乙）僧侶喇嘛，爲自幼出家進寺院學習喇嘛之僧侶，又按其年歲分爲三級：一、十五歲以下者，爲初級，曰 Band，意即教之新發，只守佛教之沙彌十誡。二、中級曰 Gaili，能誦經典。三、成人者爲高級，曰 Gailangi，能祈禱修法司儀，此外尙有喇嘛奴才，爲喇嘛之役人。

蒙古之奴才，多屬擒獲之俘虜，或掠得之女子與私生之子女，彼等雖有長期與短期之分別，但作奴才者對其主人祇有服務，絕無私毫自由權利，正如一般奴才，總是做在人前，吃在人後，起最先，睡最晚，所吃是剩餘茶飯，所穿是破衣爛裳，彼等所積貯之金錢，主人可以無理由無利息、並無限期向其借用。王公貴族對其所管轄之牧人奴隸常常横徵暴斂榨取無度，且其徵斂方法又欠公平，下級民衆受壓尤甚，例如有牛五頭或羊二十隻之家，須貢羊一隻，有牛十頭或羊四十隻者倍之，但其所有之牛羊超過此額數者（指牛十頭或羊四十隻而言），不論數目多至若干百千萬，則不必多繳。處此稅則之下，富者必愈富，而貧者則必愈貧矣。況遇特殊事故，如婚、喪、嫁、娶、遠出、進香等，王公貴族又常例外徵收，有包十架之家須供一馬或一駝，有牛三頭之家，須交奶一桶，有牛五頭者須納奶酒（koumis）一瓶，有羊百隻者須備毡毯一塊，或蒙包一架，有駝三頭者，須給繩一捆，以備束整行裝之用。以上所提，不過蒙古王公貴族對其牧人奴才所施徵斂之一般情形而已，並非法定規則，全然豁免者亦有之。蓋在封建制度下，如蒙古遊牧社會中，王公貴族酋長等領主一時之意旨口令，比多年既定之法規之效力或爲更大。總而言之，蒙古被統治階級人民，如牧人、奴隸、僧役等所處之境遇就難免作成反封建革命之燃料。此種影響於接近蘇聯之外蒙古尤爲顯著。如一九二一年，外蒙古一方減低牧人之運輸稅率，並迫令貴族與喇嘛照樣繳納，他方則限制活佛之統治權利，並卒於一九二二年解放家奴，不良封建制度，雖然於一九二二年被推翻，但其經濟基礎並未立刻受到嚴重影響。據一九二八年調查，佔外蒙古全人口百分八十三之牧人奴隸階級，只擁有百分四十五之牲畜，從前之王公貴族喇嘛等統治階級，在人口上僅佔百分十七，但彼等卻擁有百分五十五之牲口，因而使發生一九三〇年之反寺院運動，將外蒙古喇嘛寺院所擁有之三百三十萬牲畜的二百四十萬頭轉送與貧窮的牧人。鑑於外蒙古之革命運動，內蒙多數民衆生活在少數統治分子掌握中，其所受不良政治之壓制與經濟之剝削姑且不論，此種封建惡習，確有阻礙蒙古民族復興之成分。蓋現在之蒙古民族爲數本已不多，其中多數民衆過着牛馬相似之奴隸生活，既無自由，且受虐待，體智兩育自難發展。多數民衆之體智，苟不健全，何以談文化進步、經濟建設、政治革新等。不特整個民族無以興起，即少數之統治階級又焉能久享其王公貴族生活，苟非「與民同樂」無以談民族之復興，與其釀成革命於其後，何如罷除封建於事先。是以廢除一切不良封建制度之惡習，實爲復興蒙古民族之當前急務。

第二節 蒙古之政教關係與其復興問題

喇嘛教原出於西藏佛教，分紅黃二派，其行於蒙古者爲黃教喇嘛（即新派）。蒙古之喇嘛教，與其政治關係極其深切，由來已久。蓋自元世祖忽必烈汗進據中原以來，有西藏喇嘛八思巴進謁，講道說法，頗得世祖信仰。於是喇嘛教定爲國教，並封八思巴爲國師，因之喇嘛教乃盛行於蒙古。至太祖十七世孫阿勒坦汗與達賴三世消朗嘉穆錯結善緣於青海察布哈勒寺，乃改崇黃教。新喇嘛教之教旨，在脫俗修行，改過祈生，信靈魂不死，善惡有報，因果輪迴之說。後滿清爲藉喇嘛教作柔化蒙古之國策，對蒙古之喇嘛教大事提倡，特予優厚待遇，使之不必勞作便可得飽滿之衣食，且又得膺高位，於是蒙人之信奉喇嘛教更虔，而依附之者亦日多，並皆以充喇嘛爲榮。喇嘛教因是遂益臻鞏固。蒙人因宗教之痲醉，而失其尙武精神，且染受種種不良之社會影響。如蒙人惰性之演成，性病之流行，牧業之不振，民氣之衰微，人口之減少等，此乃無可諱言之事實，其與蒙古政治發展之阻礙，亦屬重大。蓋蒙古之喇嘛，除作敬神、拜佛、傳授經卷及司婚喪祭祀典禮等宗教上的事務外，還負着社會上的教育，尤其爲人治病之醫生的責任，及政治上的指導與管理等職務。扎薩克喇嘛廟喇嘛與大喇嘛等領袖喇嘛對其所管轄之寺院僧侶、牧人、牲畜、牧場的權利，正如旗部盟長對其所轄之土地部族牧畜一樣重大。況蒙古喇嘛爲數甚多，幾佔其男子全數百分六十以上，其勢力之大不言而喩。且喇嘛常又被旗部盟長視爲彼等之顧問，所以喇嘛之權力，遂駕凌部旗盟長之上。如從前庫倫活佛哲布尊丹巴呼圖克圖，就是全蒙古之政教領袖。所以一個蒙古召（卽喇嘛廟）所主辦之事務，可以說是蒙古宗教、教育、醫學、政治等事業之綜合機關。從前蒙古人才，都是由喇嘛廟造就出來。因爲喇嘛廟中之學科，皆以佛教經典爲主，故人常對不學而作之人稱之爲『蒙古大夫』，蓋蒙古醫生常以不學之巫術、咒符，爲人治病也。其結果可知，蒙古人才之缺乏，亦可想見矣。所謂非凡之蒙古喇嘛，雖爲無用庸人，因蒙古民族習染已久，只知一味「皈依」迷信，印像深刻，一時難以轉移，所以卽在受新思想影響最深，及所受外界煽動最厲之外蒙古，於其初次宣佈獨立時，一方感覺領袖人才之缺乏，一方又感覺民衆崇拜活佛之虔誠，故不得不礙難推崇哲布尊丹巴呼圖克圖爲其君主。至一九二一年，外蒙古之國民革命黨（亦稱國民黨）之分子，最初亦是由蒙古王公和喇嘛所組成者。此等貴族僧侶，何以能主持革命運動，亦不外因爲蒙古民衆太無人才，所以煽動外蒙獨立運動之赤俄，不能不暫時利用這般人去擔荷組黨之工作。後因他們思想太舊，不易進行，且容易發生反動，因之不久，蘇俄便召集逃往蘇俄的蒙古青年組成幹部政治的工作，於是產生了一個蒙古青年革命團。至第二次獨立運動成功後，雖明文規定政教分離，哲布尊丹巴呼圖克圖僅爲虛名君主，其權利只能管理喇嘛所屬各寺廟事務，與政治完全脫離關係，一九二四外蒙古國民共和國之憲法雖亦規定宗教自由，但在赤化下之外蒙政府，蘇俄之無神觀念與仇教運動，難免潛入到外蒙古一帶，所以二次獨立運動以後之一九二五年清黨運動，將國民黨之資產階級加以屠殺或驅逐之。至一九三〇年外蒙政府又大舉反寺院運動，到處刁難宗教，壓迫喇嘛，迫令還俗，還俗後則給以一份寺院財產，因此在一九三〇年還俗者約一萬二千人，但此種封鎖寺院，沒收財物與剝奪選舉權利等舉動，非僅結怨喇嘛僧侶，即敬仰喇嘛之民衆亦多起而反抗之。故結果無神政策失敗，當一九三二年大舉改革時，政府復准保障人民信仰自由，下級工作之喇嘛僧侶，不但恢復作公民之選舉權，並享有免徵賦稅之權利。喇嘛教貽禍蒙古民族，雖爲不可掩飾之事跡，但因蒙古民衆迷信深刻，决非一朝一夕所能剷除。

第三節　蒙古居民之婚喪習俗與其民族復興

禮王制中有云：「廣谷大川異制，民生其間異俗，剛柔輕重遲速異齊，五味異和，衣服異宜，修其教不異其俗，齊其政不易其宜，」殊可以代表近代人文地理學之眞諦與治國之良謨。蓋自然環境不同，則人文景觀各異，而各種人文景觀之發展，雖爲長期適應之結果，但因時代變遷，遂不能永稱有益。人類發展與文化進步，皆由改進而成，否則不問其習俗特徵如何可貴，但有時在無形中即成爲文化進步之拌腳石。此種影響在蒙古民族之復興上尤其顯著。蒙古因其自然環境特殊（見本書之第一章：蒙古問題之地理因素），其居民習俗之與我國他部大有不同，固在意中，其差異之大，判若兩個世界。除迷信喇嘛教與封建式奴隸制度與我國漢族不同外，甚至婚喪禮制，男女關係，女子地位，對于老人之態度等，亦無一不與我相差異，今擇要分別略述於下；藉以表示對其民族復興之阻礙影響。

（甲）男女關係　男女關係之密切，莫過於夫妻。但蒙人夫婦關係，不過是一種形式上之結合。夫妻外之兩性關係，不但同時可以存在，且在社會上並不受任何的指責，更不似漢族夫妻關係之有嚴格限制，即所謂：『有配偶而與人通姦，須受刑事處分。』所以在蒙古社會中，休妻、離婚、納妾、姘度之事並非奇聞。一夫多妻，固屬普遍；但一妻多夫者，亦時有所聞。在青海尤屬常見。在青海之柴達木盆地，更有短期之協訂夫婦（contracted marriage），期限一年數年不定。蒙古夫妻關係，雖如此其鬆懈，然而夫婦情感，彼此互助，及家庭中一切工作，並不爲此而生絲毫差別。婚姻極其自由，男女本人彼此同意乃告知雙方家長，再請月老說合。定婚年齡之早雖多如往日漢族相同，但結婚以後，夫婦之間，意見稍有不合，即可隨時提出離婚，既離之後，更可任意再婚。如有子女，則可彼此商妥或歸夫家教養，或由婦人帶走，如雙方爭持不下，再由官庭判決之。婦人離婚後，隨時可再歸娘家居住，營其與未婚前無異之生活，絕不發生女子離婚後，無家可歸之悲劇。且離婚婦女再嫁，亦不困難，所以一個蒙古女子，可以改嫁多次，直至年老色衰而已。蒙古人男女關係之自由，並非偶然造成，其「包」居方式遊牧生活，喇嘛僧侶衆多，以及來往漢、回、藏商旅又盡屬男客（因昔日去蒙古之漢族，婦女均被禁止）均在在促成兩性關係之鬆弛。蒙人婚姻自由固屬可喜，但是在素不講究衞生教育之蒙古，難免發生不良影響。蒙人成年後，因社交公開，父母既不干涉，本人又不知警戒，視性交爲常事，性交既濫，稍有不愼，定染梅毒。是以蒙人之患花柳症者爲數甚多，致使蒙古人口漸趨減少，其影響之大，可以想見。故欲復興蒙古民族，勢非改良蒙古婚制，及其男女之關係不可。

婦女地位，在西洋文明進步國家，常以其婦女在社會上所處地位，以度其文化之高低。蓋婦女在近代社會中所據之地位，非常重要。彼等不但負家庭教育全部責任，且其生活狀況，亦可反映社會文化之優劣。所以在復興蒙古民族之將來，我人不能不特別注意其婦女地位。蒙古婦女生活之辛苦，如一般漢族婦女相同，彼等須一生工作，凡理家、取水、做飯、縫衣、製靴、織帽、照料幼童、收集乾糞燃料、擠乳、作酪、染皮、製革等諸家庭繁瑣事件，莫不由婦女任之。所以蒙古婦女工作，遠不及蒙古男子之野外放牧生活之愜意。但蒙古婦女亦决不與其他東亞民族婦女相似，擁在家中過其奴隸生活。蒙古婦女確享有無限自由，並不感受男子嚴迫，在社會上，男女權利平等來往自由；貴族婦女穿王公衣服，參加一切典禮，有指揮社會的勢力。蒙古婦女生活之獨立自由，誠為一可嘉尚可稱讚之良制，將來蒙古民族復興後，此種文化更可推進之。

（乙）喪葬禮制及老人地位　蒙古社會風俗，與漢人不同之處，固屬極多，但其最著者，莫如喪葬禮制，及其老人所處之地位。漢人之敬老重葬，向為我國之特殊美德，但常失之太過，以致糜費無度。蒙人則玩忽喪葬與其輕視老者，故二族風習是大相逕庭，其所以然之故，當與二族之生活環境不無關係也。蒙人之人生觀念，頗與北歐民族之視強者生存，弱者滅亡，(The only the strong shall thrive, that surely the weak shall perish and only the fit survive.)為天演至理相似。故對其老者多藐視之，即其父母亦常遺棄不顧，是以蒙人老者生活可憐，無有如漢人老者之享福也。蓋蒙人視其老者既不服務工作，又非賴他人供養不得生活，真可謂為人類社會之一大寄生贅瘤。加之蒙古之遊牧環境並非優美，徙移不定，水草時缺，為生存而互相爭逐者，時有所聞。於此情況之下，老而不死，徒為人累，因而蒙人對其死者遂亦不重視之矣。往往有人氣息尚未斷絕，卽被棄置包外以速其死，或被送往野外山中故意使野獸食之。蒙人死後，並無若何喪葬禮節之可言。其葬式約有三種：(一)埋葬卽納屍於棺而埋於墳墓者，多行於王公盟長。(二)火葬，卽舉火燒之，凡婦女病死者，多用火葬之。(三)棄葬，卽棄屍於野外任野獸呑食之，此爲蒙古一般人所用之葬式。棄屍之方法，常置屍體於一牛車上後急馳野外，駕御者常以死屍不潔，不敢回視，向前飛馳，直至屍體脫落地上而後已。如被禽獸啄食，蒙人信爲靈魂升天，否則乃以生前罪惡以致禽獸拒而不食。查此種棄葬風氣多與蒙人信奉之喇嘛教有關，蓋喇嘛教信「輪迴」，故蒙人皆以延長任何生物之生命爲無上道德。是以棄屍養生（禽獸生命）乃成蒙人之修善風氣。由上觀之，蒙古父老生活，頗爲可憐，旣無漢族家族觀念之重視，與愛護老者之心切，又乏部落組織之崇敬長者，如中亞或北非之其他遊牧部族，因其長者富有經驗多推戴爲領袖，對之非常敬仰。再觀歐西盛行小家庭制度之近代國家之社會組織，對其老弱無能難以自立者，政府特設有養老院（old pension home），以供養之，絕無年老受遺棄之苦。敬老本爲人類文化之美德，老弱者因年老氣衰，雖不能如少壯者手腳之靈活有力，但其豐富之經驗與知識，確爲社會之元老。故欲復興蒙古民族，苟不先從改良其長幼關係，提高其老者之地位着手，而欲使其社會組織健全，談何易也。

（丙）蒙人法規及其囚犯待遇　蒙人生活，不但尚未脫離部落組織。且在其部落社會中，封建思想與封建制度仍甚盛行，所以蒙人並無嚴格縝密之法規，有時部長之言語口令，比既定的法規更爲有效。惟蒙人之法規雖甚簡單，但確與其遊牧生活有密切之關係。譬如人若發放野火（prairie fire 卽指火燒草野而言）卽是犯法。因爲野地之草，是遊牧民族人畜之命脈，不應將其毀壞。盜一駱駝，亦是犯法，若偸一馬，卽可加以死罪，因爲牲畜是彼等唯一之財物故也。蒙人對囚犯之待遇，亦極不人道，所謂監牢，是「長四呎高二呎半之棺材式木箱，箱外用鐵箍，箱上之一面有一小洞口，可以流通空氣，送遞飲食，使囚犯不致餓斃。關在木箱內之囚犯，以身上鎖有鐐銬，故不但不能跳動，且又不得躺臥坐站，因此極易使其斃命。所以此種木箱監牢，不但形若棺材，實際卽可謂之爲棺材，因爲活者進去，總是死者出來，故蒙古待遇囚犯之慘無人道，絕不是近代文明國家所容許。是以修明法規，改良囚犯待遇，亦爲革新蒙古社會與復興蒙古民族所不可忽視之事。

第四節　蒙古遊牧組織與其民族復興

吾人常聞歐西列國之所以強，在其有組織，多數東亞民族之所以弱，在其無組織。民族團體或國家社會之有無組織，與其文化發展關係之密切於此可見一般。大凡一國家民族或一社會團體皆有組織，其所以有強弱盛衰之差者，乃在其組織之優劣耳。觀夫蒙古之遊牧生活，亦有組織，卽所謂部落組織是也。在一個遊牧民族部落組織之下，地土是不重要，各部落亦無甚畛域之分。自滿清以來，政府乃將各部蒙人牧場劃分清楚，不准越界放牧，使各成一小邦國（Principality）。惟一部人民，如確有改部籍的自由，可以隨時任意追隨所選擇之部長；然部長之權限與地域既經劃定，則不許隨意更改。部長雖屬世襲，但承繼權並不專屬長子，須由與已故部長同輩男子長者所組織之委員會推選之。被選者或爲前部長之長子，或次子，或其近支任輩。故繼承人並無指定之規定，人選標準要在多數才幹最大者，並非狹義的世襲。內蒙自滿清以來，一部之下，又分若干旗，旗長之選擇方法與部長同。連合數部，組成一盟，盟有正副盟長各一人，由有關之部長中公選之。但須經中央政府之認可。是以旗部盟長之推選制度，雖爲分區自治，近於共和，但因蒙人缺乏教育，平時各部對峙，勢如割據，若遇選舉爭端自所難免，故對於統一大有障礙。蒙人多以遊牧爲生，因放牧牲畜，需要水草豐富之地，故常爲尋求牧場而遷移，是以牲畜雖可私有，土地乃屬公有，蓋遊牧生活勢所不能不如此者。自劃旗以來，因政治的限制，甲旗之人不得在乙旗境內放牧，移徙之範圍，乃大受限制。但我人仍不能謂蒙人爲一定居民族，因居所無定，遂乏土地觀念，無土地觀念，即無守土責任，必易肇敵人異族之侵襲。是以無定居之遊牧部落組織，不但因生活無定，無建設與經營之意念，而且外患摧殘不時而來，即有發展計劃，又安得以實行之機會耶？是以欲復興與統一蒙古民族，非首先打破現有封建制式或割據式之部落組織不可。

第五章　蒙古之現行政治制度及問題

第一節　蒙古之行政組織及其沿革

蒙古之行政組織甚爲簡單，不過一種酋長與部落之集合而已。蒙古環境原屬草野，因而居民向以遊牧爲業，加以地廣人稀，各部牧地無須劃界爲限，故移徙自由，毫無拘束。當一六四三年（卽崇禎七年）間，清廷藉口蒙族繁衍，遊牧無定，爭端時起，各部牧場非劃分清楚難以相安，於是乃劃旗分盟，明定各旗牧地界限，並嚴禁越界遊牧。察其用意不外減少蒙族各部接觸機會與其活動勢力，以便易於統治。

自盟旗制度實行以來，外蒙分喀爾喀、科布多、唐努烏梁海三大部；內蒙分哲、昭、卓、錫、烏、伊六盟及四特別旗，一牧場。呼倫貝爾爲特別區，察哈爾爲內蒙古，西套蒙古（卽今寧夏省區）分阿拉善額魯特與額濟納土爾扈特兩旗，青海分左右兩翼盟，新疆分青、烏、巴三部，（見附圖，蒙古盟旗分佈圖。）全部蒙古計十四盟六部二百三十七普通旗，四特別旗，一牧場（各盟旗之分佈詳見附錄圖表。）旗爲蒙古政治組織之最小單位，旗有旗長，名爲扎薩克，管理旗務，享有自治權利。旗長雖爲世襲之酋長，然中央政府有予奪世襲之權。合數旗爲一部，部有部長，部長以本部年長之扎薩克充任之，僅屬名義而無實權。部以上爲盟，盟有盟長，盟長乃由各旗長互選，惟須經中央批准之。遇有重要旗務，或兩旗間之爭執，扎薩克均須與盟長協議處理。盟長更於每年召集旗長會議，統籌全盟行政上與經濟上各種重要事項，故蒙人對之非常尊畏，恆以其意旨以定是非，實爲蒙人最高之行政長官。除以上蒙人所有自治長官外，清廷設有理藩院，組織與六部同，專理邊遠藩屬之事務，並於蒙古置有熱河都統、察哈爾都統、綏遠將軍、庫倫辦事大臣（蒙人呼爲案班）、烏里雅蘇台將軍、科布多參贊大臣等專員，以監督各轄區內之蒙古軍民兩政。光緒末年改理藩院爲理藩部。民國成立以後，更改爲蒙藏事務局，隸屬國務院。復以邊事繁重，於民國六年擴大爲蒙藏院，直隸於大總統。民國十七年國民政府奠都南京，設蒙藏委員會，隸屬於行政院，與各部地位相同。管理蒙古等藩屬之機關名稱，雖經數度更改，其行政組織未嘗稍易，仍多沿襲淸廷之理藩院制度，惟其權限在地域上略有變更。蓋民國成立以來，鑑於邊疆外患煎迫，乃於民國三年（一九一四）劃內蒙古爲熱、察、綏三特別區，以作改設行省之先聲。建設縣治，設三都統以管轄各區之軍事與民政旗務，西套蒙古則改爲寧夏駐軍轄地，隸屬甘肅管理。對於錫、烏、伊諸蒙族住區，僅有監督之虛名，實則仍完全享有地方之自治權利。民國四年，政府懼日俄侵略，於外蒙古又設庫倫辦事大臣，就烏、科、恰分設佐理專員以司邊政。至民九年（一九二〇）設西北籌邊使，旋改爲庫科鎭撫使，駐紮庫倫，鎭撫使之下設參贊，分駐外蒙各大城市，協助鎭守使管理軍民兩政及盟旗諸事務。民國十七年，於內蒙建熱、察、綏、寧爲四行省。民國二十二年，設蒙政自治委員會於白靈廟，以錫盟蘇尼特旗長德王爲委員長，推行蒙人自治運動。嗣日本進據察北，德王爲其煽動，圖謀不軌，將自治政府遷至南距張北二百里之加卜寺（化德縣，近又稱爲新明縣）以便作其脫我自立運動，但爲烏、伊、阿諸蒙族所不欲。於是綏、寧蒙旗乃另樹自治政府，先設於伊盟之伊金霍洛，後移至公廟子，由沙王領導，以示內向。邇來德王爲外人所誘惑，公然揭叛旗，促僞蒙匪徒侵犯綏東與綏北各地，意圖大舉，孰料綏省蒙族同胞，不特不爲所愚，反而與國軍共同奮鬬抗禦殺敵，如達密凌蘇龍總管於紅格爾圖一役之奮勇殺敵，及沙王白靈廟戰前之投報軍機足見我蒙族同胞內向之赤誠，與憤恨外人之壓迫背叛毒計之深也。

以上爲蒙古行政演變之梗概。至於察綏問題解決後，內蒙古之行政組織，有何變化尚不可知，但敢斷言者，分則兩傷合則並存。已成不易之定理，爲漢蒙兩族所共鑑。是以背我獨立絕非蒙族同胞之所願，尤非蒙人之幸福。蒙族自治向爲我國統一之國策，將來內蒙行政組織，要以在中央領導之下，採行地方自治爲宜。

第二節　蒙古盟旗制度及其與中央和地方政府權限之劃分與問題

蒙古之政治組織向分兩種：(一)盟旗，爲地方自治機關。(二)中央特設各種監督專員職所爲官設機關。舉凡各旗蒙人戶籍、承繼、婚姻、刑事、民事等項，旗長享有初審裁判權利，人民如有不服案件可以上訴於盟長，不服盟長之裁判，得再上訴於中央之有關機關，如以前爲理藩院現在爲蒙藏委員會。旗長雖亦可統率全旗之兵士，惟編制與兵器等均有嚴格規定。駐紮將軍或參贊大臣皆有隨時檢閱之權。一旦有事，中央官憲更有統率與指揮之權。旗長雖可世襲，但須經盟長呈報中央政府經審查合格，始得封授之。旗長（扎薩克）之下有協理台吉、管理章京、梅楞章京、參領、佐領、驍騎校等官員以輔佐旗長辦理旗務。此項輔佐員，不得由扎薩克自由任命，例須會同該管盟長由該旗內閒散王公以下台吉以上推舉呈請中央委任之。盟長除執行其二次審查裁判各旗未決民事外，尚有排解各旗間之糾紛，與擘畫各旗之重要事務，及設計全盤之政治經濟之改善事宜。盟旗諸蒙人自治長官雖由蒙人自選之，但均須由中央批准始得合格。封授以後，平時須受所駐將軍大臣之監督，如遇叛逆行動，中央隨時可以罷免。凡屬外交事項盡由辦事大臣掌管之。民國以來，關於蒙古行政之機關權限，雖名稱稍有變更，惟大體組織與滿清時代無異（見本章第一節）。惟自民國十七年設省以來，盟旗制度雖未更改，但中央派出駐紮蒙古各地之各種監督官員，全爲撤消，所設各省長官權限又多限於設縣之區，在行省內並無專管機關，雖中央政府設有蒙藏委員會蒙古事務處掌理一切蒙古事務，但僅屬審議與計劃事項，並無如昔日當地駐紮官員監督之設施，故中央與蒙古地方行政組織上中間缺乏聯繫。而蒙族同胞，目前又感領袖人才之缺乏一般蒙人亦未受自治之訓練，以致蒙族政務廢弛，行省與諸盟旗又時有爭端誤會，遂予覬覦者以挑撥離間之機會，因而演出種種之惡劇。先由外人之煽惑要求自治，自治成立後，於白靈廟設有內蒙自治委員會機關與綏靖公署同。各盟公署改稱盟政府與省政府並立，旗公署則改稱爲旗政府與縣政府地位同，均由蒙人自治之。而自治委員會及盟政府之經費，多由中央補助之以利行政。中央扶助蒙族同胞自治之誠懇，待遇之優厚，於此可見一斑。建國大綱之第四條早有「對於國內之弱小民族，政府當扶植之，使之能自決自治」之規定，孰料少數蒙古王公青年領袖不能洞悉大義，反爲外人勢力所誘進而作其背叛獨立之運動，致失自治之良機，殊爲可惜。由此次之事變吾人敢言爲蒙族同胞之福利與整個中國國家之安全計，在一般蒙族同胞於政治未有相當之自治訓練與地方教育文化經濟生活未充分發展以前，即同胞尚未復興、不能自衞自治以前，中央仍應負領導建設之責。迨國防設備，業已充實再試行自治亦未爲晚，否則難免受外人之窺伺。將來於各盟旗地建設省治，一切地方建設與民事教育諸行政，儘可由蒙人掌理之，惟一切軍事外交及有關國防之建設，均須由中央統籌辦理，以免割離，或較妥善，望當軸試行之。

第三節　內蒙古行政現狀及問題

內蒙古現行政治之狀態，表面觀之，雖似簡單，然窺其內情，實有重複支離繁雜不淸至不可言者，加以外強煽惑不已，致其形勢飄蕩不定，危險萬分，大有不知伊於何底之慨。內蒙自設省以來，雖已劃爲行省，但其內部之行政與他省比較，則大有不同。一省之中，平時既有省縣、蒙旗之分，早感行政分裂之苦，邇來外患侵入，特意分化漢蒙，割裂行政，致內蒙政治之紛亂不定，爲歷來所僅見。（一）縣治區如察省之萬全縣，及未被僞軍侵佔前之張北六縣（張北、沽源、多倫、寶昌、康寶與商都）。口南之宣化、懷來諸縣不計，因原非蒙地；綏遠之歸綏、薩拉齊、托克托、淸水河、和林格爾、陶臨、武川、固陽、東勝、豐鎭、集寧、涼城、五原、臨河及包頭市；寧夏之平羅、寧朔、靈武、金積、中衞、中寧、鹽池、豫旺諸縣，原爲甘肅寧夏道屬境，亦非蒙地，故不論及。以上察綏之縣治區域，雖原屬蒙人牧地，但因與華北諸省地土毗連，自淸康乾兩代以來，即陸續爲我移民所墾殖，於民國成立以前，早已先後設縣，分隸於冀晉兩省九一八前熱河之承德、平泉諸縣亦然。故改省以來形成各省之基礎地各縣與其省府及中央政府之政治關係與他省者無異省令可以通行無阻，一切之經濟計劃亦易執行，故年來政治經濟諸建設事業莫不長足進步。（二）半縣治區所謂半縣治者，乃指最近在新墾殖之蒙旗牧地所設之設治局而言。如察省之新明（前名化德卽加卜寺）、綏遠之安北、寧夏之陶樂與紫湖（卽定遠營亦名王爺府）等。設治局的地方因係新闢之墾區居民蒙漢雜處，故區內行政半屬官治半爲蒙旗自治，實爲一預備縣治區，故其行政不若縣治之純整漢蒙土地及稅收之爭時有所聞，政令不一，計劃難行，建設之困難，與工商之不甚發達，故在意中。（三）省轄之蒙旗區，如察省中部之察哈爾左翼正藍、鑲白、正白、鑲黃四旗，綏省歸綏附近之土默特旗與綏東之察哈爾右翼正黃、正紅、鑲紅、鑲藍四旗，左翼四旗散佈於張北六縣境內，右翼四旗則散佈於綏東五縣一帶，土默特則聚集於歸綏、薩托諸縣之中。以上諸蒙旗地大部已爲移民所佔，而諸旗之蒙人雖多已漢化，但尙保其固有蒙旗制度，各有旗長外有總管（如綏東抗戰最力之達密凌蘇龍，卽正黃旗總管也）。惟旗長與總管均由省主席委派之，享有自治之權利，但受省政府之監督。凡經移民墾殖之旗地，則歸當地之縣政府管理之，與旗無關。省轄之蒙旗地域雖位於縣境之範圍以內，但在行政上則居超然地位，與縣政府並立，實不啻已爲一縣內之自治區也。數年以來，旗縣相處尙安，漢蒙之爭並不常聞，故一切的農牧發展互相依倚，政治經濟進步之速幾與普通之縣治區同。惟綏東之右翼四旗與察省之左翼四旗，皆爲察哈爾部蒙人，關係至密，原皆爲察哈爾所統轄，自民十七年設省以來，分屬於察綏兩省，殊爲美中之不足。假使察綏間之察哈爾八旗所設之縣境特成一省，於其行政或可更爲適當，將來重新劃分省區時望注意焉。（四）直接隸屬於中央行政院之自治盟旗如察省之錫林郭勒盟，綏省之烏蘭察布、伊克昭兩盟，寧夏之阿拉善額魯特與額濟納土爾扈特兩旗，及九一八前熱省之哲里木、卓索圖與昭烏達三盟，在地域上雖分劃於熱、察、綏、寧四省之境內，因除熱河之三盟旗地外，其餘察、綏之三盟及寧省境內之兩旗之牧地幾全未墾殖，故仍保其盟旗組織，享有自治之權利。惟自東蒙（指熱省內之哲、卓、昭三盟而言）淪陷以來，中央曾於民國二十二年於察綏寧境內，應蒙人之要求，准錫、烏、伊諸盟旗自治，並組一內蒙自治政務委員會於白靈廟，專理一切內蒙之蒙人自治事務（細則見附錄，）與省政府並立，直隸於中央行政院。不幸，一切政治革興與經濟建設的新計劃尙未見諸實行不二年而察北六縣爲敵人所佔，力誘察省錫盟德王背叛獨立。綏寧兩省諸盟旗對於此舉，極爲反對，但德王頑強不悟，卒在察省加卜寺樹立錫盟蒙人獨立政府，與我脫離關係。綏省之烏伊兩盟乃於民國二十五年春別組一綏省蒙人自治委員會（見前）（五）僞「滿洲國」之蒙人自治興安省，分東西南北四分省，北興安省分佈於黑省之呼倫貝爾區，東興安省包括嫩江一帶，南興安省爲哲里木盟，西興安省爲昭烏達盟地，卓索圖盟地並未劃入，因其地蒙人人數太少，故僅設一蒙務局，於自治省區內准蒙人維持其固有之盟旗制度，在日人監督指導之下，享有自治權利，並組有蒙人自治軍隊，僞「滿洲國」之軍隊不得駐守之。興安自治省區內之盟旗酋長概由各旗蒙人自選之。盟旗以上尚有一興安總署，總長雖爲蒙人（哲盟盟長），惟其次長乃屬日人，總署之長官半由蒙人推選，半屬僞「滿洲國」政府（日本）委派，直隸屬於僞國務院，機關在興安省之省城未定前暫（將來或以通遼爲蒙人自治興安省之都城）設於僞「滿洲國」之「新京」（長春），職掌興安各分省一切行政及蒙古旗務。蒙古在政治上之四分五裂，觀此可見，故欲蒙古問題得以圓滿解決，在東北及外蒙失地未收復以前，實不易收效也。

第四節　外蒙古行政現狀及問題

外蒙古在今日之政治區劃上，可分外蒙古與烏梁海兩部。兩部在名義上，據中、俄、蒙所訂之恰克圖等條約之規定，雖均認為中國領土之一部分，並承認中國之宗主權，但實際上兩部之內政外交俱不容我干涉，儼然形成二獨立國家矣。一曰外蒙古人民共和國（The Peoples' Republic of Outer Mongolia or Gattane Mongolin），首都名「烏蘭巴托」（Ulan Bator），即庫倫。一曰烏梁海人民共和國（The Peoples' Republic of Uriankhai or Tannu Tuwa Republic），首都曰基齊爾（Kizil）。兩國政體雖皆稱之為「人民共和國」，但其現行政治組織稍有不同。烏梁海共和國，其行政關係與蘇聯比之與外蒙古尤為密切，不啻一蘇維埃共和國聯邦之一也。外蒙古人民共和行政制度，仿效蘇聯之處雖然甚多，但尚未公然採行共產主義，其制度實為一黨專治之國家社會主義之政體、全國國民不問民族、宗教與性別，皆一體平等，無階級之分，蒙古之主權屬於蒙古之勞動國民。其土地、鑛藏、森林、水澤等皆為勞動國民之公產，雖非正式的共產，相去亦不遠。故昔日之蒙古王公貴族，對之莫不憤恨萬分，因握有實權者乃爲蒙古青年黨（見本書第三章第一節）其黨綱雖與我國國民黨大致相同，亦以民族、民權、民生三主義爲信條，但一切行政採行委員制，並極端的力行中央集權政策，與蘇俄之共產政策同。盟旗形式雖依然照舊，但統治的官吏任用全由民選。分全部爲十三經濟區，包有三百二十四索門（見圖）行政單位，每區設一行政委員會，凡關行政概須由該會議決，呈請中央執行委員會批准施行，而舊日之王公貴族無權過問，且必須服從。由上以觀，外蒙古共和國之現行政治之政策與組織雖屬良善，惜一般民衆教育未至高尚之程度，因之推行頗感困難。

外蒙古共和國對中國之態度，可由其青年國民黨之主張見之。其黨綱曾有明文規定：『如有主義相同、政見相合之黨派，則不論其爲中國，爲俄國，皆希望互相提攜，互相扶助。至對中華民國政治上之關係，則視中華民國之待遇如何而定。如中華民國範圍以內之各省及各民族，倘能根據民族自决，各省自治之大義，採用廣義的聯邦制度，完成各族平等之精神，則外蒙國民政府毫不反對加入聯邦。』由此觀之，外蒙對其宗主中國並不抱敵視態度，祇要中央准其地方自治，無不欲恢復歷史上的宗主關係。察我國政府治國方針對邊疆各族莫不一視同仁，力主五族共和，況建國大綱第四條曾有：「對於國內之弱小民族，政府當扶植之使之能自決自治」之明文規定。近數年來，政府對內蒙已開始推行之。外蒙之主旨與我建國方策如此脗合，何以外蒙古與我國目下判然若兩敵國，斯何故耶？無他，不外其因受蘇聯之煽惑利誘威脅所致。況昔日外蒙古之王公貴族在蘇聯之共產主義壓迫之下，早已困苦不堪，憤不敢言。苟我國勢大力強，而前往拯救，收復失地，必有水到渠成之效。是以外蒙古的政治問題之解決，仍繫於我國，去取在我，望國人火速奮發圖強，起而收復之。

第六章　蘇聯經濟制度與蒙古

第一節　蘇聯經濟制度之特徵

現代經濟制度可分爲兩大種：一種是資本主義之價格經濟制度，如英美諸資本主義列強所採行者，一種是社會主義之計劃經濟制度，如蘇聯所提倡者。此二種制度下之一切經濟活動，如生產方面之動機與組織，分配方面之資本累集與所得之分配，交易方面之組織方法及消費方面之貨品製造選擇等，無一非根本不同者。蒙古之經濟發展，因地理關係，除中國外，以蘇聯受影響最大。蘇聯適爲倡行社會主義之計劃經濟制度代表國，而外蒙又正在其鞭策下推行，所以我人應特別舉出蘇聯，觀其經濟制度與蒙古之關係，究爲如何，藉以推論蒙古將來之經濟命運。

外蒙自第二次宣布獨立，國民黨握政以來，乃勵行蘇聯計劃經濟制度，自一九二四年青年黨得勢後，尤屬如此。蒙古國民黨領袖林第氏於一九二四年在蒙古國民黨第三次大會中，對於蒙古革命之前途，曾聲言蒙古國民黨之最終目的是實現共產主義，飛渡遊牧狀態之個人資本主義，而直接衝入共產主義社會中。因此，該黨在蒙古之任務首爲防止個人資本主義之興起，而時時與之作戰。該黨之政策，是建設國家資本主義，將貿易、工業及生產、消費等組織，從個人手中奪取，而納入於「國家」手中。此種宣言，對於外蒙之歷史、地理、社會、經濟等背景，是否適宜，均已置諸度外。蓋外蒙青年領袖在蘇聯卵翼下，祇知強行計劃經濟制度，而對於計劃經濟制度在蘇聯所受犧牲與困難，均置諸不顧矣。所謂蘇聯之計劃經濟，嚴格言之，乃使全國之經濟資源、土地、勞力與資本皆用於足全國人民之需要，一切均由國家政府統治，按照一定計劃進行，不受任何價格與利潤之支配。試問在一僅適於牧畜之外蒙，何能滿足其全部人民之需要？外蒙之土質、氣候本不適於發展農業，人民所需食糧，多半須靠外界供給，安能達到自給？況蒙古一般民衆之知識與思想程度，距蘇聯之高深計劃經濟制度相去豈祇有霄壤之差。蘇聯計劃經濟制度，是將全國資本國有化，並在最短期內使全國工業化，以利潤小，甚或目前無利潤之重工業爲最重要，而利潤大之消費工業次之。在僅產天然畜牧原料之蒙古草原何能工業化？若強工業化之，則燃料將從何來？燃料富足與缺乏之能斷定工業發展與否，其理至明，不必多贅。在生產工具與組織，皆須社會化（如土地國有）除一小部分零售商販爲私營外，一切重工業與大部分輕工業，皆須國營，此外一切企業組織須有合作社（如工業方面之生產合作社，商業方面之消費合作社，農業方面之農村合作社，與集合農場等）。試問此種精密完備組織，在蒙古教育未普及前，領袖人材何從而來，即或盡聘外籍（蘇聯）顧問，暫充指導，而一般未受教育的蒙衆同胞，能否追踪，亦屬問題。在蘇聯計劃經濟之下，貿易絕對採國營制度，一切進出口事業完全由政府經營，藉維持一國之生產消費平衡。蒙古因地理歷史背景之關係，向不注重商業，常以作賈爲恥，故境內商人，向以華俄商人爲主。蒙古既爲缺乏土人私營貿易之地方，若一旦改爲國營，豈不倍感困難。在蘇聯計劃經濟制度之下，工業以重工業爲首要，而生產日用品之輕工業爲次要。今外蒙境內毫無輕工業，乃亦欲一躍發展重工業，則人民之日用品將如何供給？在民族意識未造成，國家觀念未普及之前，個人的方便與否，當比國家利害更加重要，日常生活需要用品供給問題尙未解決，而言重工業發展談何容易。

第二節　蒙古與蘇聯經濟制度之接近點

蒙古自然環境既爲一溫帶內陸草原（見本書第一章），其居民不得不以畜牧爲生，而蒙古畜牧社會組織，又屬部落制度（見本書第四章）。蒙人多爲遊牧部落，居無定所，自滿淸以來，雖已劃盟分旗，定其範圍，但一旗之牧場仍屬公有，毫無土地觀念之限制，雖有封建式之酋長，却無土地永有權。故向爲施行共產主義最大障礙之「土地所有權」，在蒙古則不存在。蒙古地廣人稀，土地公有，蒙人所據之產業幾盡屬動產，如蒙古包、馬牛羊羣與畜產之毛絨皮革、肉食奶品等而已。故蒙古苟欲實行共產，於物產之重新分配上，極爲容易，祇需把家畜等零星輕便動產平均一分而已，既無若農業歷史悠久的中國「土地私有」之惰性的固執，又無若英美等國資本家勢力雄厚的壓迫，家家動產，割離非難。況蒙人所牧之牲畜，又非盡爲私有，其中大部多爲一旗所公有。蒙人個人之平常生活，徙移不定，時有改旗之說，由甲旗遷入乙旗之後，不但不爲所排斥，且乙旗常供給一切需要之幫助，大有「天下一家」之風味，蒙人之厚遇旅客，卽因其無異己與公私之分也。是以蒙古的土地公有制度，與其大同的社會觀念，都是蘇聯計劃經濟制度之共產主義潛入之機會與縫隙。

第三節　蒙古與蘇聯經濟制度之相背點

蘇聯經濟制度之最要特徵，爲人人必須實地從事生產工作，否則不能獲得衣食，其他生活上之福利，更無享受機會。此爲封建式蒙古王公貴族以及作喇嘛僧侶等有閑階級是絕對不能接受者。此等有閑階級不但人數甚多，而且又是蒙古惟一的領袖人才階級。王公貴族，本來就是蘇聯共產主義先要打倒之最大敵人，所以彼等與蘇聯共產主義是誓不併立者。在蘇聯支配之下，外蒙古昔日之王公貴族已經成爲蘇聯統制外蒙古共和國之重大障礙，與反共產運動之礁石。終因不堪忍受蘇聯之剝削，乃由外蒙避至內蒙之王公貴族，年有所聞。所以內蒙諸省之王公貴族，對蘇聯共產主義之經濟制度，所懷懼恨心理，已成爲內蒙蒙人的防禦對象，而使蘇聯勢力終難潛入內蒙。蒙古喇嘛對於蘇聯尤爲痛恨。蓋共產主義下之蘇聯，對任何宗教皆要破壞，而於不事生產之蒙古喇嘛最爲敵視。所以執外蒙政權之青年黨，對於喇嘛教向取嚴酷干涉政策，喇嘛非持有政府的護照，不得自由行動，違者重罰或加以徒刑。到處宣傳喇嘛的罪惡，以期使其成爲社會公敵。至於蒙人信仰喇嘛宗教之虔誠與喇嘛教在一般蒙人腦中印象之深刻，及喇嘛僧侶在蒙古社會上之重要，均已見前述（見本書第四章）。故蘇聯欲將其共產主義之經濟制度強施於蒙古，豈非妄想而何？再蒙古社會，爲游牧部落組織，向喜絕對自由，若施一任何限制，必爲所拒絕。蘇聯社會則爲一種最精密組織。組織愈精密，其限制亦必愈嚴苛。今欲在蒙古施行縝密之蘇聯經濟制度，則其散漫自由之遊牧者，豈肯受其束縛，苟欲強迫施行，必有反抗爆發之一日。蒙古地方廣闊瀰漫，無自然之重心點與中樞地，蘇聯經濟制度不問在生產方面，消費方面，貿易方面，皆須於適中地方，有合作社與集團機關等公共團體組織之設立。但蒙古地方非爲孤獨的廣漠草野，即爲散布於沙漠中之零星的水草地（oases），常經行數十里不見一包（蒙古包），數家之聚落往往相隔百餘里，稍大之鎮市則多相距數百里。在此種形勢之下，一切必要之合作社與集團的機關，應設在何處？蒙古既無重大中心地，交通又不發達，政治亦不統一，何能施行蘇聯計劃經濟制度。一九二九年，外蒙政府強行統制內外貿易政策，因實行太快，新貿易組織尚未完備，即將舊貿易組織廢棄，致使向內地傾銷之貨物，因缺乏分配中心與適當運輸，而遇到非常困難，結果有許多地方之人民皆感受缺乏貨物之痛苦。此種嚴重影響，卒成爲一九三二年改良外蒙古新經濟政策之一個主因。

第四節　外蒙古試行蘇聯經濟制度之經過

外蒙自從勾結蘇聯向我二次宣佈獨立建設人民共和國以來，一方採行蘇聯之共產政策，一方破壞舊有之封建組織而使社會機構劇然大變。青年領袖因迷夢於蘇聯共產主義之成功，遂不顧一切犧牲，欲在外蒙古實地一試。惟外蒙之地理環境歷史背景及社會組織與思想，均與蘇聯相背馳，乃彼等竟欲掃除一切自然與人爲的困難，決然一試，其失敗自在意中。外蒙古經彼等數年之努力，表面的新建設，如庫倫、恰克圖等數個都市之換然一新，確具有顯著之成績，惟內地之社會，不但貧困異常、破陋不堪的情形依然如故，且人民之生活，因共產政策之限制，其困難實更甚於昔。外蒙古自試行共產後，每戶僅准畜羊四頭，駱駝或牛二頭，餘則盡收爲國有。外蒙古民衆之財富，除牲畜外，實別無所有，昔日窮者每戶可擁有馬數匹牛數十頭羊百隻，富者多數倍之。今則所有財富不但受此嚴酷之限制，而且日常用品，則又因貿易統制價格奇貴，羊肉一觔竟高至蒙幣六元，紙烟一盒，則高至蒙幣五元（蒙幣一元合國幣三角五分）致一般蒙人生活感受困難，經濟破產。一九三二年六月西部保守派蒙人因不堪政治壓迫與經濟剝削之痛苦，起而與東部之維新派蒙人爭執，並提出下列要求：

（一）與中國通商，許華貨進口，以應民衆需要。

（二）允許漢人在外蒙古經營商業，不得歧視。

（三）取消共產政治，以孚民望。

政府不得已，遂接受其前二項要求，爭端始息。但因共產主義終未取消，自外蒙相率內逃者時有所聞。如一九三三年外蒙之貝雅圖人逃至錫蒙者有二千人，逃至烏盟者約有二千五百餘人，逃至甘寧間之馬鬃山一帶者幾近萬人。由此足見蒙人之不堪受外蒙共產主義政策之虐待殆無疑矣。此外因政府強制執行共產，引起紛擾，為反抗而致殞命者又不知凡幾。因此左派政策卒告失敗。一九三二年，政府特別召集國會下院第十七次會議（The Seventeenth Extraordinary Session of the Lower House）修改政治經濟政策，恢復個人財物私有權，並限制一切合作會社及其他公共國營機關之經營權利。此項改革，雖會引起蘇聯之反感，但卒因外蒙古國務院長堅敦（Premier Gendun）親臨莫斯科（Muscow）說明外蒙古在其現狀下，並不配採用全盤之社會主義政策，保留一部分舊有的制度，實為維持內部和平與人民最低福利所不可少者。經數度之磋商，最後始得蘇聯之諒解。外蒙古自一九三二年以來所擬採行之新政治經濟政策，直至一九三四年十二月二十四日始告妥協完成。改革之大義，雖已明白拒絕蘇聯在外蒙古所擬執行之共產政策，但為外蒙古將來之安全計，仍持倚重與蘇聯之密切連絡，方得免除日本帝國之威脅（見Dunn: The truth about Outer Mongolia）此即今日外蒙古之國策。茲將外蒙古試行共產主義失敗之經過，與一九三二年以來所行之新經濟政策的要義，略述於下，以供關心蒙古問題者之參攷：

（一）農牧業　外蒙自左派執政以來，忽視外蒙古地理環境原屬草野與蒙古民衆本為遊牧民族之事實，力主外蒙農業化，特設國家農場（Goshoz or Government Farms）若干處，藉以增進蒙古之穀產。視牧畜為次業，國家農場曾數次舉行提倡農耕運動，並計劃於一九三二年可以墾植二萬 Deciatines地（按每 Deciatine 等於二·八六英畝 Acre），並增加羊九萬頭，而所得結果尙不達計劃之半數，況試行共產主義後，個人多無心工作，不但新倡之農業未成，卽舊有之牧畜事業亦爲大形減色。富者如不能藏匿其財物牲畜，則必售賣之或屠而食之，以免充公與苛稅之擾，因而避居內地者亦有之，致使其原有之牧業亦受一大打擊。例如執行極端左派政策最厲之一九三一年中，外蒙之牲畜減少七百餘萬隻，祇此一點已足證明外蒙古之眞不適于採行共產政策也。是以免除勞動階級被剝削之集團之經濟制度（Collective Economy），在理論上雖高於個人經濟制度（Individual Economy），但不能作機械的應用，更不能不分地域、民族與時代而漫然採行之。外蒙古經濟發展之落伍，既爲公認之事實，若非順其天然之牧畜生活與自由的部落組織，按步就班，逐漸改良，則不易奏效。至一九三二年，外蒙當局乃恍然大悟，廢止無條件的共產政策，恢復個人私有權的舊有制度。外蒙當局察悉外蒙古農業化之不適當，並感到牧畜之重要與急需，於是改組國有農場（Goshoz），使其工作在農業方面僅限於試驗性質，不以生產爲目的，並以指導與輔助外蒙古牧畜業爲任務。改革以還，不出一年，牧業大振，牲畜大增，例如一九三三年之牲畜，比之一九三二年增加三百五十餘萬頭。一九三四年雖遇獸疫之損失，仍有一百一十餘萬頭之增加，此非新經濟政策之功效而何？

（二）貿易　外蒙古在極端的左派統治時期，禁止個人私營貿易，牧人所需一切貨品之供給，及所有牧畜出產之銷售，均由政府特設之貿易合作機關經營之，一切出入口貿易之權利，概由蒙民中央合作社（The Mongolian Peoples' Central Cooperative）獨自享受與經營之，惟此社不但不能完成其所負之一切工作，且常因組織繁重，無益之消耗甚鉅，於需要之入口貨品常或因數量之估計太低，或因物品種類不適於用，致人民感覺缺乏之苦，而於出口之畜產原料常又估計過高，致供求不合，貨物之流行因組織不良亦欠暢通，整個貿易遂一落千丈。一方無用之貨常堆積如山，致有有何物用何物（"Take what is given to you"）之口號。而另一方日常用品則又時感缺乏，於交通不便之西南兩方，尤屬如此。人民因烟草缺乏，迫而吸食牛糞（Argow），與因茶葉缺乏之而飲用沙漠之野草（Dunza）者，亦有所聞。政府在一九三二年新經濟政策中，乃決定改組蒙民中央合作社，恢復個人之入口貿易自由權，但於出口貿易一項，則仍由蒙民中央合作社獨享之。因蒙古政府信出口貿易乃爲維持外蒙政治獨立之必不可少之經濟基礎，故決定仍不准私人經營之。

（三）運輸　在極端左派當政時期，政府組一蒙古運輸部（Mongoltrans），掌管外蒙古所有運輸事業而禁止私營運輸。惟政府雖備有獸運組織，以各地「集團農場」（kolhoz or collective farms）司交通驛站之責，準備所需一切之車馬用具，祇以時有供不應求之困難，且充公之牛馬多欠良好，難應長途挽運之艱苦，益以蒙古地曠人稀，距離遙遠，若無良善之交通組織，運輸尤爲困難，是以於一九三二年之新經濟政策中，遂不能不以恢復嚮日個人私有之運輸方法與權利，爲其最大急務之一。

（四）工藝　在工業幼稚的國家，一切工業用品，多賴家庭工業與私有工藝行號供給之。外蒙古自極端左派執政後，政府組一工藝聯合社（kustarpromsojus or handicraft trade union），掌理全國之工藝業，而一切舊有之個人或私營的工藝場所，則皆在封禁之列。但政府所組之工藝聯合社，其勢力僅限於庫倫一市。因其他地方之個人私營之工藝（Individual kustars）與之多不合作，以致此種組織所需之工人，亦求自外方不可，故庫倫政府工廠中之工人，多爲漢人。政府不惜違反其固有政策而招用外工，實出於迫不得已。一九三二年之新經濟政策對於工藝以國營爲限一點，並未見改良多少。工藝私營之限制，雖然廢除不少，國家所組之「工藝聯合社，」不但未予取消，政府仍力事輔助發展之。直至現在，外蒙經濟組織之近於蘇聯者，祇可以國營之「工藝聯合社」與其蒙民中央合作社二機關爲其社會主義化之代表。

第七章 蒙古農牧業問題

第一節 蒙古牧業之地理基礎及問題

內蒙爲一拔海三千餘呎之廣大內地高原，南環山嶺，北接沙漠，地面平坦，又位於溫帶，具有極端之大陸氣候，夏溫溼，冬乾冷，但雨量年均多在十五寸下，日光強烈，蒸發力大，多西北風，因此等自然現象之綜合的影響，內蒙遂成一天然大牧場。馬、牛、羊、駱駝等牲畜不但數目甚多，且爲蒙人之主要財產。邇來羊皮羊毛等畜產品，在我出口貿易上與世界市場上均佔相當位置。此大塊草地自表面觀之，適似一各種牲畜的樂園，但若細察起來，又大有不然。直至現在，內蒙牧畜狀況，仍甚幼稚。蒙古一切牲畜多生死於自然現象之下，故就牲畜之數量言，頭數雖達數百萬，然而除供幾十萬蒙人需用外，剩餘無幾。若與分佈之面積比之，其比率尤低，而每年繁殖之增加亦甚有限。內蒙牧業，現已日漸衰微，苟不急起研究改善，則江河日下，將成不了之勢。蓋蒙古在地理上，雖爲一自然大牧場，但絕非一天然優美之牧畜樂園。蒙古草地在夏季草極豐盛，綠色彌野，到秋後，則草轉萎黃，到冬天，則草皆絕跡，卽有殘存，亦必爲深雪所掩，以致零星芻草，亦不易覓得。蒙人當夏季草多時，多不知收積屯儲以備冬季之急需，每屆寒冬，牲畜祇有恃其本身固有之脂肪度日。故蒙古牲畜之發育，乃受其自然環境之支配，如蒙古羊卽爲其特別發達之一種，尾皆奇大，長在一呎以上，寬自六吋至八吋，厚自三吋至四吋，夏季青草豐茂時，羊將其脂肪儲於尾部以備冬季之吸取，故謂蒙古牲畜一年中之生命，端賴夏季數月之飽食，殆非虛語。蒙古駱駝至夏秋之間（八月），常因食過飽滿，異常肥胖，當秋季開始用於馱負，須先停食數日方可，此皆爲適應自然環境之結果也。蒙古牧人之疏忽與蒙古高原冬季之酷寒，常使各種牲畜之死亡率變爲甚大，平均約在百分之二十五至三十之間，至其死亡之原因，要不外由於凍、餓、病三者。但是內蒙牧業問題並不全然在此。今欲發展內蒙之牧畜業，除研究上述各點外，對於牧畜制之不良，地方官廳之限制，畜種之欠講究，蚊蠅與毒草之爲害，牧場之選擇，與各種牲畜之分配等，皆爲急應注意之事項，茲分別略述於下：

（甲）蒙古氣候及牧畜蕃殖問題　蒙古爲一大自然草野，自適於畜牧業之發展，故蒙族向以遊牧爲生，牲畜乃其惟一之財富，食衣住行之所需，胥由是給，牧畜對於蒙人之重要，觀此可知。但蒙古草原並非一理想中之優美牧地，已見上述，益以蒙人牧畜方法幼稚，畜種研究更欠講求。蒙人欲在此種嚴酷氣候的淘汰作用之下，希望牧畜得以蕃殖，實爲一最嚴重問題。蒙人養育牲畜方法窳陋，日中任其在草地覓食，至暮則使之聚集於蒙古包之四週，以防豺狼之侵襲；至於馬則晝夜寬韁，常川露野，蓋其馳騁之能力，足以維護其本身之安全故也。蒙地豺狼之患，雖已設法制止，但嚴冬爲害之烈，比豺狼尤甚。蒙古牧者既不儲藏草料，以備冬季之用，又不設柵欄以抵禦酷寒，以致蒙古牧畜業日趨衰微。內蒙古一帶在冰點以下之時期約五閱月，外蒙則爲六閱月，冬氣溫平均皆在冰點下十餘度（見本章所附之氣候表），甚而有時低至負二十餘度；牲畜暴露於冰天雪地之間，爲時又有數月之久。當春秋之際，氣候變化甚大，數日之內判若冬夏，如在阿拉善西之額濟納河畔於十月五日晨氣溫爲20.9°C，至六日晨則降至7.6C°，於夜間曾低至冰點下一度。據柔克義氏（Rock-hill）所記，柴達木盆地四月十一日早五時半氣溫爲華氏22°F.（約合14°C.），當日午後二時陰影中則升至81°F.（合27.6°C.）至當日晚六時則又降至39°F.（合4°C），至十月十日正午氣溫高亦不過4.9°C數日之間氣溫變化，儼若冬夏。日夜溫差至巨，一日內溫度之紀載，有自冰點以下至攝氏三十八度（卽華氏100°F.）以上者。處此冷熱不調之下，如無禦寒防衛，牲畜焉有不凍死，況草料又缺，飢寒交迫，以致蒙古牲畜之死於凍餒者，年有百分之三十之多，卽當夏季中暑亦非奇聞，在外蒙古尤易見之，如民國二年五月庫倫大雪，數千之牛羊皆爲凍死（見Bul-tour in Mongolia）卽其一例。蒙古牛交尾期在四月至六月間，產犢期則在翌年三、四月爲蒙古牧場最劣之時，當此危急之時，母牛常以草料缺乏，生命不保。所生小牛如不斃育期，缺乏致受重創，不能負重，故而蒙古牛之夭亡率甚巨。處於此等情形之下，母牛當產亦然，蒙古虛弱，故其產乳量之小，尚不及歐西乳牛十分之一。不但牛是春季產育，馬羊等畜在四月至五月間，羊則在十月至十一月間，故其所受氣候之淘汰作用，實與牛同。是以欲發達其現業首須改善其牲畜交尾時間。若使其蕃舉之情形得以改善，則目下蒙古牲額均可隨之增加。

[illegible]問題　蒙古一切牧畜之出產，每頭之產量，皆遜於歐西澳美。如蒙古牛乳之[illegible]乳牛所產十分之一（已見上述），羊毛之產量每頭平均年產僅一斤，以視美[illegible]erino）每頭年產達八斤者，相差甚多。考其原因，非盡由蒙古牧場之不良，與蒙人牧[illegible]致，而畜種之注意與否，亦關係甚大。例如蒙古羊若與美利奴羊交配，則每頭年產羊毛一斤，驟加多一倍。由此可見蒙古之各種畜種，並非優良，確有急待改善之必要。歷來蒙人對之選擇，未免疏忽。如蒙古馬雖粗壯耐苦，但其骨骼細小，發育並不十分健全，此非由於畜種之良與養育之不善而何。再蒙人祇注意用於馳騁之閹馬（geldings），而對於牝馬（mares）與雄馬（stallions），則均不重視，故其用於傳種之牝馬與雄馬，皆牧放漫無限制，剔羣尚未講求，豢養自由。蒙古之牝馬常於四歲卽行交尾，因早合之害，所生馬駒遂多孱弱，而強壯活潑之雄馬，則因急充騎乘之用，又常於三歲時去勢，所有較肥大之牝馬，又多運至內地各省，用以作蕃育騾子之用，是以蒙古用於蕃育之雄馬，皆選未閹之殘餘者，種子不良，焉得善果。況牝馬下駒之後，既乏芻秣以充營養，而乳汁又須供主人所需各種之馬奶飲食品之用，以致小駒營養不足，故常有因凍餓而死者，而

不死，發育亦絕不健全。苟馬駒發育不善，畜種自然不良；畜種不良，畜產當難豐富，此蒙古牧畜之所以日見衰微也。是以選擇健全畜種與輸入優良畜種，亦爲改良蒙古牧業急務之一。

（丙）水草與牧畜之分配問題　內蒙古雖爲一大自然之草野，然以各部地勢高下不同，氣候——尤其雨量——頗有出入，故其物產之豐嗇，常顯有分別。惟沿河低地，常土壤肥腴，水給充足，故成蒙古最豐美牧地（rich pastures），此等沃野，大部已經耕殖，實蒙古富庶農區之所在。如張家口迤西之洋河谷平原，歸綏附近之黑水平原，五原臨河一帶之後套渠地，寧夏南北之沃野是也。察北之草場（steppes）次之，綏北之草野（prairies）又次之。此外尚有很多之零星水草區（oases）及池沼湖泊沿岸之鹼草地（alkaline marsh）與鹹草地（salt marsh）散佈於鄂爾多斯與阿拉善沙漠之中，如寧夏之居延海、吉蘭台鹽池、扎拉台鹽池、鄂爾多斯之大鹽海子（達巴遜淖爾）。綏東之岱海灘、葫蘆海、十二蘇木等海子，皆其面積較廣大者。以上之水草，有屬淡水者，有屬鹹水者，有爲豐盛高大者，景象參差不一，食草獸類繁多，而此類野獸之分佈，則與地理環境有密切關係。如野牛之黃羊（antelopes）尤其爲 goltered gazelles 多分佈於蒙古高原最壞之戈壁一帶，如在張庫大道之滂江至叨林（Turin）之三百華里間，常有黃羊千百成羣。然在滂江南或叨林北之優美草地間，則不多見。內蒙西部之黑沙漠中（Khara Gobi）及新疆東部巴庫爾湖一帶，則時有野馬、野驢、野駝等羣（巴庫爾卽野獸之意）之出沒。地鼠（俗名陸獺marmot）廣佈叨林以北一帶，其皮爲蒙古珍貴毛皮之一，年產約數千萬張，至叨林南之內蒙則無此獸（據Andrews: Across the Mongolian plain）。外蒙西北烏梁海山林中產麝鹿（musk deer）、麋鹿（elk）、梅花鹿（roebuck）等。青海及新疆北部之天山及阿爾泰山與土爾坤（Turgun）高原上，則產犛牛，此類野生畜獸之分佈，爲長期適應環境所演成，家畜當然不能逆自然而在露天中繁殖。是以所牧之重要牧畜，如馬、牛、山羊、綿羊、駱駝等，均應依其口味與牧放之環境適當分配之，有喜淡水草者爲馬牛兩種，有喜鹹水草者如駱駝，有荒蕪之草野卽可維持者爲羊羣，非有豐美之草地不能生存者爲馬牛，可數日甚或十數日不飲而無恙者爲駱駝，一飲可供十數日之需用，或一日不可間斷飲水者，爲馬牛兩種。再觀蒙人牧放之牲畜，各種用途不同，馬則用以騎乘，牛則用以取乳，製革食肉，羊則爲其皮毛與肉食，駝則專供載運，各有專用，皆爲蒙人日常生活之所不可缺一者。爲應各種之需要，蒙人常不顧草原環境之適宜與否，而將五種牲畜兼收並畜。是以在乾燥之鄂爾多斯（Ordos）蒙人牧羣中所見之馬牛，其形狀之瘠瘦極屬不堪，但其山羊綿羊與駱駝則頗肥大可觀。阿拉善蒙人之牧畜情形亦然，其西之額齊納河兩岸一帶，因屬淡水地肥草美，馬牛又見肥壯。由此觀之，牲畜與水草之關係至巨。將來啓發蒙古之牧業，對所放牧之牲畜種類不可不照水草之分佈而分配之。要之，在較溼之豐美的草場如察北、綏東及寧夏之額濟納河一帶，當專用牧放馬牛，在較乾之草野如綏北及綏南之鄂爾多斯當專用以牧放山羊與綿羊，在寧夏之阿拉善沙漠與水草區及其西部之黑沙漠一帶，最宜放牧山羊與駱駝或驢騾，在蒙古各地之湖澤沿岸之鹹草與鹼草地莫若放牧駱駝，在蒙古西北部烏梁海與阿爾泰山林中祇好牧養馴鹿，如此分配或可收到地盡其利之效。此外尤有可注意者，即毒草之防避。蓋此種毒草，任何牲畜誤食之必斃命。如在額濟納河以西之黑沙漠地（Khara Gobi or Black Gravel Desert）（爲往來綏新商隊之要道），駱駝常因誤嚙此草，以致死亡，幾遍全野。據稱以前曾有來自張家口之駱駝大商隊，行至黑沙漠西部古城東南三塘湖之西，因誤食毒草，幾致全隊駱駝死亡，後特以死亡駱駝之枯骨堆建一鄂博，名曰「亞蘇鄂博」（Yasu obo），以警告來往商隊。此種毒草分佈頗廣，現今已發現者共有數種，在內蒙西部之額濟納河流域與黑沙漠地有一種，在新疆東部之巴庫爾湖（Barkul lake）附近者有兩種，此外在青海之西寧，西藏西北之喀喇崑崙及喀什米爾高原等處亦皆曾發現之。爲蒙古牧業前途之安全計，此種毒草應及早調查清楚剷除之。

（丁）獸瘟傳染及蚊蠅災害　蒙人之遊牧漫無節制，不但牡牝不知別羣，且馬牛羊駱駝常混而不分，同羣放牧，看護又極疏忽，獸醫素不講究，每遇獸瘟，束手無策，常因一二牲畜染病，不獨殃及全羣，且波及甚遠。是以蒙古牲畜每年死亡之百分之三十中因瘟疫而死者至少佔其三分之一，尤以名 rinder pest 之牛羊瘟一種流行最厲。加之夏秋間，蒙古草野巨型蚊蠅繁殖甚多，專事咬吸牲畜之血液，爲害之烈，不下熱帶之蚊蠅。在低濕草澤，如柴達木盆地、準噶爾盆地、烏梁海盆地等區，尤爲猖獗，據云每至夏初蒙人常徙牧於附近之高山以避蚊蠅。在烏梁海人民在夏季如不避牧於高山，則須對牧於盆地中馬牛羣牧場之四圍常燃煙火，藉驅逐蚊蠅。蓋蚊蠅之爲物，不但咬吸獸血，使牲畜不得肥大，且更爲傳染瘟疫之唯一媒介。邇來俄人已於外蒙提倡獸醫，且已設若干獸醫清血機關，惟尙未普及。是以廣施獸醫淸血辦法，乃爲改良蒙古牧畜要途之一。

（戊）蒙古牧畜制度問題　蒙古盟旗部落封建制度所發生之不良的社會影響，已見本書第四章蒙古之社會組織及其民族復興問題，故不贅述。今專就其牧制一點，略爲闡述，以示其對蒙古牧業之利害。查自淸代規定旗制以來，對於蒙族每有十五丁口之家族，即給以廣一里縱二十里之牧場，爲旗民所私有，其餘盡爲一旗所公有，每旗之公有牧地爲旗長（扎薩克王公）管理，照章雖不能私行處置濫用，但年來暗中私行處置者時有所聞，如招懇租售隨地皆有，王公因而飽得富有。惟一般蒙族平民繁衍日多，後因私有牧地有限，故日漸窮窘，結果則蒙古草場日見退縮，牧業因而不振。加以王公與官廳之苛捐雜稅亦日漸增加，致蒙人不獨失其向日牧放之自由，實已墜於不堪剝削之狀態。例如牧放於白靈廟西草野之駱駝需納水草捐，交於王公者每月每頭需納銀二分，交於歸綏官廳者每年每頭需納稅一元六角。他如在準噶爾盆地北阿爾泰山地居住之吉爾（Kirie）牧人於冬季南徙至盆地南之博格多山（Bogdo Ula）避寒放牧時，除向其原地之王公納稅外，尙須向古城官廳繳納水草稅租，始准畜牧。由此觀之，蒙古牧畜舊制積弊尙未剷除，又加各種新增種種剝削，蒙古牧業焉能不有日漸衰微之理。

（己）蒙古牧業之國際問題　蒙古牧畜，向無地域界限，直至今日，外蒙西部尤屬如此，逐水草而徙牧眞可謂之爲遊牧也。蓋因冬夏冷熱之變化，易地而牧實爲所必須。近山者則行高山遊牧（Transhomance）方式，即於夏季溫溼時驅牲畜於山上放牧之，至冬乾冷時則下山避居於山麓或山谷中。附近無山或因山勢低微於氣溫不足發生若何影響者，則多採行草原遊牧式（Nomad-ism），即於夏季溫熱時隨牲畜北移以避暑熱，至冬季寒冷時則再南遷以覓和暖，此爲世界遊牧之一般情形也。蒙古牧畜自難例外。惟蒙古西部烏梁海、科布多，與準噶爾一帶與俄屬中亞銜接，越界牧畜時有所聞。如在烏梁海北部山林中牧養之主要牲畜爲各種馴鹿，馴鹿所需氣候與南部馬牛羊大有不同，每至夏季，即感暑熱之苦，當白日陽光強烈時，多避居山林陰涼處，喘息不止，勢如垂斃，至夜間始敢出林在草野間覓食，是以牧養馴鹿之烏族，至夏季除徙居於拔海六千呎以上之高山外，則多北遷避居俄地境內。在科布多之蒙古牧人，及在準噶爾之吉爾（Kirie）牧人，每至夏季亦常有驅其牛羊至俄屬大阿爾泰山上放牧者。因此國際間爭執問題之引起，自屬難免。如無明文規定，易肇糾紛，對於雙方牧業之發展，影響實大。俄人曾在外蒙古設一畜牧公司，資金二百萬元，並請准外蒙政府，凡有大宗牲畜交易皆須向該公司領取代辦執照，取照費用按價值百抽三，賣主繳納百分之二，買主繳納百分之一，名爲經記，實同徵稅（見謝彬蒙古問題），外蒙內部牲畜交易，既受此嚴苛限制，其對於越境放牧之榨取，亦可以推知矣。

第二節　內蒙各省農業之地理基礎及問題

各地作物之分佈，與其土壤之肥瘠，氣候之高低，無霜期之長短，及雨量之大小，或水利之有無，俱有密切關係。內蒙南部如察省之洋河流域，綏境內之歸綏平原，後套平原，及寧夏省賀蘭山以東之寧夏平原等區，土質肥沃，又多灌溉便利，於五穀的種植，皆甚適宜。小麥、玉米、稻米、高糧、豆類等年有豐收。即陰山山脈以北之高原，如察綏兩省之中部及綏東高原一帶，可耕之地土，亦不少見，其氣候比之南部雖稍有差異，但皆利于耐旱及耐寒作物之栽培，如小麥、大麥、雀麥、燕麥、莜麥、胡麻、油菜、土豆、山芋、蕃薯、蘿卜等根生作物是。如美國西部之落機（Rocky）山地間之高盆地區，及坎拿大南部之高原草野，夏季雨量約在八・四至十三・五吋，無霜期自百至百四十日，平均溫度自華氏六十五至七十度，與察綏中部高原草野之氣候相比，並不優越，在此情況之下，彼等試種耐寒穀類既已成功，在察綏行之，當亦無失敗之理。近數年來，經我移民之慘淡墾殖，昔日之塞北荒野，大部已變爲中國式農業化之地域矣。六十年前幾無漢農人烟，現在大部已化爲我國本部之一。於一八七五年，中國農夫的田舍，最北不過在張家口北三十里之處，現在往北新闢墾之地，在東部距張家口約二百一十里，在西部距包頭約二百七十里，在阿拉善沙漠北，距王爺府（定遠營）西北約七日程之距離之阿喀林烏蘇（Aghalin Ussu）亦見有漢農田舍，在北距外蒙邊界僅四日路程，沿張庫大道北向而遠達滂江（明安）一帶亦然。滂江約在張家口北約七百五十里間，向北開拓之速度，平均年約三里之多，其進展到何時何地始已，現尚不易推測。然蒙古高原中間之大戈壁，確是阻斷此種向北推進不已的農業人民移動的障礙。內蒙新興農業之經過與前途，並不似外面移民向北推進不已所表示之順利，內蒙農業固有其地理基礎，但在發展上困難亦屬不少，最要者當爲人事與水利兩問題，今分述如下，以作改進內蒙農業之參考：

（一）人事問題　大凡一地之經濟發展，非僅與氣候、地勢、土質等自然有關，而與人的環境，如人口之衆寡，居民之成分及其習俗等之關係亦非淺鮮。漢族向以農爲生，故其務農習慣非常深刻，所至之地，不拘環境之適宜與否，定必以農爲生。蒙族因肯以遊牧爲業，故視牧畜爲其天職，雖移居他處，亦不變易。兩者生活不同，一爲有定居的，一爲逐水草而遷徙的。此相處一處之兩種不同民族，各有不相同的習俗，致使經濟之發展，大受影響，尤以在農業之前途上爲然。漢蒙爭持之焦點，卽在發展內蒙農業問題，內蒙地曠人稀，人民自有史以來，卽以牧畜爲生，降至今日，不但無棄牧就農之興趣，且實際亦無耕植之本能。蒙人好騎馬，卽在距離密邇地方，亦常以騎代步，故世人常稱蒙人爲一「馬上生活」之民族，因此蒙人下馬步行，則行動蠢笨，如出水之鴨，加之性又怠惰，毫無在田間工作之志趣與能力，故欲使之成爲農民，當然甚屬困難。然而純粹漢化之蒙族亦有之，如歸綏之土默特蒙旗人，熱河哲盟之郭爾羅斯蒙旗及察哈爾八旗之蒙人，大部已改牧爲農，其經濟生活亦因而進步甚多。此外半耕半牧之蒙旗亦有之，如青海柴達木盆地之蒙旗，新疆阿爾泰山之吉爾蒙人等，皆因自給之需要，除牧畜外，稍事農作，以供日需。但自全部蒙人而言，爲數仍嫌過少。且目前一般之蒙衆仍低視農耕，對於漢農移民亦極仇視，頗有不能併存之勢，卽漢化蒙族，亦常因不甘漢族農夫競爭之壓迫，而有退往內地者。總之，蒙族以存有農業與牧畜不能共存之謬見，故對於漢族墾殖，內蒙時持異議。惟蒙族同胞人數甚少又無務農之志願與能力，今又不欲漢族代爲墾殖，豈非使天然寶藏永無開發之機會？實則爲蒙族自身利益計，爲全國經濟建設計，此種對農業之態度，實有糾正之必要。但漢族向蒙地移居，不問土地與氣候是否適宜，祇知到處耕作，對於某地之充耕地是否或較耕種更爲有利，則漫不考察，亦殊欠當。此種盲然的開墾於本人於國家都是有損而無益，此亦急宜糾正者。關於發展蒙古農業的人事問題，除蒙人的牧畜頑固性與漢族的務農習慣以外，如王公與官廳的苛雜，亦在急應剷除之列。因爲在新闢的蒙地農民對雙方均須繳納租稅方准耕種，且所繳租稅之數值，有多至土地所出生產百分之五十者。此外如地土分配不均（因多係大地主制，）種植過於粗率，（指農人不留心看護禾稼，不採用輪流種植法，與不施肥料等而言）農夫的按季移徙，（因農夫多春去秋歸，遷移無定，）皆阻礙蒙古農業之發展，凡此皆是急應改善之人事問題。

（二）水利問題　一地之水利與其地勢和氣候關係最密，所以我人欲明悉內蒙之水利分佈及其問題，首須探視支配水利的地勢與氣候的要素。內蒙地形大部可分高原、低地與山嶺三種。高原多分佈於內蒙西北部之內地山嶺蜿蜒於其東南面之邊緣，低地則散佈於山嶺與高原之間（參看蒙古地勢圖）。蒙古高原西部之新疆一隅，除沿邊之山嶺外，尚有天山東西橫貫其間，分成爲天山南路之塔里木盆地與天山北路之準噶爾盆地兩區。內蒙因位于亞洲東南溫溼季風區之最內地帶，所以大部乾燥雨少，惟其沿邊之高大山嶺，如賀蘭山、南山等拔海萬餘呎，因地形高峻，尚能享有地形雨（orographic rainfall）。氣候比較溼潤，加之，山頂終年積有冰雪，每至夏季，溶解下流，積成許多山間細流，歸宿於高原沙漠中之低地，構成許多豐富水草地，此等水草地，向爲蒙人之最好牧場，人畜繁盛，商旅雲集，實爲內蒙最有發展希望之地域，邇來已漸被移民佔據。彼等在自然雨水稀少之內蒙，乃藉水利來發展農業，如在後套、寧夏一帶，凡有灌溉之處，皆成肥田沃野，其無灌溉者，則仍爲荒地，水利對於農業之重要可以想見。但是一般移民因缺乏科學常識，昧於地勢氣候的演變，對於水利，尚未能充分的利用；或利用後，以遇有不少困難而中止，未免遺憾。內蒙之水利，就其情形與分佈而論，可分爲河流、井泉、與潛水（指地下水道或地下溝渠而言）三種：

河流灌漑之分佈　河流又可分爲大河與細流兩種，大河者如流經寧綏二省之黃河、及察省之洋河、綏遠之黑河、與寧夏之弱水（指額濟納河諸水）準噶爾盆地之瑪納斯（Manas）河等，各河水勢大小各有不同，冬夏漲落亦有出入，但水流常年不斷，沿岸低地，皆可挖掘溝渠引水以充灌漑之用。如寧夏省城之南北，灌漑歷史遠自漢唐，溝渠縱橫，東西寬自三十里至九十里，南北長約三百里，散佈於賀蘭山與黃河之間。綏遠後套之五原、臨河一帶，自清季築渠以來，南起自黃河新道（Baga Katun）北至烏拉狠山山麓之黃河舊道（Ulan Khatun），南北寬約一百二十里，東西長約三百六十里，溝渠交錯，俗稱八大渠地，雖因年久失修，坍塞之處不少，但近經綏遠當局採行「寓兵於農」與「屯墾實邊」等政策，努力恢復，致使後套仍爲綏遠全省農產最富之區。此外如綏省所建之薩托民生渠（利用黃河黑河水）及察省在洋河流域所築之堤壩水庫，皆新興之灌漑水利也。餘如寧夏之弱水，源出於祁連山，滙甘肅兩州諸水北流，滔滔不斷，直至索果居延二海，自鼎新毛目（Mamu）北入寧夏境後，分爲弱水、納林河、與穆林河三道，流經阿拉善與黑戈壁二沙漠之間，南北長約三百餘里。弱水流域爲額濟納土爾扈特蒙旗牧地，爲數不過九十七家，草木繁茂，蒙人不知耕作，漢回農民已佔至毛目，惟自毛目北三十里處以下，尙未聞有引水灌漑以發展農業者。此外如準噶爾盆地北部之布爾根河、額爾濟斯河與南部之瑪納斯河及庫爾河等亦均未見利用。已經利用之各大河流灌漑之地面積旣廣，水勢亦大，新舊渠道工程皆偉大可觀，惜淤積太甚，渠口常被堵塞，挖掘費大，維持不易，加以經水灌漑之地，常因毛吸管作用，地下鹽鹼質常隨強烈之蒸發上升，達至地面，不數年卽因地面之鹽鹼壘積過多，有害植物生長，卽不能耕用，故民生渠已有「民死渠」之稱，因被灌之田地積壘鹽鹼過多，遂不能耕種矣。是以舊渠之廢棄，並不盡由河流之淤塞與政治的變遷而造成。

細流者，乃指沿山麓自山上湧出之溪流而言。細流之水源或來自山上融解之冰雪，或來自雨水，要皆發現於夏季也。水流不長，自山上流出不遠卽多消沒於沿山之平原或沙漠中，其分佈多呈分散式，如阿拉善東南南部近賀蘭與南山山麓一帶之水草地（oases）卽由賀蘭山（阿拉善山）與南山（祁連山）注下之無數川流溪澗所造成者，其流沒於沙漠中之川流，距山根長約二百里。凡溪流經行之地，皆可用以灌漑土地，而發展農業。他如陰山與歸綏平原相交之地，溝谷雖短，但每至夏季雨期，無數之澗溪水流源源不絕，遍佈山麓一帶，頗可利用之。惟此種溪流每值夏天雨季，雨水分佈不勻，或則久旱無雨，或則山洪暴發反成災害，是以山澗溪流之灌漑，如無適當之調劑，最不足恃也。況流沙飛散，田地溝渠常爲所掩沒，如何設法阻止，實爲細流灌漑最大之一問題。

井泉之分佈　內蒙高原之內地如陰山以北一帶，及鄂爾多斯高原因雨水稀少，河流幾無，大部乃爲乾燥之草野與沙漠，距山又遠，更無冰雪溪流之利，惟井泉不缺，且其水位亦淺，在察綏中部陰山嶺北二百里內之地，井泉水位距地面不過六呎至十呎之間，卽至最北部戈壁邊緣之滂江附近，井泉水位深亦不過三十呎。井泉雖有，惟水量有限，水質過鹹，無灌漑之利益，此卽所謂化學的水荒沙漠（Chemical Desert）也，所以水雖有而無用，祇好種植耐乾旱之作物（見前）以適應之。

潛水　潛水灌漑（"Kariz" "Karez" or "Kares"）爲乾旱山野水利之一種，發明於波斯，自漢唐以來卽傳至我國西域，直至今日，潛水灌漑，仍爲新疆之重要水利，卽所謂「坎井」是也。據美人享廷頓（Huntington, E）調查，在土魯番低地（Turfan Depression）一區，恃潛水灌漑爲生者，約佔全區人口百分之四十，其於新疆農人生活之重要可知。所謂波斯式「坎井」（"Kariz"）潛水灌漑者，乃先探得一地下水道（underground Channel）後，順地勢之傾下導至擬灌之田地。導水方法先掘一井，以吸聚潛水，再築一地下溝渠，以引導之，間以若干露天井穴連接之，使其滙聚及吸取潛水與便於修理之用。井穴深度自數呎至十數呎不等，要以視其位置而定，逐漸見淺，直至水能透出地面，可以自由引導灌田爲止。兩井間隔約自五十呎至百呎。新疆灌田多用此法，如哈密卽爲潛水灌漑所造成之大水草區，蔚然位於沙漠之中，成新疆之一大樂園。南北寬僅二十里，東西不過十五里，農產豐富，馳名全國。其所以如此肥沃者，卽賴自東北喀爾雷克塔格山（Karliktagh）所來之雪水潛流而成。此山距哈密約一百五十里，自山下注之溪流，至山根卽沒入於礫土中，乃成地下水，流經六十里至壚坶地帶（loamy soil belt），始湧出地面，形成無數之泉流，經哈密直至哈密南六十里處，始入於鹼土帶。在蒙古高原西部之塔里木與準噶爾二大盆地間之天山南北麓一帶，其地層構造大致相同，均有潛水灌漑之可能性甚大，惟其地域之廣狹高低，多視地勢傾斜之緩急，與土質組織之粗細寬窄，而略有出入。總之，自山麓至盆地中部之沙漠，至少可分爲礫土（gravelly qelt），壚坶（loamy belt）與鹼土（alkaline belt）三大帶，各帶多視地勢變化之緩急而有寬窄與高低之不同。至於山麓之礫土帶（gravelly belt）寬約六十里，拔海在塔里木盆地者約四千呎，在準噶爾盆地者約在一千五百至二千呎之間。用潛水灌溉之地帶，地勢略有傾斜，平均寬約一百五十里，介於沙漠鹼土與山麓礫土之間，至壚坶帶下地勢變化太小，水流無冲刷之能力，蒸發又頗強烈，故地面土中含鹽鹼質太多，以致不能耕種。

綜上所述，內蒙之雨量大部感不足，故農業之發展，以振興水利爲最重要。惟水的供給縱有可能，然仍困難甚多，如溝渠之淤塞，土中過剩鹼質鹽質的冲刷，潛水的探察，都是急待解決的問題。

第三節　外蒙各區農業之地理基礎及問題

外蒙古雖亦爲大蒙古高原之一部，南與內蒙僅一戈壁沙漠之隔。南部內蒙之一切地理象徵，盡重演於北部之外蒙，僅其次序相反耳。如吾人自戈壁北行先見有荒涼之砂磧，稍北則爲乾燥砂礫之草野，繼則爲佳美之牧場，最北爲富饒之草地與肥沃之河谷平原，其西北如阿爾泰、薩彥山地一帶，更有川澤森林，地土極肥。凡內蒙所有之自然景觀，外蒙無不俱備。惟因位置偏北，地勢亦高，氣候較寒，生長季短，故其農業的地理基礎，比之內蒙可謂遠遜不如，況其居民乃爲視牧畜爲天職之喀爾喀與喀勒馬克蒙族及以狩獵爲生之烏梁海人，彼等對於農業，向不注意，且又與華北農區遠隔，僅有少數蒙人是半牧半耕，（如烏梁海西部查庫爾 Chakul 附近之蒙人）餘者概爲牧人。近來外蒙古各區之農業發展的現狀，遠遜於清末民初漢族在外蒙經營農業，乃始於十八世紀之初，自一六八九年多倫會議中，蒙人決定承認中國主權後，中國爲充實外蒙鄂爾渾（Orkhon）、帖斯、科布多諸河流域邊塞之駐軍計，乃採屯墾制以資供給駐兵之食糧，此外蒙官有農場之所由成立也。當雍正七年（一七二九）介於庫倫、恰克圖間之土拉河及鄂爾渾河流域出產之大小麥計有二、八四〇袋，八年（一七三〇）計七、五五〇袋，九年（一七三一）爲六、六五〇袋，至十年（一七三二）則達一〇、六三〇袋。至乾隆二十七年（一七六二），政府又在科布多附近布彥圖河畔設立官有農場。不幸至十八世紀後半期，政府以外蒙古地方已告平靜，乃將駐軍先後撤退，因之一切農場復皆成爲廢墟，直至十九世紀中葉，俄人東侵，邊疆震動，政府又注意屯墾，提倡移民以固邊防，自是外蒙之農業復漸興起。至清末，漢族農夫田舍之建設，甚而有遠至外蒙最北恰克圖附近之伊羅河畔者。至民國成立，漢族移民在外蒙墾殖之面積，幾達七萬俄畝（Deciatine）（一俄畝約等中國十六畝）計合一百萬華畝（見外蒙共和國下編）。至一九一二年俄人煽動外蒙獨立以來，俄人雖口勸蒙人准漢族農民續留外蒙耕作，惟因不堪其政治之虐待與經濟之剝削，加以自西比利亞遷入之俄籍移民日漸增多，故漢族農民乃相率出境，多年之慘淡經營，至此遂付諸東流，曷勝痛惜。以上所論，僅就外蒙農業所受政治影響略為敍述而已。至於外蒙農業之地理基礎如何，我人亦應知其梗概。外蒙各區年均雨量較內蒙各省平均量為低，如庫倫年均雨量為十吋（約二五〇公厘）以視張家口為十四吋（約三五〇公厘），僅及三分之二強。其各地之年均氣溫又均在冰點以下，如庫倫為-2.9°C（又有計為-1.3°C度者），烏里雅蘇台為-0.2°C，科布多為-1.9°C。外蒙之生長期亦特短；如庫倫平均氣溫在10°C（50°F，）至20°C（60°F，）之日數僅七，八，九三個月，在20°C（68°F，）以上者無（見附蒙古氣候紀錄表），若與平均氣溫高出20°C長有四個月之久的張家口相比，又有天壤之別。且耐寒小麥所需之最低氣溫為 20°C（68°F，）最短生長期

135天，無怪外蒙之種植普通小麥類多失敗。是以在外蒙不發展農業則已，苟欲發展，除種植比小麥更能耐乾與耐寒之作物外，絕無成功之理。要之，麥類唯大麥、雀麥、燕麥、莜麥及谷黍等當稱合宜，此外祇可種土豆、山芋、蕃薯、甜菜、蘿卜等種根作物。外蒙農業不獨作物最受氣候之限制，卽其可耕之面積，亦不逮內蒙各省之廣大。外蒙可耕之地因雨水與土壤之約制，多限於若干有灌溉之狹小河谷平原間，卽庫倫、恰克圖間之鄂爾渾河、拜塔里克河（在庫倫至烏里雅蘇台途中烏塔音之西），唐努山北烏梁海盆地中之烏魯克木河，及山南科布多盆地中之帖斯河與科布多河諸河畔一帶，且不若內蒙之歸綏、後套、寧夏諸平原之廣大而又肥腴。惟外蒙農耕地理之基礎雖至薄弱，但其可耕地之大部分，則尚未墾殖。是以外蒙農業發展，在某種限度內仍有希望，況穀物又爲本地蒙人需要最殷之物乎？爲此一點，中蒙政治關係之恢復，實爲至所急切之事也。

第四節　蒙古農牧業合作之急需

蒙古可耕之面積有限，氣候酷寒，雨量稀少，故非提倡水利，播種耐寒作物不能收效。蒙古農業之將來，固難抱樂觀，然就整個蒙古之地理環境與其經濟之發展而論，農業却爲發展蒙古牧畜業之必需副業，兩者已有不可缺一之勢。蒙古自然環境既非理想中之優美牧場（見本章第一節），又非最適合之農地（見本章第二節），故專作農耕或牧畜之單獨發展皆非所宜。在此種情形之下，農牧合作之功用焉在？所謂農牧合作又稱農牧提攜，卽農牧兼顧之混合農制（Tuiped Farming）是也。茲將農牧二者互相倚依之關係略述於下：

蒙古自然草野景觀，有極大之季節性，故在冬季餧養牲畜，爲發展蒙古牧畜業之先決問題。草料之供給，及牲畜之禦寒設備，既不能不唯定居農業是賴，則農業爲促進蒙古牧業所必需，乃成當然之事。現在蒙古所能種植之作物，多限於耐乾耐寒之穀類與根生作物（roof crops）。此種出產，如大麥、雀麥、莜麥、甜菜、菜子、土豆、蕃芋等，除作食糧及製油、製糖之工業原料外，都是牲畜之最佳飼料。加之此種不能種植耐乾耐寒之穀類與根生作物之草野，尚可以種植乾草（hay）。據俄國學者調查：蒙古僅須培育草類以備冬季之飼料，卽可支持至少五倍現有之牲畜數目，若採用可以爲飼料之作物，如紫花苜蓿（Lucern）、雀麥、大麥之類，則可增加十倍之多。又梅斯基氏（Maiski）估計，每俄畝蒙古草野，平均可產草料八十布特（Pood 每布特約等於三十六磅）若吾人僅將五十萬俄畝蒙地專用於種草，每年可得草料四千萬布特，足供給牛類六千萬頭之冬季飼料，故我人如能一方維持蒙古自然牧場，一方發展蒙古草農，對於蒙古經濟，極爲有利。每當夏季草芥茂盛之際，使馬牛就食於廣大之草原上，使山羊綿羊就食於青綠之山坡，至冬季則設有欄廄以資蔽護，並儲備食品以爲飼養，於是牧畜財產，不但可以維持，而且可以與年增加。所產肉乳皮毛，除供本地居民食衣外，必有大量剩餘可供輸出，甚或使中國全部人民食衣之源，大改厥觀。如是，牛乳奶品可與米麥茶同食，羊肉牛脯可與豬肉同食，羊毛皮貨可與棉絲同服，比之漢農蒙牧分別進行之不能自給，與不合作同歸失敗之情勢，其利害之差，何啻霄壤。是以爲蒙族爲漢族福利計，蒙古農牧共同發展實爲蒙古全盤經濟之先決問題也。

第八章　蒙古工商業發展問題

蒙人向重遊牧，輕工商，故其日用所需，多賴外界之輸入，結果蒙古乃成一進出口貿易維持之區。蒙人以其家畜皮毛等原料向外間交換茶麵、布疋、雜貨、首飾等日常用品。一切交易與運輸，盡由外人（指漢族與俄人等）經營之，是以蒙人除牧畜與製造毛氈、及奶油、奶餅、奶酪、奶酒等奶品等外，別無工作可言，更無所謂近代工商業。惟蒙古地曠人稀，草原出產甚富，加之其位置又甚重要，故爲日俄兩國所垂涎。蒙古出產在我國出口貿易上，在世界市場上已有相當重要，其工商業之前途如何，一定至爲國人所欲知，茲特作分析的研究如次，以供國人之參攷。

第一節　蒙古工業發展之基礎及問題

（甲）蒙古工業發展之基礎　近代工業發展之必要條件匪一，除有充足資本，妥善組織與合格技能外，人工、燃料及銷場都是基本問題。若缺其一，工業卽難發展順利，無原料卽無從製造，無燃料卽無製造動力，無人工，機械卽無以控其動止，無銷場貨品則無出路，而工業因之不能進行發展，其相互關係之密切，其理論至明，無待贅解。而支配一地之自然富源、生產原料、與燃料等富源及影響人工供給與貨物之銷場者，亦莫過於地理。如地勢之高下，土質之肥瘠，氣候之適宜性，居民之成分，人口之密度及分佈，交通之便利，位置之關係，市場之遠近等，皆爲地理要素也。今蒙古全部爲一內地高原，大部廣平，處於冷溫帶間，具大陸氣候，雨水缺乏，蒸發強烈，日光充足，西北風甚厲。由於此等綜合的影響，蒙古乃成一大自然草野，而有馬、牛、羊、駱駝等家畜甚多。現今蒙古主要家畜之數目，共計不下數千萬頭之多，故牧產特富。蒙地家畜野獸之皮毛（包括駝絨、羊毛、羊皮、牛皮及狐皮、陸獺等）已爲我國主要出口貨物之一，在世界的商場上亦佔重要地位。羊毛、駝毛，爲毛織業之原料。其與牧畜有關之工業，如製乳及奶品業、屠宰及肉食工業、製革業、及其相關之出品脂肪、腸子、骨血等，皆爲工業之原料。是以就原料一方觀之，凡與牧畜有關之工業原料之供給在蒙古已不成問題，況毛織製革與製乳等業，與蒙人唯一的家庭工業又多脗合，故定可收駕輕就熟之效。燃料供給，在表面觀之，因樹木稀少，一般蒙人早感燃料缺乏之苦，故迄今蒙人多以獸糞爲其主要火材供給物。但據調査，蒙古對於燃料，並不似一般人想像之缺乏，其西北部之薩彥及阿爾泰諸山地一帶，有原生針葉樹林非常稠密，與西比利亞大森林相接不斷，松柏樺楊俱全，尚未採伐，其他沿邊的煤田亦爲不少。已發現者，以綏遠大靑山煤田爲主要。此外如準噶爾盆地瑪納斯之南及古城（奇台）之東，亦有無烟煤田發現，況鄰近地方，如山西之大同，察省之下花園一帶，都有距地面不深而採用極便之煤田。此外甘肅新疆復有若干油田尚待開發。至於水力之缺乏，亦有自然之補救。蓋恆久盛行之西北風，可用於發動電風車，將來工業區域如能選擇得當，決不因燃料缺乏而致失敗，則可敢斷言也。他如人口及市場二問題，表面觀之，似亦不無困難，如蒙古金鑛素著，久爲俄人所垂涎，惟因工人缺乏，不能如願開採。如清末（一八九六年）俄人葛洛特氏（Von Grote）在恰克圖東南伊羅河畔（Yero R.）開辦之金鑛，所需工人，須自華北招募。若內地向蒙古移民年有增加，則此問題，當不難解決。蒙古原料出產區與消費區，就地理觀之，相處至近。中國如能善用地利，發展蒙古工業，祇此一點，足可使中國與遠西國家在東方之市場形爲一有利之競爭者。日本在遠東之工商業，與歐美相較進步至速，斯即此種自然優勢之明證，蒙古產品決無過剩之虞。現張家口與天津有簡捷鐵路可與海外各埠相聯絡。發展與蒙古牧畜業有關之各種工業，雖不乏其他自然障礙，但其便利亦屬不少。如蒙古長時期之冬寒夏暑，固足以阻撓實業之發展，然其較烈之日光，乾燥之空氣，及長時期之寒冷，皆可大加利用。蓋乾燥與寒冷，都是利於保存物品的氣候。如一年中牛肉、牛乳、奶品等，僅藉自然之冬寒，便至少可保存四月之久，已不需冷藏機器等設備，即可輸往人口稠密之消耗區矣。羊毛牛皮等，經刷洗後，即可用夏季日光乾燥之，無復其他特別烘焙之費用。在牧畜工商業已有大規模之發展時，凡此種種，皆爲其最大節省之點，此等自然便利之增加，可與工商業發展成正比例。蒙古高原大部分爲一內陸流域盆地區，（inland drainage basins）其內地湖泊與乾涸湖地多含有巨量鹽鹼，爲洗滌獸皮、獸腸、製革、保藏肉品等所必需之重要原料，而爲他地發展有關牧畜之各種工業所不易得者。具有這樣的適合工業地理基礎，蒙古工業是極有希望的。近年內蒙牧畜地帶內有毛織、皮貨、屠宰、牛乳等與牧畜有關之工業的逐漸發達，其故不外乎：（一）現在自內地各處來此之移民日多，人工之供給甚易。（二）內地各處對於此種出產之需要甚大，其銷場近在咫尺。

（三）國外銷場日見增多，剩餘貨物銷路甚廣。有此數因，將來上列各種工業之發達，可操左券。

（乙）各種主要工業之可能及問題。

（一）毛織業　蒙古有縣羊、駱駝、山羊等毛絨牲畜數目甚多。雖每隻羊產毛量年均不過一觔，僅及歐西羊產毛量八分之一，但蒙古每年毛絨總產量却甚可觀，故每年出口之毛絨，數量亦甚大。故商人常稱蒙古之毛絨出產爲「無限」，言其出產之多也。是以蒙古苟欲發展毛絨工業，其毛絨原料之供給絕無不足之危險。惟蒙古所產之毛絨，大都品質粗劣，纖維頗短，乏光潤柔輭性，用於紡織上並不十分適宜。現我國出口之毛絨，共分三等，上等毛謂之全梳毛（combing Wool），中等毛謂之半梳毛（semi-combing Wool），下等毛謂之填裝毛（filling Wool）。前二者多產自甘青兩省，故又稱之爲「西寧毛」，因西寧爲其收集中心，故名之，後者則幾盡產於蒙古各地，故又稱之爲「蒙古毛」。蒙古毛較西寧毛纖維短粗而硬，乏彈性，底絨（under-wool）亦粗且少。故運往歐西之蒙古毛在紡織上多用以紡作緯綫（woof），用不作經綫（warp），用祇可用以紡織粗毛織品，如氈毯等，而不能用以紡織襯衣（underwear）等細毛貨也。西寧毛之所以優於蒙古毛者，多由於產地環境之不同。甘青山地一帶，風土之變化，實較蒙古高原者爲多。甘青之地勢，多合高山廣谷而成，溼氣亦較蒙古爲重，且在終年不同之季節中，草類乃發現于或高或低之山坡間，故甘青之牧業，頗與歐洲阿爾卑斯之高山遊牧（Transhumance）相似。不特此也，甘青諸山以山巔終年積雪，常給水不斷，遂使草地豐美，而又存在較久。蒙古高原降雨僅有一季，長草亦在此際，故在一年中，畜類有大部分時期，是恃殘餘枯草及自吸其本身脂肪以爲生（見前本書農牧業一章）。「西寧毛」之所以高出蒙古者，更有其他原因，蓋甘省之漢回及青海之唐古特人（Tangut）皆以半牧半農爲生活，牧畜農作互相輔助，在冬季彼等對於牧畜設有柵欄，儲有草秣，故無飢寒之虞，因牧畜得法，畜產品質故甚優美。由是以觀，苟欲利用蒙古出產之毛絨以發展毛織工業，其問題既在質而不在量，所以首先應改良其毛絨之品質。至於改良蒙古毛絨品質之密訣，則不外採行混農制（見前章）以改善牧畜生活，及輸入優良畜種，使之與蒙古牲畜交配，藉得一最適合蒙古環境之新畜種。如此不獨改善其畜產品質，其產量亦必隨之加增。果如此行，則將來蒙古毛織工業所需原料之質量問題，必卽俱告解決矣。

（二）製乳業　蒙古全境牛之頭數不下數百萬。但其所產牛乳僅用以供數十萬之蒙族牧者之需要而已。牛在蒙古除爲牛奶及各種奶品之來源外，仍多用於力役。邇來雖有少數歐西企業者，創設製乳牧場（dairy farm），惟規模頗小，成績無甚可觀。蒙古母牛非屬乳牛種（milking cow），其每日之平均產量僅有一磅又半以至三磅，產乳時期自五月以至十月，每頭年產平均自八百至九百磅（或三百六十至四百公觔），故僅及歐美乳牛產量十分之一。惟蒙古牛乳之產量雖奇少，但乳中所含之脂肪却甚富。據察哈爾牛乳公司測驗結果，在五六兩月（產乳期之首二月）爲百分之四至五，至七八兩月增至百分之五又半至八月與十月中旬又至增百分之六至十月下旬與十一月中竟增至百分之七或八。蒙古牛乳之富美，又由其製成之牛油見之，蒙古牛油含脂肪質百分之九十九，其水分之百分比爲一，而尋常牛油所含脂肪僅百分之八十四至八十八，水分則爲百分之十二至十四。據俄專家精密研究蒙古牛乳之結果，又知其中包含有益礦質自百分之〇・七二五至〇・八二五，而其羊乳有百分之〇・九二五，此數字與西方之牛乳相較，當爲巨數。據云此等礦質之存在，能使蒙古牛乳有製造高尙如端士牛酪（Swiss cheese）之可能。由此觀之，蒙古牛每頭產乳能力之小，殊可以本地牛數之多，及牛乳含脂百分比之高補救之。有偌大之牛乳產量，縱大規模發展製乳業及製造各種之奶品，亦無牛乳短少之虞。況蒙古牛每頭產乳能力之小，皆可以採行混農制，改良牧畜及輸入乳牛畜種與之交配增進之。是以蒙古製乳工業，就其原材之供給一點觀之，確具有發展之厚望。然其成功仍恃市場之可能性爲斷，因奶品銷場，在今之中國視之，尙呈暗淡，有多待提倡之必要。蓋牛奶及奶品尙未爲遠東人士之主要食品，欲使蒙古所產乳品能在歐西有市場亦殊不易，因歐西各國久有製乳業之歷史，當然非蒙古能與之競爭，況歐西人士對蒙古出產者，仍存有不潔之錯誤印像，即廉價售之，恐亦未必歡迎。漢族對於牛乳奶品雖不甚習慣，但飲食歐化者日多，況僑居我國需用牛乳品之歐美人士爲數不下數十萬衆，每年消耗之奶品爲數甚巨，除各地出產之少數鮮乳外，其他奶品概由國外輸入。若細查我國入口貨品罐頭牛乳及各種奶品，年值數百萬兩。黃油大部來自澳洲與北美及西比利亞，牛酪則幾全部來自歐美，尤以瑞士爲最，祇此事實，已足證明蒙古製乳工業之最有希望也。故具有遠見之華洋企業者，已設立若干製乳牧業實驗區場所製造黃油等奶品，如一九二一年有王某與蒙古王公在察南合組一製乳牧場及一黃油製造公司。其先僅有母牛二百頭，是年冬則增至四百頭，同年十二月卽出產黃油八百磅，得純利三千元。在短小時期中竟獲厚利，乃於一九二二年擴大組織，加入外商資本成立公司兩所，一曰惠蒙公司，一曰白塔林斯提芬公司。（Batourin Steffen and Co.）加設製乳牧場九所，共佔面積六千公里，養牛二萬四千頭，其營業淸賬迄未公佈，然其獲利必厚，概可斷言。因蒙古內地牛乳每觔僅值二分，以乳十九觔卽可製成黃油一磅，半酪半磅，製成之黃油每磅可售至八角，而牛酪則值一角二分，以此種數字爲根據，卽可知其利益總在百分之百以上。由此以觀，此項工業發展之機會實大。近數年來蒙古黃油經恰克圖運至俄國者年約數萬布特（Pood俄觔每 Pood 約計三十六磅），經海拉爾出口者每年亦有數萬布特，送往倫敦市場之蒙古黃油樣品，已受熱烈之贊揚。蒙古黃油在世界市場中常稱爲「廚房黃油」（Kitchen Butter），其得名並非以其質劣，實因其價廉也。

（三）屠宰業　蒙古牧畜之目的除以上所述者外，尙有多端。皮可製革，骨則製器具、玩物、裝飾品、作肥田粉、煮膠質等，腸則製弦，血則作漆料，脂肪則製蠟燭，作肥皂及各種其他油質物品。用途之廣，不勝枚舉，如能一一利用之，可以興辦若干種類之工業。惟屠宰業與毛織業及製乳業對於牧畜之關係各不相同。毛織及製乳兩種工業所需之原料，皆可謂爲牧畜之出產，其發展對於其牲畜並無若何不利之處。惟屠宰業則大不然，發展屠宰業，卽宰殺牧養之牲畜，每年屠宰之獸數若超過其增加率，必損及牧畜之本身，將有宰殺淨絕之危險。假使欲大規模發展蒙古之屠宰業，我人對於所宰殺牲畜之生育率，死亡率，及增加率，首應注意之。據俄人調查，蒙古牛類每年之生育率爲百分之三十三·三，死亡率爲百分之二十二，計每年淨增爲百分之十一·三，羊類每年之生育率爲百分之三十九，死亡率爲百分之二十一，計每年淨增爲百分之十八，若將蕃息之狀況，加以改良，獸棲加以選擇，冬季予以栅欄之掩護及草料之預備，則增加率當可較大。惟在現狀之下，每年屠宰之牛羊，平均如超過其總數之百分之二十八·三，則蒙古之牧畜業殊難維持，故盲然屠殺，不知限制，結果必無異於殺雞求卵也。

蒙古公牛(OX)體大且肥，其肉質味亦佳，七、八歲之公牛，死重每頭平均多在四百餘磅以上，每頭斬後所出脂肪，亦在十至十二磅之多。蒙古羊亦適於屠宰業之發展，出肉多而味亦美，每隻出肉約四、五十磅。近數年來，每年皆有巨量蒙古羊肉運往日本及歐美各國。蒙古羊皆有肥大之尾，重約十餘磅，故每隻出產之脂肪約佔其死重之百分之二十。我國除蒙古及西北諸省區外，其他各省產牛羊稀少，肉食缺乏。據俄國關稅統計，一九一三年至一九一五年間，自蒙古輸入之牛羊，達六萬三千頭，一九一六年爲十七萬五千頭，一九一七年則爲十萬頭。此項肉食，大部運至俄屬遠東諸省，蓋其地牛類之畢育甚少也。（至於自一九二一年至一九二七年間，英俄出口公司自我滿蒙每年運出之牛羊屍體詳數，可參閱拙著英文中國西北經濟地理）他如國際公司（The International Trading Co.）自綏遠運往海外之牛羊屍體，每年率在二十萬隻以上。自上述諸片段之統計斷言之，蒙古確有多數之牛羊，足以大規模啓發屠宰事業，況我國他省大部人口稠密，土地大都供於農事，牛羊稀少，全國人口總數達四百餘兆，對於肉食確有巨量之需要。其市場無須海外求之，斷無供過於求之虞。

（四）皮毛業　蒙古每年出產的獸皮很多，現在多屬原料輸出，運銷歐西各實業國家以製造各種的皮貨，消耗於國內者爲量亦大，惟迄今蒙古本地尚未聞有何新皮毛工業之創設，土法製造皮貨者雖已不少，但待大規模興辦之機會仍在。茲將舉辦蒙古皮毛工業應注意之點列下，以資參考。蒙古皮毛就品質言，可大別爲粗毛皮與細毛皮兩種，就產地來源言，可分爲北路貨西路貨兩類。所謂粗毛皮者，乃指山羊皮、綿羊皮、牛皮及馬皮等而言，所謂細毛皮者則包括羔皮、小羊皮、狐皮、狸皮、狼皮、松鼠皮、豹皮、陸獺皮等。二者已成我國十大出口貨物之一。在市場上羊皮又常按其來源分爲韃皮與屠皮兩類。前者爲蒙人所牧放而出產者，後者則爲移民所舉育而屠斬者。韃皮價格高於屠皮，因出產之季節不同，故其品質有優劣之差。韃皮多在冬末春初牲畜皮毛最優之際出產者，屠皮則產於秋冬之交，該時畜獸雖最爲肥大，但其皮毛則最下也。牛皮則又分爲北路貨與西路貨兩種。北路貨者乃指自張家口以北所產者，西路貨者則指自張家口以西所產者。西路牛皮之品質及重量均較北路者爲優良。例如西路牛皮之平均重量約自十七至十八觔，而北路牛皮則僅十三至十四觔而已。西路牛皮品質佳良之原因，大部爲其地理環境優越所致。蓋西路牛皮多來自地土肥美農業較重要之地域，如歸綏平原、後套平原、寧夏沃野及甘青兩省之山間盆地與谷底平原。此等地方之牧畜業大都興基於農業之上，不若察北之特重牧畜。而寧夏沃野所產灘羊皮之特別馳名，亦因該處草地富美，飼料不缺，故使其生長之毛細而長，底絨亦柔軟而厚，富有光澤而輕暖，故其價值與狐皮等。是以欲使蒙古發展毛皮工業，採行混農制實爲改良蒙古皮毛品質之急務。

第二節　蒙古商業之基礎及問題

（甲）蒙古商業之性質及其主要之進出口貨　蒙古全境，不拘內外，不分東西其出產之貨物，就性質言皆多少相若，居民所從事之職業相若，所消費之貨品相若，所用之貿易法相若。故迄今蒙古仍爲一不能自給之大牧畜地域，端賴進出口貿易以存在。蒙古商業以實物交換或信用貿易佔其大部分，駝隊商往來各地，收集其畜產運輸出口，並自他地運入製造品售與蒙人。蒙古商號經營之主要出口貨物多爲馬、牛、山羊、綿羊、駱駝及其產品，如羊毛、駝絨、羊皮等。此外如各種細皮毛（如狐皮、陸獺、松鼠皮等）及鹽鹼、大黃、麻黃、甘草、蘑菇、蘇離草（作草帽辮用者）羚羊角等，亦蒙古之重要出產。近年蒙古出產之黃油，牛羊肉食亦年有增加。進口貨以磚茶、布疋、鐵器、雜貨及用具等爲主要。蒙古商業之發展，確有鞏固之基礎。惟商人多祇知注及目前利益，置將來於不顧，殊有糾正之必要，否則蒙古富源在不久的將來，恐將有陷於絕境之危險。如甘草與麻黃兩種藥材，向由我國藥業大量採用。甘草大多來自鄂爾多斯一隅，產量每年約在五百萬擔以上，不但在國內消費甚大，並且爲我國之主要出口貨之一。麻黃自民國十五年以來，在西藥中亦佔重要之地位，自是年八月起，麻黃已成我國出口品之一，國外對於蒙地所產麻黃之需要，每年似有極速之增加，故此項植物已爲蒙古重要商品之一。惟以上兩種藥材，皆係用其根部，故各地藥商每至春季，皆派有搜集藥材之代理人分往蒙古各地。各代理人又有若干採掘甘草麻黃根之工人附隨之。如每年春季陝西北部居民移往鄂爾多斯地域，以作挖掘甘草之工人，數在八千以上，至秋季始返，各有明顯之收穫，殊不知此種廣泛採掘，若不予以限制，必有竭絕之虞。因自春至秋採掘之時，正爲植物生長之際，去葉掘根，滋生無從，長此以往，此種珍貴藥材，必有絕種之一日。是以爲維持蒙古此種特殊有價值之植物計，與發展蒙古最有希望之貿易計，此項植物富源實有保護培植之必要。他如蒙古出口之獸皮年約有百萬張，數目可謂極多。若僅爲目前利益計，祇知輸出，而不改善牧畜，使其繁殖能力增加，倘每年其一屠宰之數目，超過其增加率，則蒙古基本牧畜富源之告竭，定可指日而待。況年來外洋商人又高價向我購取羔乂皮（爲胎中羔皮），一刀兩命，貽害蒙古牧畜業及與牧畜業有關之一切工商業至巨，深望政府及地方當局應急起制止之。蒙古既有天賦之畜產商業基礎，若不知作長期合理的發展與維護，祇爲一時的小利，而作漫無限制的毀壞，豈不可惜。

(乙)貿易方法及其問題　蒙古各大城鎮在滿淸已有銀行幣制之設備。如庫倫、恰克圖等地，皆有大淸銀行、道勝銀行(The Russo-Asiatic Bank)等所流通之貨幣，除我國銀錠、金錠、銀元鈔票外，尙有俄國盧布、金洋、金票等。外蒙自一九二八年以來已自有鑄幣名「圖克瑞克」(Tukhrik)，並自印紙鈔，以助流通。近年除俄人與蒙人合辦有蒙古銀行外，外蒙政府又發行紙幣四種：一元者爲猪票，上繪猪形，五元者爲羊票，上繪羊形，十元者爲牛票，上繪牛形，五十元者爲馬票，上繪馬形，以助流通。年來我國法幣雖已逐漸深入內蒙各省，但在各偏僻地方，大部仍以貨易貨爲其交易之主要方法。代幣之貨各地頗不相同，如外蒙以磚茶爲主，內蒙則以綠茶爲最，青海柴達木蒙人除以茶葉外，又以靴𩋙爲其貨幣單位。蒙人所需之食料，及其他製造品，固爲終年不可或缺，但蒙人之畜產，則爲秋後一季之產物。夏季青草豐盛，爲牧畜發育期，秋後天氣轉寒，爲牲畜長毛絨期，故蒙古牲畜及皮毛獸肉等之出口，多在秋冬以後，故蒙古各地，多通行以信用爲根據之實物貿易。此種制度乃由蒙古之地理環境所造成，在幣制未普及統一以前，或仍爲最宜之貿易方法。如現今綏新間之貿易，新疆三兩三之銀鈔，只值實銀一兩。若攜帶現銀，必有虧耗，或遭路刧之危險，反不若帶貨物爲平安也。在現行制之下，新疆值紙鈔一兩之貨物，運至歸綏，往往可值現銀一兩云。惟蒙古之交易，手續繁冗，各種各等代理人與經紀人，皆爲其必要之居間人。以進出口業之全部樞紐，乃操於彼等手中，故貿易遂缺乏直接性，其不能適應現代社會之需要，又爲當然之事。蓋出口進口交易須經過許多惟利是圖之經紀人之手，結果貨物價不拘爲出口原料抑進口熟貨，往往增到原價之百倍或二百倍。蒙古之「以貨易貨」貿易，並非有某貨可換某貨之通盤固定的規定，每次都須現估價，以後再按價對換清算之。故買賣一種貨物，勢非作兩次估價不可。因之，蒙古商業流通及經濟發展俱大受阻礙。所以此種陳腐制度，殊急應剷除，而採用現代直接貿易法以代之。惟欲實行直接貿易，必須首先統一法幣，以充交易之媒介。在蒙古盟旗封建制度之下，蒙古民衆並無貿易自由。如有一蒙人急欲出賣一種牲畜，但彼如知其酋長亦擬售賣此種牲畜，則彼卽不敢爭先出售，否則亦須納以小賄始得乖恕而有先售之便利。尤有甚於此者，卽蒙古在以信用爲根據之實物交易制之下，尚有自淸季相沿下來之「旗長保證信用實物交易」(Hoshun Credit System) 之陋制。所謂「旗長保證信用實物交易」者，卽華商與蒙人貿易須直接與旗長交涉，而以旗長居間作擔保人。此種交易法之由來，乃因旗長每年須向清廷政府繳納貢銀若干兩而起，故旗長常先自華商借取之，而以准許華商經營其全旗蒙衆畜產之權利爲條件。此種辦法，對於蒙衆常甚不利。如華商貸予旗長之債額，按該旗人口攤派，每人須派銀六兩，到次年則每人須以毛絨百磅償付之，其利率約合 66%。如貸出磚茶一塊，至次年卽須償以一歲老之羊羔一頭，如貸出至第三年則須償以一隻二歲老之羊羔，其利率合 40-100%。由此觀之，蒙衆受旗長與華商非法剝削如是之甚，其生活焉能不日見窘困。

(丙)稅卡阻礙　近來蒙古貿易之令人裹足不前者，以稅卡爲要因。外蒙保護關稅壁壘與內蒙各地苛捐雜稅之徵收，致使蒙古貿易一落千丈。外蒙自二次叛我獨立宣布共和以來，遍設稅卡，提高關稅，對於普通貨物值百抽六，煙草加倍，奢侈品則抽12%至24%，對於來自內地各省之貨徵收尤苛。且其出入貨物，均是按照庫倫貨價估計，是以近來除俄商外，其他各國幾無一能與之通商者，遂促成外蒙貿易陷於俄商包辦情狀，而受損害最厲者則爲漢族商人。內蒙亦各地稅卡密佈，稅率苛重，有爲地方官吏所設者，有爲蒙人所徵者，在商路之隘口或盟旗省縣交界之處，皆可見之。如在阿拉善東北之三德廟（Shande Miao）圖口門廟（Tukhomen-Sumo or Tukhomen Miao）等地，凡經過該地之商隊，每隻駱駝，須納水草捐銀二錢，合洋二角八分之多。三德廟位於包頭與額濟納之間，爲蒙商往來綏新所必經之道，圖口門廟位於綏寧交界之處，爲綏、寧、甘、青隊商必經之地。是以往來之商人，無一得以逃避此項水草捐費者。據云昔日綏新間之隊商，往返原取甘肅大道，後因甘肅官吏沿途遍設稅卡，橫徵暴斂，隊商爲避免此類苛徵計，乃多繞道來往。繞道之途徑，爲偏北經行沙漠之一路綫，沿途艱苦，又欠安全，其因此而受損失與喪生者，不知凡幾，此誠所謂苛政猛於虎也。民國二十三年蒙政委員會成立後，德王又決定在白靈廟加徵水草捐，由每駝一隻原徵二角，現增至一元，並另添駝貨一擔抽二元之新稅，致召綏新隊商之怨憤，而生綏蒙政治之紛爭。綏蒙商務之大受打擊，固在意料中。惟蒙漢因此稅爭執，致傷情感，且永留深刻之裂痕，誠憾事也。苟將來欲繁榮蒙古貿易，則剷除苛捐雜稅，實爲最前之急務。

（丁）運輸方法及問題一（運輸工具及其比較）。蒙古現有之運輸工具，就其性質言之，可分爲舊法與新法兩類。前者包有獸運、車運、與船運三種，後者乃指汽車與火車兩種言。新法之運輸雖已引進，汽車公路年有增加，鐵路軌道亦正計劃延長，卽綏寧間黄河中之汽船，亦已在試航中。但就蒙古全部觀之，舊法之運輸，仍甚普遍，而駝隊仍爲運輸之要具。茲將各種運輸之特性、用途、分配及其問題述之於下，以資比較：

（1）獸運　獸運之中，有以駱駝者，有以驢騾及馬載重或拖運者（包括車運），總稱蒙古運輸商隊（The Mongolian Caravans），迄今蒙古一般貨運及客運，莫不利賴之。每一獸運商隊輒包含畜獸盈千，如騾馬牛駝等是。商隊復分爲若干組，每組有獸十五至二十，而有御者一人。牲畜職有所專，用有定期，分配極爲適當。馬騾雖有時用諸載貨，但大都用於騎乘，牛用於挽車，而駝則載貨與乘騎兼用。牛馬多用於夏秋，蓋是時水草到處可見，飼料無憂，至冬季則多改用駱駝，因其能不飲不食而繼續工作十至十五日，故是時僅用此獸。商隊多於薄暮及夜間旅行，俾獸畜可在日中覓食，且夏間如是，更可避免中暑。惟此種隊商類多載重有限，動作遲緩，難準時交遞及確保貨物安全，故除在一定距離地方外，不能作有商業價値之長途運輸。如張家口與庫倫相去三千餘里，駝行需時三十日至五十日不等，而牛車需時倍之，每一駱駝平均僅能載重四百觔，運費每觔平均爲一角，是以用駝運至庫倫，則貨價必因運費而增至原價百倍至二百倍之多。綏新間道途之寥遠，比張庫間約加一倍，需時亦倍之，一獸所馱物價，常不足人獸沿途之消耗，故更乏運輸之利。駝運爲獸運之中最儉省者，僅等獸車運費二分之一，騾馬運費五分之一，駝運既已無長途運輸之利，其他獸運則更不能論及矣。觀此可知我國年經平綏鐵路輸出之畜產品以來自察綏爲最多，來自寧、甘、青者則甚少，來自外蒙與新疆者則幾等無有。故外蒙與新疆二區進口貨品之盡爲俄國把持，使我國貨毫無地位者，並非盡由政治之變遷，而運輸之關係亦甚大也。故將來隊商運輸縱能存在，亦僅限於短距離之內而已。

（2）鐵路運輸之急需及急應建設之幹綫　蒙古商隊運輸失敗之原因，乃在獸運行動太慢，不能勝任廣遠之商運事業，而非貨物缺乏，既如上述。故蒙古欲克服此距離上之困難，祇有引用鐵路與汽車兩種新式運輸之建設。二者中，尤以鐵路最爲有效，蓋其運行敏捷，準時開駛，運貨低廉，而貨物又能保險安全。且新闢地之經濟發展，以有恃於鐵路運輸者居多，如西比利亞鐵路（Trans-Siberian Rly.）對於俄屬遠東，中亞鐵路（Central Asiatic Rly.）對於中亞，太平洋鐵路（Canadian Pacific Rly.）對於坎拿大，我國東北諸鐵路對於東三省，皆其明證也。蒙古地勢廣平，大部具有自然路基之礎石，極便軌道之敷設。如將來鐵路大通，其對於蒙古商業及我整個國家政治，均關係極其重大。現就平綏路言，該路自民國十二年延至包頭以來，內蒙各省一帶之經濟地位，已爲之大變。目下自天津出口之蒙古及我西北之貨品，莫不賴平綏鐵路運轉之功。該路對於我移民西北及鞏固國防之重要，盡人皆知。由此以觀，平綏路之延長，誠爲我國當前最急需之一運輸路綫也。查民國十一年十月二日，政府曾與一比國建設公司（The Société Belge Denterprises En Chine.）簽訂借款合同，凡四百萬法郎，以作延長該路至寧夏之用。自包頭至寧夏，約有一千二百里，除少數之低谷外，地勢大部平坦。此包寧一段，乃沿黃河左岸，經後套平原，直達寧夏沃野，更遠之延長綫亦曾計及，自寧夏過中衛以至皋蘭（蘭州）長又六百里；自寧夏至中衛一段，爲富庶平原。雖自中衛以至皋蘭，地勢較爲崎嶇，但猶不及計劃中隴海路綫寶鷄皋蘭一段所感困難之一半。雖隴海與平綏之延至皋蘭一綫，均爲經營我西北之運輸幹脈，然就建築觀之，確有難易之不同。蓋寶鷄皋蘭間，至少須遇三處阻礙：（一）寶鷄天水間之渭河峽谷，（二）渭源臨洮（狄道）間及（三）臨洮皋蘭間六盤山所形成之二嶺脊是也。是以自地理觀之，平綏鐵路延長皋蘭，確佔絕對之最優勢。現在中央政府對隴海一綫既已改變計劃，決自寶鷄改入四川成都，已暫放棄寶鷄至皋蘭一段之主張。綏遠當局近感察綏問題日益緊張，又正式建議，趕修包寧段之延長綫，以應現勢之急需，與利用天賦之自然便利，深望中央當局詳加攷慮，促其實現，如能早日完成，尤爲內蒙綏寧二省之福利。若一旦已達皋蘭，則西向延長至新疆之綫，亦必可指日完成，蓋新省舊道路基大部平坦整齊，頗易敷軌故也。新疆既達，則西蒙鞏固，西蒙鞏固，則恢復外蒙必易。外蒙收回後，政府爲統一蒙古政權及鞏固我國蒙古一帶之國防計，應趕速完成清末所計劃之張庫鐵路（長約三千里）。如能再向北經恰克圖延至上烏丁斯克，以與西比利亞大鐵路相連綴，則遠東與西歐之交通，不過十日路程矣。此二幹綫完成，對於蒙古商業狀況，必有大變化。其自然富源之開發，其廣大腹地之殖民，均易于爲力矣。因此種經濟之結合，蒙古與中央在政治上與文化上之關係，必變爲密切。除此兩幹綫外，尚有距離較短小，但具有同樣需要之路綫一，卽張家口至多倫一綫。察省當局在民國十七年時，已有舉債修築張多鐵路之議，決惜未實行。現日本則有將錦朝綫延至多倫之計劃，至承德段業已完成。自察北失守以來，察北商業已盡爲日本所控制。將來察北收復後，日在軍事上商業上，張多線實有興築之必要。

自九一八事變以來，蘇聯在外蒙之行動，亦極積極。如決以二千萬盧布經營外蒙之交通，卽其一端。其初步計劃，爲先建築一鐵路由上烏丁斯克經恰克圖以達庫倫，使外蒙之重心，與西比利亞相連綴。他如興修由庫倫至烏里雅蘇台間（計長兩千四百里），由烏里雅蘇台至科布多（計長一千里），由科布多至大貝斯台（計長五百里），以仲至新彊邊界等線，亦均在攷慮中。一九三五年蘇聯鑑於遠東形勢之緊張，乃開軍事長官會議於伊爾庫次克（Irkutsk）決定趕築數綫，使外蒙與中亞與西比利亞各重鎮得以連貫據其計劃：（一）自新西比利亞(Novo-Siberisk)至塞米拍拉丁斯克(Semipalatinsk)之阿爾泰鐵路（Altaisk Aya Rly.）加築雙軌，長約二千七百公里，（二）自塔什干(Tashkent)至奥倫堡(Orenburg)之中亞鐵路（C. A. Rly.）加築雙軌，長約二千公里，（三）上烏丁斯克(Verhne Udinsk）至庫倫（Urga）長約九百公里，（四）自塞米拍拉丁斯克至齋桑(Zaisansk)長約七百公里,(六)自塞爾角坡爾(Sirg'opol)至塔城約四百公里,(五)自查里丁(Charitin)在艾佛爾尼(Ilysk)東至伊犂長約四百五十里,(七)自塞米拍拉丁斯克至烏烏里雅蘇台長約二千公里。以上諸路之建築費,決以中東路售價之一部分充用之,凡此諸路皆爲侵吞外蒙之重要軍路,爲外蒙宗主之我國,應急籌對付之方策。

(3)汽車運輸之自然便利　改良目前蒙古運輸之辦法,以發展汽車交通爲最宜。蓋蒙古地屬高原,大部平坦,無需造路,卽可通車。如舊有張庫大道之三千餘里間,雖間有邱陵溪谷,然而稍予修整,汽車便能通行。舊時商隊經過此道需時四、五十日,今改用汽車,有四、五日卽可到達,時間縮短至十分之九。最近新闢之綏新汽車交通,由歸綏西行直達新疆之古城(奇台)爲綏新間最捷便之路徑,東西橫亘五千餘里,道路並未費工,汽車已暢通無阻。昔日獸運商隊往返此道者,需時約及一年,今則有一月卽可矣。據俄人窝華斯(Hovarth)將軍之調查與估計:蒙古發展汽車運輸之設備費僅當建築鐵路者之五分之一,汽車交通之運費可將目下獸運商隊運費減至四分之一,而此等汽車交通營業之利益,仍可多至百分之四十。查貨運汽車行馳之速度,每小時約在四十里,其與單軌鐵路(Single track rly.）運貨火車之速率相差無幾，且運貨可以按時裝卸，保障安全，絕不若獸運之易受風雨阻礙而致損失也。以目下我國經濟之困難，爲解決蒙古商業運輸問題，採行汽車交通，確最適宜。況蒙古距陝甘新疆等省，油田頗近，如能開採，以充蒙古汽車運輸之燃料，必更可收地盡其利、與物盡其用之功效也。近年內蒙各省已通車之主要路綫，除張庫綏新二大幹綫外，尚有包寧一綫，長約一千二百里，亦屬重要。此外，（一）張多路（張家口至多倫，計長六百里）（二）平滂路（平地泉至滂江，計長四百五十里）（三）綏白路（歸綏至白靈廟，計長三百三十里）諸路，曾已試車，將來亦可隨時通行也。

現蘇聯對於外蒙汽車公路之開闢，亦進行甚力。據一九三七年一月十五日海洋電傳，蘇聯政府決定對外蒙作築路材料放款一千一百萬盧布，供給外蒙以築路材料，建築蘇聯與外蒙間之重要公路，以備應付未來事變。爲外蒙宗主之我國，聞之不知作何感想！

（4）水運之可能　蒙古高原雖乾燥少雨，可通航行之河流無多，然其西北與東南邊地一帶，尚多少有水運之利。如烏梁海之烏魯克木河(Uru-Kem)、阿爾泰之額爾濟斯河、額濟納土爾扈特區（寧夏西部）之額濟納河（卽弱水或黑水）及綏寧二省境內之黃河。惟烏魯克木與額爾齊斯二河之下游，皆在俄境，額濟納河又非地當商路，故皆難有發展之希望。僅黃河自皋蘭至歸綏南之河口一段，長約一千八百餘里，爲自平綏路終點南海子河港上行通後套、寧夏、甘肅、青海等處之主要商路水道，所有西北出產多賴此段水道之運輸。自包頭南海子或河口上行至甘寧交界之中衛縣約一千二百餘里，可航行汽船。民國二十五年夏，包寧一段已開始試行。中衛至皋蘭間小水子附近河道，雖略有游沙暗礁，然如能設法深濬，汽船可直達皋蘭。由皋蘭而西，民船、皮筏可循湟水進至青海省垣（西寧），迄今多用之以作下水運輸。將來如能採用汽輪運輸，上下航行，必倍感便利。

第三節　蒙古對外貿易問題

（甲）中俄對蒙古貿易之經過　蒙古對外貿易之關係，約可分爲三大時期。在清朝以前，爲我國獨佔時期，繼自清順治以後，爲中俄兩國分享時期，自日俄戰爭後，漸變爲中俄日三國所分割時期。惟目前蒙古對外貿易，仍側重中俄二方。故今特將蒙古與中俄二方之貿易關係，酌加說明於次：

漢蒙之發生貿易關係，由來已久，其所以能樹有不拔之根基者，胥賴漢族商人私自苦心經營之結果，絕非國家政府培植之力也。當滿清入關後，清廷對於在蒙貿易之漢族商民所加限制之嚴苛，幾與待遇俄商之情形相同。凡內地商人前往蒙古經商者，須先得理藩院之許可，給予院票，並須於票上註明姓名、貨物、地點及出發日期以備檢驗。居留期限以一年爲度。商人居室僅准搭置帳幕，不能建築房屋。至於唐努烏梁海地方，則絕對禁止商人前往，祇能在烏里雅蘇台與烏梁海人交易。如有違反此種規定，皆爲法律所不許。在此嚴苛束縛之下，漢族商人竟能遍及蒙古全部，並握得蒙古商務之霸權，而貿易數值年達數千萬兩之鉅者，則爲努力奮鬥，與慘淡經營之結果也。

俄人對蒙古貿易之漸進，亦歷盡艱辛，其成敗之經過，更足爲我來日之借鑑。清順治十二年，俄遣使向清廷入貢，當時外國來華之使節，多攜帶有大宗貨物在華出售，故實職若商人。而當時俄國對我國貿易之關係，亦以蒙古一區爲主要。至康熙三十二年，政府規定准俄國每隔三年來京貿易一次，每次商人不得超過二百名。途中應自備馬駝盤費，一切貨物免予納稅，違禁之物不准交易。到京時安置於俄國使館內，不支廪給，並限八十日起程返國。至乾隆二年因俄國商人品行不端，遂停止其在京貿易互市之事，則限於恰克圖，（恰克圖又稱買賣城，卽源於此）至乾隆二十九年，俄人又漸反禁約私收貨物，並於沿邊卡倫（木製界牌）時有揑報失馬或以少報多等滋擾情事。我國遂停止俄人在恰克圖互市之權利。至乾隆三十三年八月，以俄國轉變恭順，遂復准予互市之要求。至四十四年又因故停止；四十五年又准予交易；至四十九年又因事停止；至五十七年，又訂恰克圖互市條約。截淸中葉止，俄人之在華貿易，完全受中國政府支配。此後淸廷權力逐漸衰微，俄人乘虛而入，咸豐八年所訂之北京條約，准俄國商人除在恰克圖交易外，於來京所過之庫倫、張家口地方亦可行銷。商人居留年限不拘，惟居留通商區一處之俄商人數仍不得過二百名。華商有願往俄國境內貿易者亦可。至同治元年（一八八一）北京訂中俄通商細則，規定兩國邊界貿易在百里內（約合俄五十里），均不納稅，並准俄國小本營生前往中國所屬設官之蒙古各處及該官所屬之各盟旗貿易亦不納稅等。此後蒙古全部遂變爲俄商之一大市場矣。

（乙）中俄對蒙古貿易之競爭　自俄國東使以來，政治經濟雙管齊下，對於蒙古尤爲注意。在一八六〇年時，有俄商傅塞柯夫氏（Vacelkoff）自中亞敏努辛斯克城（Minnusinsk）來烏梁海築屋設行，與烏人酋長交涉貿易，以與漢商競爭。當時俄商自烏梁海輸出之食鹽，年達一萬五千布特（每布特Pood計三十六磅）各種貿易總值則達一萬盧布以上，是時俄商在蒙自由貿易，尚爲條約所不許，但俄商竟違法私自經營，以謀奪我市場。至同治元年（一八八一）俄國商販取得在蒙古自由貿易權利後，與華商競爭尤烈。俄政府對於蒙古貿易，提倡不遺餘力。凡由俄運往蒙古貨品，及由蒙古運俄國之磚茶、皮毛，祇課以低稅而已。於是俄蒙貿易日漸進步，而華商勢力遂日見衰退，至日俄戰時（一九〇四年）蒙古貿易幾盡入俄商掌握中，如一九〇二年經畢依斯克（Biisk）輸入科布多一區之棉貨數量達六十八萬八千布特（每布特合三十六磅計共重一萬一千噸）之多。至日俄戰後，華商在蒙貿易又漸活動，同時因自蒙古輸俄之原料繼有增加，致蒙對俄貿易入超，其出使蒙古佔絕對優勢。如一九〇〇年自蒙古經畢依斯克喀什阿嘎（Koshagateh）一路輸俄原料爲五十五萬二千二百六十三盧布，至一九一〇年即增至四百〇二萬一千九百〇六盧布，在十年之中，幾加多九倍。一九〇〇年，自俄經此路輸至蒙古之製造品數值爲三十七萬三千四百零八盧布，至一九一〇年僅增至七十七萬五千九百六十二盧布，在十年之中僅增二倍。在同期之內經恰克圖一路之俄蒙貿易，出入俱見減少。他如一九〇五年，俄商自烏梁海之烏詹克木輸出之毛絨，數值爲五萬盧布，至一九一〇年則減至八千盧布。據托木斯克（Tomsk）大學政治經濟教授索博萊夫氏（Prof Soboleff: Russo-Mongolian trade）調查，在一九〇一至一九〇六五年中，俄國自西比利亞輸至蒙古貨品數值之增加，僅爲22，%而同期自蒙古輸入西比利亞貨物數值之增加，則爲56.6%。此種俄蒙貿易出入之不均，多由華商之競爭所致。結果俄商須以現金相償，與一九〇〇年以前情景，迴然不同。至一九〇八年，我國自蒙古輸入貿易值爲三千五百萬盧布（計三、八八八、八八八英鎊），輸至蒙古者爲一千五百萬盧布（計一、六六六、六六六鎊）。漢蒙貿易總值爲五千萬盧布。而俄國自蒙古輸入西比利亞之貿易值爲八百五十萬盧布（計九四四、四四四鎊），自西比利亞輸至蒙古者爲一百八十萬盧布（計二十萬鎊），俄蒙貿易總值僅爲一千零三十萬鎊，祇佔漢蒙貿易數值五分之一而已，可知華商之對蒙古貿易，已一躍又居第一位焉。查俄商在蒙古貿易之失利，除由其內部政治之影響及與華商之競爭外，其銀行組織與貸金規定，亦不無關係也。日俄戰後，庫倫、烏里雅蘇台、張家口等蒙古重要商埠之俄國銀行，既多倒閉，則俄人來蒙貿易所需之現銀，勢非向西比利亞之俄國銀行借取不可。惟西比利亞銀行放款之期限，率定為九個月，因此俄商多於春季借出，於夏季來蒙古收買貨物，至秋後即須趕回交還。彼等因歸款日期之限制，常須貶價提早售出，故不能等待適宜行情。然蒙古貿易多行於冬季，提前交易，礙難實行，故此亦為俄人失敗之原因。結果蒙古之出口貿易，遂漸入華商之手。如在一九一〇年時，外蒙庫倫毛絨南經張家口出口者比北經恰克圖出口者，大十二倍之多。此際，華商不但在外蒙勢力甚大，即在西比利亞亦頗佔重要，如一九一二年上烏丁斯克城人口為四萬，而華商人數約佔其四分之一，在清末民初之際，外蒙古華商人數不下二十萬，在烏里雅蘇台一處者，即有二千之多，在科布多者約三百，每年自中國內地輸入外蒙之貨物，約值一千萬至一千五百萬至兩千萬盧布，自蒙古輸至中國內地之貨物則僅有一百萬盧布左右，而成十與一之比。

(丙)華商勢力之盛衰　當清末民初時，俄國乘機侵略外蒙，促使外蒙叛我獨立，與外蒙擅訂通商條約，並廢除沿界百里內貿易免稅限制，而在外蒙取得絕對自由貿易權，及自由居住行動與製作及建設等事項之優先權利。據一九一一至一二年之俄蒙庫倫通商協定，雖有俄貨輸入蒙古，享有免稅自由貿易之權利，而蒙古貨輸入俄國，亦受同樣優待之規定，但俄國單行其片面的在蒙貿易自由之權利，對於輸入俄境之蒙貨，反特設關卡課以重稅限制之，致受蒙人之怨恨。一九一五年中俄蒙三方會議於恰克圖，規定外蒙享有自治權，但仍爲我國之一部分。至一九一九年外蒙正式聲明取消獨立，歸順中國，以時值歐戰，俄人無暇外顧，致華商在蒙復執霸權。據俄人調查一九一九年庫倫及恰克圖二地之中國工廠共計三百六十三家，中國工人有四千二百八十名，僅在庫倫、烏里雅蘇台及科布多三處經商之中國大商號十三家之營業資本，其總額已達九百六十萬盧布之多；分佈於蒙古各地之較小商號尚不在內，此際華商在蒙古貿易之繁榮可知。不幸至一九二一年外蒙復受外人煽惑叛我獨立，至一九二四年外蒙與烏梁海並公然建設人民共和國，對於華商均極盡壓迫之能事。華商欲去則財產完全喪失，欲留則受虐不堪，致去留兩難，苦不可言。外蒙僞政府對於華人出境只准攜帶川資五十元，不許隨帶任何金銀飾物與價値貴重之貨品；對居留者，則課以人頭捐，門戶捐，加倍買價捐等苛捐雜稅，宰割剝削，務使居留者難以立足。是以自外蒙二次背叛後，華商財產，遂損失殆盡。外蒙僞政府對於輸入之非俄貨品，抽稅奇重，對於中國貨尤苛，我國內地與外蒙通商之數百年歷史至此遂一旦中斷。畢理士氏（Price, M.P.）在清季時曾往西比利亞與蒙古一帶旅行所著西比利亞(Siberia)一書中有云：「日俄在遠東之經濟政策俱爲經濟封鎖政策，我人應嚴加注意。英國在中國之合作須常以維時商業之門戶開放中國政治領士之完整爲代價，所謂門戶開放，卽任何列強欲施以封鎖，英國絕不應佯爲不知而默許之是也。」但今日不但外蒙爲俄獨據，而東北四省自「九一八」事變後亦爲日人所封鎖，均未聞英國或其他列強之作有效的抗議，可知一國本身不圖振作，而希冀他人主持公道實爲不可能之事也。

第四節　蒙古之商路

蒙古高原面積廣大，但因位於大陸內地，又有羣山環抱，故與外界交通，遂大受限制。決定蒙古商路之要素有二：（一）爲自然隘口（Natural Passes）卽天然通路，（二）爲隘口兩旁有無集散中心地(Centres of Collection and Distribution)。二者缺一，皆無成爲商路之可能。據此以觀，蒙古對外貿易全部之自然出口在北部者，有：（一）恰克圖，爲庫倫循色楞格河(Selenga R.)至上烏丁斯克必經之路，(二)博古圖山口(Bogdo Pass)，爲自烏梁海東部至伊爾庫次克必經之地，(三)阿勒濟雅克隘口(Algiak Pass)，拔海爲四千四百八十二呎，位於阿米爾(Amil River)與西斯第克木(Sisti-kem)二河之間，與(四)烏蘇烏音克隘口(Uss-uink Pass)，拔海爲五千五百零四呎，兩山口均爲自烏梁海盆地西部基澤爾(Kizil)穿薩彥山至敏努辛斯克(Minnusinsk)必經之地，(五)庫爾土石隘口(Kurtushi Pass)拔海四千三百二十呎，與(六)沙賓達巴隘口(Shabin Daba)均爲自烏梁海西北部查庫爾(Chakul)穿薩彥山循葉尼塞河(Yenisei R.)至敏努辛斯克(Minnusinsk)必經之路。在高原之西部者，有(七)巴勒什隘口(Barashay Pass)，拔海六千八百五十四呎，爲自烏梁海穿唐努山至科布多必經之路，(八)沙勒瑪達巴隘口(Sharamar Daba)爲自唐努烏梁海南部穿唐努山至烏里雅蘇台必經之路，(九)烏魯木蓋圖(Urmogaitu or Urkhogaitu)，拔海九千七百十一呎，位於額爾濟斯(Irtish R.)庫爾支流(Kran R.)之上源，爲穿阿爾泰山至準噶爾盆地必經之路，(十)塔勒奇山口(Talki Pass)爲自準噶爾盆地穿塔爾奇依楞山至伊甯(Ili)與俄屬中亞必經之路，(十一)楚古察格隘口(Chuguchak Pass)位於塔城

(Tarbaghatai)南二百五十里，拔海五千四百四十五呎，爲自準噶爾盆地穿塔爾巴哈台山至中亞塞米伯拉丁斯克(Semi Palatinsk)必經之路，山口之西有位於塔爾巴哈台與阿拉(Ala Mt.)兩山間之陷落谷，爲蒙古西部之鎖鑰，及中亞與蒙古往來之自然孔道，故有準噶爾門戶(Dzungarian Gate)之稱，形勢異常險要，素爲歷史上之要地。在高原之東部者有：(十二)呼倫(海拉爾 Hailar)與(十三)多倫(Dolon Nor)兩地，前者爲自外蒙穿興安嶺北部，東入黑龍江省必經之地，後者爲自內蒙穿興安嶺南部，沿灤河上流上都河東入熱河唯一之自然隘口。兩口向爲蒙古高原與滿洲盆地兩區間之門戶，形勢亦甚重要。在高原之南部者，西有(十四)達坂城山口(Dabanchin Pass)位於迪化之南，與(十五)頭水(Tou-Shui)大石頭(Tashihtu)間之隘口。位於奇台西博格多山(Bogdo Ola)與巴庫爾山(Barkul Range)之間，兩口均爲自準噶爾盆地南行穿天山入塔里木盆地必經之地。在東南部者，有(十六)殺虎口爲歸綏涼城諸山入山西之隘口，(十七)得勝口爲自綏東高原平地泉豐鎮等地南下入晉北之要道，(十八)張家口爲自察北南下入華北平原必經之路。以上各地，均爲蒙古高原出入之自然隘口，對外貿易必經之路。若就蒙古目前與海外商務之關係言之，其已發展至重要地位之途徑者，共有四條：（一）為自張家口至天津出口，（二）為自恰克圖至上烏丁斯克經西比利亞鐵路出口，（三）為自呼倫（海拉爾）至海參崴由中東路出口，（四）為自呼倫至大連由南滿路出口。以上四路之運輸業因國際背景之不同，早已成為中日俄三國經營蒙古之重要工具，致陷於彼此對峙與競爭之景況。然精密考察四路之中，仍以張家口至天津一綫為最簡捷便利，而且經濟。歐西商人在清末即發現自庫倫運往歐洲皮毛之運費，凡經張家口天津一路者，比經恰克圖由西比利亞運送者，每布特（計三十六磅）之貨運費用有七十 Kopek 之差，計合每磅貨物之運費約省半便士。（據 Price M. P. Siberia）。據俄人克拉米昔夫氏（Karamischeff）詳細調查，自庫倫經張家口至天津運至紐約（New York），每布特貨物運價為華幣一元零一分，自庫倫經呼倫、海參崴至紐約，每布特貨物運費合一元九角五分，自庫倫經呼倫、大連至紐約每布特貨物運費合二元五角九分，自庫倫經恰克圖至莫斯科每布特運費即合一元二角五分。由上列數字之比較，我人可斷言張家口至天津一路，確為蒙古對外貿易之自然捷徑，然此諸敵對路綫之競爭，至今未見稍殺，而其勝負大部仍當視其將來內地交通之發展以決定之。不問以火車，或用汽車，要以自內地各處至諸幹綫出口間是否簡捷與經濟決定之。苟能組成一較易較捷較廉之運輸事業，此出口之貿易，必將被奪。我人尤當注意者，卽日俄兩強鄰現當有吸收蒙古貿易新計劃，正在積極進行實現中。一則將錦州至承德之鐵路延至多倫，使蒙古貨可由大連或葫蘆島港出口，一則延長中亞鐵路自塞爾角坡爾（Sirgiopol）至塔城，使蒙古貨物由中亞出口。外人對我蒙古貿易正在東分西割，不遺餘力，故國人欲蒙古商務利益不致兗致外溢，則趕築鐵路與興辦公路交通，實爲要圖（其路綫見本章第二節）。

第九章　蒙人眼中之蒙古問題

在蒙族同胞眼光中，蒙古目前最嚴重之問題，莫過於漢族移民墾闢蒙人之牧地。自民國以來，蒙古屢次向中央提出之抗議，均不外以蒙古大好牧場，妄被放墾，使蒙衆生活陷於窘困，中央應急加制止，以保存蒙族生命爲言。蒙族同胞對於漢族移民之恐懼，大都因其所持之觀念與他族稍有不同而起。蒙人雖深信土地、資本、勞力三省爲現代社會生活之工具，惟在蒙族社會中，除牧畜外，別無第二種生計。蒙人既以牧畜爲其惟一之命源，故對牧場異常重視，牧場一旦爲移民墾殖，則整個蒙族之生活必定因之發生問題。雖蒙地之開墾，自有清中葉，即已開始，但蒙民之提出抗議，則爲民國成立後之事，近來尤烈，其所以遲遲方有此項舉動者，蓋以當淸代時，蒙人自以爲人口不繁，墾地有限，淸廷對於蒙古又能力事懷柔，蒙人縱有不願，然失此得彼，尙不感若何痛苦。自民國成立以來，設局開墾，力倡屯墾移民，國民政府成立後，又復劃省設縣，凡熱、察、綏、寧位於長城外附近一帶之地，幾無蒙古牧場可見。數年以來，或以報效國家爲名，或以借地殖民爲由，將蒙人之大好牧場丈放不已，蒙衆不得已，祇有一一遷讓。現在，有許多蒙民所退據之沙漠，既不可供種植，又不可充放牧生計日艱，陷於絕境，非若以前生活之能在處裕如也。況昔日蒙人所以允開放牧地者，以有租稅收入之可資挹注。蓋開墾辦法，原有規定：凡領丈放旗地牧場荒者，所納之墾地租價，蒙旗可得百分之三十五，丈放台站土地，蒙民可以按年每畝收租銀四釐之辦法。此兩種稅收概由有關之縣政府代收轉付。不料近數年來，或因地方官吏之不良，或因匪徒之擾害，或因災荒之影響，致多未能照付。蒙人允放牧地本爲收租，今竟延置不付，致收入無着，生活頓感恐慌，遂激起反抗，始有「蒙地歸還蒙人」之要求。且自民國成立後，外蒙之喪失，未聞有收復之策，九一八事變後，東蒙之淪陷，亦未聞有退敵之方，因之蒙族同胞，尤其愛國之青年志士，對於中央遂異常失望，深疑蒙古所受強鄰之侵略，乃由中央放任政策所釀成。蒙人憤中央不能負守土之責，乃藉口蒙古歷來政治系統與省治不同之背景，並根據建國大綱第四條，「對於國內之弱小民族，政府當扶植之，使之能自決自治」之原則，要求自治。是以邇來蒙人之革新運動，除要求「蒙地歸還蒙人」外，尚有「蒙人治蒙」之要求。至於運動之背景，究竟是出自蒙族自決，抑出自強鄰敵人指使，確爲急應徹底研究之一問題。深望政府不可不及早注意也。

第十章　解決蒙古問題應注意之幾點

解決蒙古問題。首應認淸蒙古問題非單爲蒙古民族之問題，乃中國整個國家問題之一。現代國家之組成，固應由於各成員自願，卽民族自決，但更應由於共同利害。所謂共同利害者，乃指不同民族而具有共同利害而言也。由單一大多數民族自決以成立之國家，其例不少，如歐戰後之芬蘭、意沙尼亞、拉特維亞、立陶宛、捷克斯拉夫、南斯拉夫及波蘭等國。惟今世强國，如英，如美，皆由若干語言、文字、歷史背景、風俗信仰各異之不同民族所組成，此乃盡人皆知，毋煩贅述者。彼等之所以能統一，全因在共同利害之關係上，合則存，分則亡，所以彼等之國家觀念亦特强，統一性亦特堅，故遂蔚爲世界一等强國。由此觀之，組成中國民族之各成分，比英美諸强單純甚多，彼此如能免除其狹義的民族觀念，則合作極易。蒙古問題旣爲整個中國國家問題之一部分，我人應在國家立場上，與增進蒙族福利原則上，順察蒙族歷史背景，以改良其行政組織，並根據蒙古地理基礎，以發展其各種經濟建設，以節制移民開墾，保護蒙旗地主富源，積極改良蒙族畜牧等。務使蒙人不僅不受目前之損失，反要受到永久的實惠，然後蒙古問題之癥結，不難迎刃而解。如此漢蒙間一切猜忌，必得冰釋矣。中央對於蒙古各區，不再視若屬地，改變滿清所用施惠王公而剝削一般蒙衆之政策，放棄有悖於治國大道之羈縻牢籠政策，則蒙古民族對於中央無有不擁護之理。況蒙古環境今昔不同，邇來蒙族同胞確有不少才富力强愛國志士，中央應善加指導，使其能自治自衞，以固我國防，方爲治本之要道。惟關於實行自治，應將自治組織，自治權限，以及自治範圍，審愼制定，俾可適合目前實情，更應避免因自治而引起漢蒙間之無謂的爭持與無謂的糾紛，如近年自內蒙發生自治運動以來，蒙人對於自治組織，堅欲脫離省政府管轄，另組自治政府，而察綏兩省，則堅欲將此種自治機關劃歸省政府節制；蒙人對於自治範圍，要求東起商都牧場，西行至烏蘭哈達、陰山、大青山、狼山各山脈，至寧夏東北邊界，在此綫南北之後套及河套（鄂爾多斯高原）皆劃爲自治區，區內荒地，一律定爲蒙古牧區，永禁開墾，其已開墾之地，亦一律恢復爲牧地等，盡由錫烏伊三盟合署自治之，而察綏當局，則以爲如依蒙人之要求，察省僅餘康保商都以南數縣，較現在省區減少十分之七，因此雙方意見相距甚遠；蒙人對於自治權限，要求除國際軍事及外交事項由中央處理外，其一切行政，自治政府有全權執行，而察綏省政府則欲據得監督之責，於是相持不下。終以中央處置得當，始獲圓滿解決（見附錄）。不幸德王受強鄰之煽惑，野心復起，擬作背叛獨立運動，致有綏東綏北之戰事發生。現綏省蒙古問題雖暫平息，惟內蒙之整個問題，尚待解決，將來情勢如何，亦難預料。惟蒙族同胞欲實行自治，除在中央秉公指導之下，與省縣合作外，斷不能達到精誠團結之目的。漢蒙如仍貌合神離，結果必為他人之俎上肉。蒙族同胞自圖更生之能力，並非缺乏，惟以一般蒙衆過於墮落以致委靡不振，此不但為蒙族自認之事實，且為蒙古引起強鄰垂涎之原因。蒙古在地理上及歷史上，對於中國國防極其重要，中央若抱决不干涉政策，遽使蒙人完全享有自治權，而無充分時間作自力更生之訓練，則強鄰乘機侵略，決難杜絕。故漢蒙速起聯合圖強，和衷共濟，或可度此難關。如此，非但蒙古土地可保，蒙族人民可安，而整個中國亦將因有蒙古之為其屏障，得以永存，日臻強盛。此為國人解決蒙古問題應認識之焦點也。

附錄一　國民政府頒佈之蒙古自治辦法原則及蒙古地方自治政務委員會組織大綱

(甲)蒙古自治辦法原則(二十三年二月二十八日中央政治會議通過)

(一)在蒙古適宜地點，設一蒙古地方自治政務委員會，直隸於行政院，並受中央主管機關之指導，總理各盟旗政務；其委員長、委員以用蒙古人爲原則，經費由中央發給；中央另派大員駐在該委員會所在地指導之，並就近調解盟旗、省縣之爭議。

(二)各盟公署改稱爲盟政府，旗公署改稱爲旗政府，其組織不變更，盟政府經費由中央補助之。

(三)察哈爾部改稱爲盟，以昭一律，其系統組織照舊。

(四)各盟旗管轄治理權，一律照舊。

(五)各盟旗現有牧地，停止放墾，以後從改良牧畜中興辦附帶工業，發展地方經濟（但旗、盟自願墾殖者聽。）

（六）盟、旗原有租稅及蒙民原有私租，一律予以保障。

（七）省、縣在盟、旗地方所征之各項地方稅收須劈給盟、旗若干成，以爲各項建設費，其劈稅辦法另定之。

（八）盟、旗地方以後不再增設縣治或設治局（但遇必要設置時，亦須徵得關係蒙旗之同意。）

（乙）蒙古地方自治政務委員會暫行組織大綱（二十三年三月七日中央政治會議通過）

第一條　蒙古地方自治政務委員會，依國民政府頒佈之蒙古地方自治原則組織之。

第二條　本會直隸於行政院，並受中央主管機關及中央指導大員之指導，辦理各盟、旗地方自治政務，遇有關涉省事件，應與省政府會商辦理。

第三條　本會會址，設於貝勒廟。

第四條　本會設委員九人至二十四人，由行政院呈請國民政府任命之，并於委員中指定委員長一人，副委員長二人。

第五條　本會每兩星期開會一次，遇有必要時，得召集臨時會，前項會議以委員長爲主席，委員因事不能出席時，得派代表列席。

第六條　本會委員長執行前條會議之决議，并處理會務，監督所屬職員及機關，委員長不能執行職務時，以副委員長一人代理之。

第七條　本會設左列各廳、處，會分別承辦一切會務：

秘書廳　辦理文書、記錄、統計、編譯、會計、庶務等事項。

參事廳　選擬審核本會之計劃、法案、命令。

民治處　辦理關於民治等事項。

保安處　辦理關於保安事項。

實業處　辦理關於實業事項。

教育處　辦理關於教育事項。

財政委員會　辦理關於財政事項。

前項各廳、處、會除參事廳外，均分科辦事，除祕書、參事兩廳外，各處、會應斟酌情形，分別呈請設立之。

第八條　本會各廳、處、會設職員如左：

祕書長一人——簡任。

祕書四人——薦任。

參事長一人——簡任。

參事四人——薦任。

參議——名譽職——由所屬各旗各推選一人，任期一年，得連任。

各處處長各一人——簡任。

財政委員會主任委員一人——簡任委員六人至十人由委員長就祕書、參事、參議中指派兼充之，各處長均爲當然委員。

各廳、處、會科長共十二人至十六人——薦任。

各廳、處、會科員共四十八至六十八——委任。

本會得酌用各項技術人員及僱員。

第九條　本會委員以用蒙古人爲原則，本會所屬各廳處會職員由行政院就國內遴選熟悉蒙古情形及有專門學識者任用之。

第十條　本會會議規則及辦事規則由本會議定，呈請行政院核准行之。

第十一條　本大綱自公佈日施行。

（附）蒙古地方自治指導長官公署暫行條例

第一條　蒙古地方自治指導長官，依國民政府頒佈之蒙古地方自治辦法原則，承行政院之命，指導蒙古地方自治政務委員會，並調解省、縣與盟、旗之爭執。

第二條　指導長官一人，副長官一人，由行政院呈請國民政府特派之。

第三條　指導長官公署設參贊二人，由指導長官呈請行政院簡派之。

第四條　指導長官公署其他職員另定之。

第五條　蒙古地方自治政務委員會開會時，指導長官、副長官得派參贊出席指導。

第六條　蒙古地方自治政務委員會凡呈報行政院及蒙藏委員會之公文，均須同時呈報於指導長官公署。

第七條　蒙古地方自治政務委員會處理事件及發布命令，各指導長官認爲不當時，得糾正及撤銷之。

第八條　蒙古地方自治政務委員會經費，由指導長官公署轉發。

第九條　本條例自公佈日施行。

附錄二　蒙古盟旗名稱及所在地省縣名稱表（採自方範九：蒙古概況與內蒙自治運動）

蒙古概稱	盟部名稱	旗分名稱	俗稱	所在地省名	所在地縣名
科	三音濟雅圖	杜爾伯特前旗			
	右翼盟	杜爾伯特前右旗			
		杜爾伯特中右旗			
		輝特下前旗			
		札哈沁旗			
		明阿特旗			
		額魯特旗			

布　多

三音濟雅圖

左翼盟

杜爾伯特汗旗
杜爾伯特中旗
杜爾伯特中左旗
杜爾伯特中前旗
杜爾伯特中後旗
杜爾伯特中上旗
杜爾伯特中下旗
杜爾伯特中前左旗
杜爾伯特中前右旗
杜爾伯特中後左旗
杜爾伯特中後右旗
輝特下後旗

唐努烏梁海部

托錦旗
薩拉吉克旗
庫布蘇庫諾爾旗
唐努旗
奇木奇克旗

西路札薩克圖汗旗
西路左翼後末旗
西路中左翼左旗
西路左翼中旗
西路左翼右旗
西路中左翼右旗
西路中左翼末旗

畢都哩雅諾爾盟（卽札薩克圖汗部）

西路左翼前旗
西路左翼後旗
西路右翼右旗
西路右翼右末旗
西路左翼左旗
西路中右翼末旗
西路中右翼左旗
西路中右翼末次旗
西路右翼前旗
西路右翼後旗
西路右翼後末旗
西路輝特旗

外蒙古

齊齊爾哩克

中路三音諾顏旗
中路中左末旗
中路中右旗
中路右翼右後旗
中路中左旗
中路中前旗
中路額魯特前旗
中路額魯特旗
中路中末旗
中路中後旗
中路左翼左旗
中路右翼中左旗

一六七

喀爾喀

盟（卽三音諾顏部）

中路右翼末旗
中路右翼前旗
中路左翼中旗
中路中右翼末旗
中路中後末旗
中路左翼左末旗
中路左翼右旗
中路右翼中右旗
中路右翼中末旗
中路右翼左末旗
中路右翼後旗
中路右末旗

汗山盟（卽圖什業圖汗部）

後路圖什業圖汗旗
後路右翼左旗
後路中右旗
後路左翼中旗
後路中旗
後路左翼左後旗
後路中右末旗
後路左翼前旗
後路左翼左中末旗
後路右翼右旗
後路右翼右末旗
後路中左旗

一六九

後路中次旗
後路中左翼末旗
後路左翼中左旗
後路左翼右末旗
後路左翼末旗
後路左翼後旗
後路右翼左末旗
後路右翼右末次旗

東路車臣汗旗
東路左翼中旗
東路中右旗
東路右翼中旗

克魯倫巴爾城盟（卽車臣汗部）

東路中左旗
東路中末旗
東路左翼前旗
東路中後旗
東路右翼中右旗
東路中前旗
東路左翼後末旗
東路中左前旗
東路中右後旗
東路中末次旗
東路中末右旗
東路左翼左旗

東路左翼後旗
東路左翼右旗
東路右翼中左旗
東路右翼中前旗
東路右翼左旗
東路右翼前旗
東路右翼後旗

呼倫貝爾部

索倫左翼旗
索倫右翼旗
新巴爾虎左翼旗
新巴爾虎右翼旗
陳巴爾虎旗

黑龍江

	額魯特旗			
	布里雅特旗		省	
	鄂倫春旗			
	依克明安旗		黑龍江	依安
	杜爾伯特旗			武興
	札賚特旗			景興
	郭爾羅斯後旗			肇州
	郭爾羅斯前旗		吉林省	乾安
哲里木盟	科爾沁右翼前旗	札薩克圖旗	遼寧省	洮安
	科爾沁右翼中旗	圖什業圖旗		
	科爾沁右翼後旗	鎮國公旗		突泉
	科爾沁左翼前旗	賓圖旗		彰武

	科爾沁左翼中旗	達爾罕旗		通遼
	科爾沁左翼後旗	博王旗		遼源
卓索圖盟	喀喇沁右翼旗	王旗	熱河省	
	喀喇沁中旗	馬公旗		平泉縣
	喀喇沁左翼旗	南公旗		凌源縣
	土默特右翼旗			朝陽縣
	土默特左翼旗	蒙古眞旗		阜新縣
	唐古特喀爾喀旗			綏東縣
	錫埒圖庫倫旗	小庫倫旗		綏東縣
	巴林右翼旗			
	巴林左翼旗			林西縣
	克什克騰旗			經棚縣

內

昭烏達盟	翁牛特右翼旗	赤峯縣
	翁牛特左翼旗	赤峯縣
	敖漢右翼旗	
	敖漢左翼旗	建平縣
	敖漢南旗	
	奈曼旗	綏東縣
	喀爾喀左翼旗	綏東縣
	札魯特左翼旗	
	札魯特右翼旗	
	阿魯科爾沁旗	林東
	烏珠穆沁右翼旗	
	烏珠穆沁左翼旗	

蒙古	錫林郭勒盟	浩齊特左翼旗		察哈爾省	
		浩齊特右翼旗			
		阿巴噶左翼旗			
		阿巴噶右翼旗			
		阿巴哈那爾右翼旗			
		阿巴哈那爾左翼旗			
		蘇尼特左翼旗			
		蘇尼特右翼旗			
	烏蘭察布盟	四子部落旗		綏遠省	武川
		喀爾喀右翼旗	達爾罕貝勒旗		武川
		茂明安旗			固陽
		烏喇特後旗	東公旗		固陽

	烏喇特中旗	中公旗	五原
	烏喇特前旗	西公旗	安北
	歸化土默特旗		歸綏
			和林
			清水河
			拉薩齊
			托克托
伊克昭盟	鄂爾多斯左翼前旗	準噶爾旗	托克托
	鄒爾多斯左翼中旗	郡王旗	東勝縣
	鄂爾多斯左翼後旗	達拉特旗	包頭縣
	鄂爾多斯右翼後旗	杭錦旗	陶樂設
	鄂爾多斯右翼中旗	鄂托克旗	治局

		鄂爾多斯右翼前旗	烏審旗		東勝縣
		鄂爾多斯右翼前末旗	札薩克旗		
		阿拉善霍碩特旗		寧夏省	紫湖設治局
		額濟納舊土爾扈特旗			居延設治局
		達里岡厓牧場		察哈爾	
內屬	察哈爾部	商都牧羣			
		牛羊羣			
		左翼牧羣			
		右翼牧羣			
		察哈爾左翼正藍旗			
		察哈爾左翼鑲白旗			張北縣
		察哈爾左翼正白旗			沽源縣

察哈爾左翼鑲黃旗
察哈爾右翼正黃旗
察哈爾右翼正紅旗
察哈爾右翼鑲紅旗
察哈爾右翼鑲藍旗

多倫縣
涼城
陶林

霍碩特前左翼首旗
綽羅斯南右翼首旗
綽羅斯北中旗
霍碩特北右翼旗
霍碩特前首旗
輝特南旗
霍碩特東上旗

默勒王旗
爾什克貝勒旗
哈爾格貝子旗（又稱水峽貝子旗）
郡貝子旗
河南郡王旗
端達哈公旗
巴汗俄爾
札薩克旗

青海省

共和縣
都蘭縣
都蘭縣
同仁縣
都蘭縣

蒙古問題

青海	青海右翼盟	霍碩特南右翼中旗	河南札薩克旗		同仁縣
		霍碩特西右翼前旗	默勒札薩克旗		都蘭縣
		霍碩特西右翼後旗	巴隆札薩克旗		都蘭縣
		喀爾喀南右翼旗	喀爾喀札薩克旗		都蘭縣
		土爾扈特南中旗	永安札薩克旗		都蘭縣
		霍碩特南左翼末旗	羣科札薩克旗		都蘭縣
		霍碩特西左翼後旗	宗札薩克旗		都蘭縣
		土爾扈特南前旗	河南札薩克旗		同仁縣
		察罕諾們汗旗	白佛旗		
		霍碩特西前旗	青海王旗		
		霍碩特北左翼旗	柯爾洛貝子旗		
		霍碩特西後旗	柯柯的貝勒旗		

青海左翼盟	霍碩特北前旗	布哈公旗		都蘭縣
	霍碩特南右翼後旗	託莫公旗		
	霍碩特南左翼後旗	阿喀公旗		都蘭縣
	霍碩特北左末旗			
	霍碩特南左翼中旗			
	霍碩特西右翼中旗			
	土爾扈特西旗			
	土爾扈特南後旗			
	霍碩特南右翼末旗			
	霍碩特北右末旗			
巴圖塞特奇勒圖部	中路霍碩特中旗		新疆省	
	中路霍碩特右旗			

新

烏訥恩素珠
克圖部中路霍碩特左旗
南路舊土爾扈特汗旗
南路舊土爾扈特中旗
南路舊土爾扈特右旗
南路舊土爾扈特左旗
東路舊土爾扈特右旗
東路舊土爾扈特左旗
西路舊土爾扈特旗
北路舊土爾扈特旗
北路舊土爾扈特右旗
北路舊土爾扈特左旗
新土爾扈特右旗

焉
耆
縣
焉
耆
縣
烏蘇縣
精河
和什托
羅蓋縣

疆

青塞特奇勒
圖部

新土爾扈特左旗
新霍碩特旗
烏梁海左翼旗
烏梁海左翼旗
烏梁海左翼旗
烏梁海左翼旗
烏梁海右翼旗
烏梁海右翼旗
烏梁海右翼旗

布爾津

附錄三 蒙古氣候記錄表

（甲） 雨 量 (MM)

地點	年數	一月	二月	三月	四月	五月	六月	七月	八月	九月	十月	十一月	十二月	年量	春%	夏%	秋%	冬%	變率
海拉爾	19	4	4	4	10	22	51	80	68	46	11	6	4	310	12	61	20	4	14
庫倫														240	8	74	15	3	
張家口	12	2	3	5	7	31	45	121	80	29	10	4	2	339	13	72	13	2	27
西灣子*	42	0.7	4.1	5.5	3.5	14.1	46.3	139.6	92	30.1	15.7	2.5	1.6	385.7	6.4	53.1	277.9	18.3	
薩拉齊	10	7	6	9	5	32	43	112	67	36	16	8	11	352	13	63	17	7	23
包頭	1	0.2	5.0	4.7	25.4	9.9	16	43.1	32.2	37.4	6.1	3.1	0.0	183.1	22	50	25	3	
廿四頃地*	42	0.3	3.8	3.4	5.2	14.7	31.1	101.9	78.0	47.8	14.9	1.8	3.2	335.0	7.3	22.7	241.0	64.0	
歸綏*	42	0.4	4.5	3.5	7.0	23.3	59.0	75.9	121	63.5	20.7	3.8	2.1	384.7	7.0	33.8	255.9	88.0	

附註 (1)凡帶*號之記錄均係採自Gherzi, P. E.: E'tude Sur LA Pluie EN Chine (1873-1925), 1928, Zikawei, Shanshai

(2)凡帶*號之四季數值爲實際雨量

(3)凡不帶*號者係採自涂長望:中國氣候區域

（乙）氣　　温（C°）

地點	年數	一月	二月	三月	四月	五月	六月	七月	八月	九月	十月	十一月	十二月	年均	<0°C	<0° <10°	<10° <20°	<20°	年差
海拉爾	20	-28.3	-21.3	-15.2	0.6	10.4	17.1	21.0	18.1	9.8	0.0	-11.2	-25.6	-2.6	5	3	3	1	19.3
張家口	1	-7.6	-7.8	-7.0	11.2	20.0	22.6	23.1	22.6	18.2	8.2	-2.0	-7.2		5	1	2	4	30.9
庫倫	1	-20.1	-18.4	-11.7	1.9	6.4	17.3	17.4	15.2	7.6	-1.8	-10.0	-19.0	-1.3	6	3	3	0	37.5
包頭	1	-17.8	-10.1	-3.3	6.6	14.3	20.5	22.7	20.9	15.8	9.1	-2.0	-19.5	3.9	5	2	2	3	42.2
烏里雅蘇台＊	1	-21						19.2						-0.2					
科布多＊	1	-22						17						-1.9					
庫倫＊	1	-27						17.6						-2.9					

附註　除帶＊號者均係採自涂長望中國氣候區域

本書主要參攷資料目錄

（甲）本書主要西文參攷資料目錄

Carruthers, D.,Unknown Mongolia, 2 vols. 1913.

Prjevalsky, N.M.,Mongolia,Translated from Russian into English, by E.D.Morgan, 2 vols.1876.

Rockhill, W.W., The land of the lamas, 1891.

Skachkor, P.E., Inne Mongolia, 1933.

Roerich, G.N., Altai-Himalaya,1929.

Teichmanu, Eric, Travels in Northwest China, 1921.

Golder, Russian expansion to the Pacific

Lattimore, Owen, Desert road to Turkestan, 1928.

Lattimore, Owen, The Mongols of Manchowkoo, 1935.

Andrews, Roy Chapman, Across the Mongolian plain, 1921.

Bauvat,L., L'Empire Mongol, 1927.

Karamischeff, w., Mongolia and West China, 1925.

Karamischeff, W., Economic map of Outer Mongolia.

Sven Hedin, Across the Gobi desert, 1931.

Sven Hedin, Riddles of the Gobi desert, 1933.

Sven Hedin, Through Asia, 2vols, 1898.

Perry-Ayscough and Otter-Barry, With the Russians in Mongolia, 1913.

Bulstrode, B., A tour in Mongolia, 1920.

Curtin, J.,The Mongols in Russia, 1908.

Curtin ,J., The Mongols,1908.

Price, M.P., Siberia, 1912.

Huc and Gabet, Travel in Tartary Thibet and China, 1928.

Hedley, J. Tramps in dark Mongolia, 1912.

Hedley, J., On tramps among the Mongols, 1906.

Rockhill, w.w., Diary of a journey through Mongolia and Tibet in 1891 and 1892, 1894.

Gilmour, J. Among the Mongols, 1888.

Piassetskii, P. , Russian travellers in Mongolia and China, 2Vols,1884.

Ular, A., Un empire Russo-Chinois, 1903.

Chang, Y. T., The economic development and prospects of Inner Mongolia, 1933.

Gelita and Forbath: The new Mongolia, Eng. Ed. 1936.

Cable, Mildred and French, F. L., Through Jade Gate and Central Asia, 1932.

Etherton, P. T., In the heart of Asia, 1925.

Howorth, H. H., History of the Mongols from the ninth to the nineteeth century, 1927.

Lansdell, H. Chinese Central Asia, 2vols. 1893.

Obrutchev, V. A., Central Asia, North China and the Nan shan.

Yakhontoff, V. A., Russia and Soviet Union in the Far East, 1931.

Pasvolsky, L. Russia in the Far East, 1922.

Morse, H. B. The international relations of the Chinese empire, 3vols. Revised Ed. 1918.

Lobanov-Rostovsky, Prince A., Russia and Asia, 1933.

Prjevalsky, N. M. Mongolia, The Tangut country and the solitudes of Northern

Tibet. 1891-2.

Huc, Souvenirs d'un voyage.

Prjevalsky, N. M., From Kulja across the Tianshan to Lob-nor, translated by E. Delmar Morgan. 1879.

Soboleff, Michael, Russo-Mongolian trade.

Kozloff, P. K., Mongolia and kam (works of the Imperial Russian Geog. Soc. expedition, 1891-1901)1905-11.

Delamar Morgan, E., Prjevalsky's journeys and discoveries in Central Asia (proc. R.G.S. Ap.1887.).

Lacosti, Commdt, Exploration En Mongolie Septentrionale (La ǵeographie, B.S.G. Paris, vol. XXI 1910).

Lacosti, Au pays sacre des anciens turcs et des Mongols, 1911.

Strasser, Roland, Mongolian Horde, 1930.

Potanin, M. Travels in Eastern Siberia and Mongolia, Tibet and China, 1895.

Pozdnyeff, A. Mongolia and the Mongols, 2vols. 1896–98.

Semenof, P.P., Dzungaria and the celestial mts.(Journals of R.G.S. vol. XXXX, 1865.)

Sosnovski, Miroshnishenkd, Matussovski, and Morozof., Recent explo·ations in Western Mongolia(Geog. mag.vol.Ⅱ (1875), proc.R.G.S. vol. XX. 1875–6.

Tchihatcheff, P. DE. A scientific journey in the Eastern Altai and the Adjacent regions on the frontiers of China, 1845.

Dunn, E., The truth about Outer Mongolia, 1935.

Verbrugge, R., Voyage D'exploration En Mongolie, 1923.

Numerious articles on Mongolia from the following journals other publications:

附　録　　一九一

蒙 古 問 題 一六二

The Chinese economic monthly (journals).

Bulletins and memoirs of the geological survey of China.

Publications of the North China branch of the royal Asiatic society.

Chinese journal of science and arts.

Chinese repository.

Reports of the British and American consuls.

The geographical journal (monthly).

The Encyclopedia Britannica(new ed. 1929).

United states commerce reports.

Memoires de la sociétié géologique de France.

China year book,1936.

The English Chinese year book 1936-7.

Soviet Union year book.

Bartholomew: Times Atlas of the world.

Siberian Soviet Encyclopedia, 1932.

（乙）本書主要中文參考資料目錄

魏源：綏服外蒙古記

魏源：聖武記

南滿鉄路株式會社庶務部調課編：外蒙共和國（一九二七）

姚瑩：卡倫形勢記

布施勝治著，牟栗譯：蘇俄的東方政策，民十年，太平洋出版。

陳崇祖：外蒙近世史

姚明輝：蒙古誌

蒙古問題　一九四

卓宏謀：蒙古鑑
張　穆：蒙古游牧記
洪　鈞：中俄交界全圖
徐　㦤：自治外蒙古
花　楞：內蒙古紀要
賀楊靈：察綏蒙民經濟的解剖（一九三五）
馬福祥：蒙藏狀況
謝　彬：蒙古問題
馬鶴天：內外蒙古攷察記
教育部編印：蒙古通鑑
蒙藏委員會編印：清代邊政通攷
華企雲：中國邊疆

王勤堉：蒙古問題

華企雲：蒙古問題

劉虎如：蒙古問題

翁文灝、丁文江、曾世英：中華民國新地圖

方範九：蒙古概況與內蒙自治運動

王雲五主編

萬有文庫

第二集七百種

蒙古問題

中華民國二十六年三月初版

著作者　張印堂

發行人　王雲五　上海河南路

印刷所　商務印書館　上海河南路

發行所　商務印書館　上海及各埠

✠E七六九

長